电动汽车使用与维护

杨希锐 寇扬 程冲锋 主编

金盾出版社

内 容 提 要

本书对电动汽车的使用与维护进行了介绍。主要内容包括电动汽车基础知识、电动汽车驾驶操作、电动汽车充电、电动汽车使用与维护、电动汽车常见故障排除、主流电动汽车品牌简介、最值得购买的纯电动汽车、按续航能力排名的十款主流国产电动汽车、电动汽车新动向、纯电动汽车排行榜前十名、全球最畅销的 10 款新能源汽车、纯电动汽车发展趋势 12 个方面的内容。

本书适合已经购买和即将购买电动汽车的人员阅读，也可供相关专业院校的师生参考。

图书在版编目(CIP)数据

电动汽车使用与维护/杨希锐,寇扬,程冲锋主编 .—北京:金盾出版社,2019.1
ISBN 978-7-5186-1437-0

Ⅰ.①电… Ⅱ.①杨… ②寇… ③程… Ⅲ.①电动汽车—使用方法 ②电动汽车—车辆修理 Ⅳ.①U469.72

中国版本图书馆 CIP 数据核字(2018)第 183231 号

金盾出版社出版、总发行
北京太平路 5 号(地铁万寿路站往南)
邮政编码:100036 电话:68214039 83219215
传真:68276683 网址:www.jdcbs.cn
封面印刷:双峰印刷装订有限公司
正文印刷:双峰印刷装订有限公司
装订:双峰印刷装订有限公司
各地新华书店经销
开本:787×1092 1/16 印张:20 字数:485 千字
2019 年 1 月第 1 版第 1 次印刷
印数:1～5 000 册 定价:63.00 元

(凡购买金盾出版社的图书,如有缺页、
倒页、脱页者,本社发行部负责调换)

前　言

新能源汽车主要分为电动汽车和代用燃料汽车。其中电动汽车包括纯电动汽车(BEV)、混合动力汽车(HEV)和燃料电池汽车(FCEV)。目前阶段新能源汽车专指纯电动汽车和插电式混合动力汽车。

受世界气象变化、环境污染、雾霾天气对人们健康的影响，人们保护环境、绿色出行的观念正在逐步形成，新能源汽车愈来愈受到消费者的关注和喜爱。据网通社2015年3月23日报道，纯电动车在2012年与2013年全球市场增长相对缓慢，进入2014年后实现了高速增长，全年销量达30万辆，而中国电动汽车市场随着政策的扶持及消费者的逐渐认可，电动汽车销量增长很快。网通社曾对2014年全球销量前十名的纯电动汽车进行了盘点，排名前三的分别为日产聆风、特斯拉Model S及宝马i3，其中日产聆风以6.1万辆高居榜首。值得一提的是，国产纯电动汽车中有四款销量进入到前十，足见中国新能源汽车市场的突飞猛进。据EV Sales公布的数据显示，得益于美国、欧洲尤其是中国市场的优异表现，全球电动汽车市场2017年12月份销量创下历史新高，交付量超过170,000辆，同比涨幅达到67%；2017年全年的销量超过1,223,000辆，对比2016年增长58%，进而促使全球电动汽车销量在全球汽车销量当中的占比超过1%。随着科学的发展人类文明的进步，安全、环保的电动汽车必将成为人们出行的主要工具，在不久的将来电动汽车代替传统的汽车将成为可能。

不论是国家还是地方政策上，新能源汽车的扶持力度都在逐渐增大，免购置税的同时各地还有不同程度的补贴，因此，电动汽车在性价比上有一定优势。2014年全球纯电动汽车销量前十的车型中有四款车型来自中国：康迪EV、奇瑞QQ3EV、众泰E20及北汽EV150/200，这四款车共销售30,463量，占全球30万电动汽车销量的10%。中国汽车消费市场的增长速度对任何一家汽车制造商而言无法忽视，相信未来会有更多新能源汽车进入到榜单中。

小型电动汽车凭借其小巧的造型、较长的续航里程以及较低的成本成为全球消费者购买新能源产品的首选。日产聆风在电动汽车排行中常年雄踞首位，2014年更是创纪录的销售了6.1万辆。而"季军"选手宝马i3表现十分抢眼，其前半年销量为5,396辆，自2015年6月在美国上市、9月在中国上市后一路攀升，最终交出1.6万年销量的成绩单，从2013年第20位的排名跃居第三。

2014年12月26日，美国电动汽车制造商特斯拉发布了两年前停产的第一代车型Roadster的升级版，续航里程达到644公里，高出原版60%。而石墨烯"超级电池"，一次充电时间只需10分钟，充电时间接近加油，并且可行驶1000公里。目前，全球汽车制造商使用的动力电池，主要是以特斯拉为代表的磷酸铁锂电池和以日本汽车为代表的锰酸锂电池。石墨烯超级电池的出现，可能彻底改变现有的充电问题。原来估计油电混合动力车过渡阶段可能达15~20年，但电池材料的日新月异进步可能推翻这种预判。石墨烯"超级电池"一旦大规模应用到电动汽车上，对整个汽车行业将是颠覆性的。

鉴于上述趋势，未来10年电动汽车将会逐步取代燃油汽车而一跃成为城市交通的主力军。为了给消费者在技术上有一个正确的引导,我们编写了《电动汽车使用与维护》这本科普读物,简要介绍电动汽车的结构、性能参数等基础知识,重点介绍电动汽车的驾驶操作方法技巧、注意事项等,同时对电动汽车的日常维护保养常识予以介绍。具体内容包括:电动汽车基础知识、电动汽车驾驶操作、电动汽车充电、电动汽车使用与维护、电动汽车常见故障排除、主流电动汽车品牌简介、最值得购买的纯电动汽车、按续航能力排名的十款主流国产电动汽车、电动汽车新动向、全球最畅销的 10 款新能源车、纯电动汽车发展趋势等 12 个方面的内容。适合已经购买和即将购买电动汽车的人员阅读,也可供相关专业院校的师生参考。

  本书由杨希锐、寇扬、程冲锋主编。参加本书编写工作的还有黄荣贵、吴礼林、李畅、李春亮、李新华、李洪、陈一永、张新强、孙素萍、何松柏、杨亮、杨锡强、杨宏鑫、杨桂兰、杨小文、杨西明、孟祥祝、孟杨、孟琳、赵琦、顾庆伟、闫春欣、侯连杰、芦利亚、胡宏敏、张玉峰、张一舒、何成骅、赵冬梅等同志。由于作者水平有限,文中不当之处,敬请读者批评指正。

作 者

目 录

第一篇 电动汽车基础知识 ... 1
- 一、新能源汽车和电动汽车的分类 ... 1
- 二、我国发展电动汽车的意义和优势 ... 10
- 三、我国电动汽车的发展历程 ... 11
- 四、当前制约电动汽车发展的主要障碍 ... 13
- 五、我国电动汽车发展的前景分析 ... 14
- 六、电动汽车的组成和结构 ... 21
- 七、电动汽车参数 ... 31
- 八、电动汽车动力驱动系统的组成 ... 33
- 九、电动汽车的整体布置 ... 38
- 十、电动汽车空调系统 ... 44

第二篇 电动汽车驾驶操作 ... 54
- 一、电动汽车驾驶说明 ... 54
- 二、电动汽车驾驶操作要领 ... 54
- 三、电动汽车操纵件、指示器及信号装置的标志 ... 55
- 四、电动汽车的组合仪表综述 ... 55
- 五、电子稳定程序系统及其作用 ... 62
- 六、日常行车注意事项 ... 64
- 七、车辆安全操作注意事项 ... 64
- 八、仪表指示灯与灯光操作 ... 65
- 九、组合开关灯光控制 ... 66
- 十、特殊条件下车辆安全操作 ... 67
- 十一、雨天行驶时应注意什么 ... 67
- 十二、在雨天停放时注意什么 ... 67
- 十三、电动汽车在雨天充电时注意什么 ... 67
- 十四、电动汽车涉水时、涉水后应该注意什么 ... 67
- 十五、电动汽车泡水后应该注意什么 ... 68
- 十六、突发事件处理 ... 68

第三篇 电动汽车充电 ... 70
- 一、电动汽车充电站介绍 ... 70
- 二、电动汽车充电技术、充电方法 ... 71
- 三、电动汽车充电站规模 ... 73
- 四、我国电动汽车充电桩发展概况 ... 74
- 五、充电桩市场规模及预测 ... 77

六、电动汽车日常充电问答 ………………………………………………… 81

第四篇 电动汽车使用与维护

一、电动汽车日常维护、一级维护、二级维护 ……………………………… 96
二、充电、充电时间、电池使用寿命 ………………………………………… 98
三、正确使用车辆 ……………………………………………………………… 98
四、提高驾驶技巧，延长续航里程 …………………………………………… 98
五、关注走合期 ………………………………………………………………… 101
六、不忘平时养护 ……………………………………………………………… 105
七、电动汽车电机的养护 ……………………………………………………… 106
八、电动汽车的内部清洁 ……………………………………………………… 109
九、电动汽车车身养护 ………………………………………………………… 110
十、电动汽车美容 ……………………………………………………………… 112
十一、电动汽车自主保养 ……………………………………………………… 112
十二、电动汽车在雨季过后应该进行哪些维护保养工作 ………………… 113
十三、电动汽车使用维护有关问题解答 …………………………………… 114

第五篇 电动汽车常见故障排除

一、纯电动汽车故障指示灯解读 …………………………………………… 117
二、常见问题处置 ……………………………………………………………… 119
三、故障检测方法 ……………………………………………………………… 119
四、动力系统常见故障及处理方法 ………………………………………… 119
五、汽车底盘常见故障及处理方法 ………………………………………… 124
六、电气设备常见故障及处理方法 ………………………………………… 127
七、空调系统常见故障及处理方法 ………………………………………… 128
八、典型车辆故障表 …………………………………………………………… 130
九、动力电池常见故障 ………………………………………………………… 134
十、充电机不充电的原因 ……………………………………………………… 137
十一、整车没电产生的原因 …………………………………………………… 137
十二、电动机运行时产生大量火花、局部过热、抖动的原因 ……………… 137
十三、电动机异响的原因 ……………………………………………………… 137
十四、电动机不转的原因 ……………………………………………………… 137
十五、刹车不灵的原因 ………………………………………………………… 138
十六、电动汽车电机故障 ……………………………………………………… 138
十七、电动汽车转向系统的故障与排除 …………………………………… 139
十八、电动汽车常见电气故障 ………………………………………………… 141
十九、电动汽车绝缘故障的诊断 …………………………………………… 143
二十、电动汽车高压电故障诊断 …………………………………………… 144
二十一、电动汽车典型故障诊断与处置 …………………………………… 144
二十二、电动汽车特殊故障处置 …………………………………………… 150

第六篇 主流电动汽车品牌简介 151
一、陆地方舟纯电动汽车 151
二、比亚迪秦插电式混动轿车 153
三、比亚迪新秦EV450纯电动轿车 156
四、荣威E50纯电动轿车 165
五、宝马i3增程式混合动力汽车 167
六、奇瑞QQ3 EV纯电动轿车 171
七、雪佛兰赛欧SPR纯电动轿车 173
八、奔腾B30EV纯电动轿车 175
九、长城哈弗M3纯电动轿车 193
十、朗逸EV纯电动轿车 197
十一、北汽EV200纯电动轿车 197
十二、特斯拉Model S EV纯电动轿车 198
十三、东风EJ02纯电动轿车 199
十四、广汽传祺GE3纯电动轿车 200
十五、帝豪EV450 213
十六、逸动EV 220
十七、江淮iEV 226
十八、腾势500 231
十九、比亚迪E6 232
二十、欧蓝德PHEV 233
二十一、海马@3 239
二十二、骏派A70E 240
二十三、山东时风 243

第七篇 最值得购买的纯电动汽车 245
一、长安逸动EV300 245
二、海马@3 246
三、吉利帝豪EV300 246
四、比亚迪e5 247
五、北汽EV系列 247
六、骏派A70E 248
七、起亚华骐300E 248
八、北汽EU系列 249
九、比亚迪 秦EV300 249
十、东风启辰晨风 250
十一、东风风神E60 250
十二、力帆620EV 251
十三、宝骏E100 251
十四、荣威e50 252

十五、东风风神 E30 …………………………………………………………… 252

十六、众泰 E200 ……………………………………………………………… 252

十七、知豆 D2 ………………………………………………………………… 253

十八、北汽 ARCFOX LITE …………………………………………………… 253

第八篇 按续航能力排名的十款主流国产电动汽车 …………………………… 254

一、比亚迪 e6 ………………………………………………………………… 254

二、北汽 EU400 ……………………………………………………………… 255

三、腾势 ……………………………………………………………………… 255

四、上汽荣威 ERX5 …………………………………………………………… 256

五、比亚迪 e5 ………………………………………………………………… 256

六、比亚迪秦 EV300 ………………………………………………………… 257

七、比亚迪宋 EV ……………………………………………………………… 257

八、吉利帝豪 EV ……………………………………………………………… 258

九、北京现代伊兰特 …………………………………………………………… 258

十、北汽 EX260 ……………………………………………………………… 259

第九篇 电动汽车新动向 ………………………………………………………… 260

一、全球最快电动超跑 ………………………………………………………… 260

二、未来超百款新车供你选——2017 年全球十大车企新能源计划 ……… 268

第十篇 纯电动汽车排行榜前十名 ……………………………………………… 280

一、特斯拉 Model S ………………………………………………………… 280

二、特斯拉 Model X ………………………………………………………… 281

三、DENZA 腾势 ……………………………………………………………… 282

四、比亚迪 e6 ………………………………………………………………… 283

五、比亚迪秦 EV300 ………………………………………………………… 283

六、秦 XEV260 ……………………………………………………………… 284

七、江淮 iEV6S ……………………………………………………………… 285

八、华泰 iEV230 ……………………………………………………………… 286

九、启辰晨风 ………………………………………………………………… 287

十、宝马 i3 纯电动 …………………………………………………………… 288

第十一篇 全球最畅销的 10 款新能源汽车 …………………………………… 290

一、TOP 1——北汽 EC 系列 ………………………………………………… 290

二、TOP 2——特斯拉 Model S ……………………………………………… 291

三、TOP 3——丰田普锐斯插电混动 ………………………………………… 291

四、TOP 4——日产 Leaf（聆风） …………………………………………… 292

五、TOP 5——特斯拉 Model X ……………………………………………… 292

六、TOP 6——知豆 D2 ……………………………………………………… 293

七、TOP 7——雷诺 ZOE ……………………………………………………… 293

八、TOP 8——BMW i3 ……………………………………………………… 294

九、TOP 9——比亚迪宋 PHEV ……………………………………………… 294

十、TOP 10——雪佛兰 Bolt ································· 295
第十二篇　纯电动汽车发展趋势 ························· 296
　一、新能源汽车动力电池技术应用趋势 ················· 296
　二、插电混合动力汽车发展趋势 ························· 303
　三、新能源汽车整体发展趋势 ···························· 307
编后语 ·· 310

第一篇 电动汽车基础知识

一、新能源汽车和电动汽车的分类

按照我国 2009 年 7 月 1 日正式实施的《新能源汽车生产企业及产品准入管理规则》,新能源汽车是指采用非常规的车用燃料作为动力来源(或使用常规的车用燃料,但采用新型车载动力装置),综合车辆的动力控制和驱动方面的先进技术,形成的技术原理先进、具有新技术、新结构的汽车。新能源汽车包括:纯电动汽车、混合动力汽车、燃料电池电动汽车、氢发动机汽车、其他新能源(如高效储能器、二甲醚)汽车等。

电动汽车是全部或部分由电能驱动电机作为动力系统的汽车,按照目前技术的发展方向或者车辆驱动原理,可划分为纯电动汽车、混合动力汽车和燃料电池电动汽车三种类型。

新能源汽车和电动汽车的分类关系如图 1-1 所示。

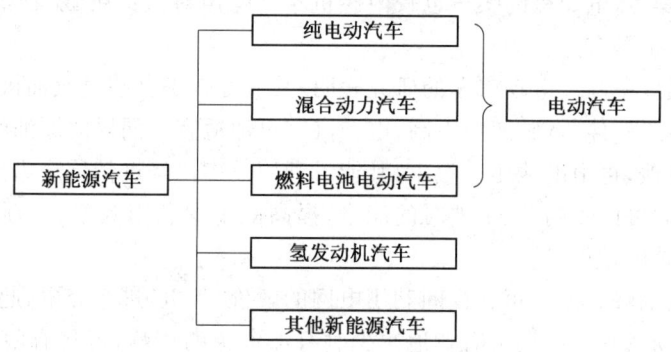

图 1-1 新能源汽车和电动汽车的分类关系

(一)纯电动汽车

纯电动汽车(Battery Electric Vehicle,简称 BEV,如图 1-2 所示),它是完全由可充电电池(如铅酸电池、镍镉电池、镍氢电池或锂离子电池,磷酸铁锂电池)提供动力源的汽车。纯电动汽车由底盘、车身、蓄电池组、电动机、控制器和辅助设施六部分组成。由于电动机具有良好的牵引特性,因此纯电动汽车的传动系统不需要离合器和变速器。车速控制由控制器通过调速系统改变电动机的转速即可实现。现在纯电动汽车技术发展已经相当成熟,国外发达国家和我国都有部分车型投入量产和商业化运营。

1. 纯电动汽车的优点

(1)减少对石油资源的依赖,实现能源利用的多元化。由于电力可以从多种一次能源获得,如煤、核能、水力、风力、光、热等,解除人们对石油资源日渐枯竭的担心。

(2)无污染、噪声小、减少环境污染。电动汽车无内燃机汽车工作时产生的废气,不产生排气污染,对环境保护和空气的洁净是十分有益的,几乎是"零污染"。众所周知,内燃机汽车废气中的 CO、HC 及 NO_x、微粒、臭气等污染物形成酸雨酸雾及光化学烟雾。电动汽车

图 1-2 纯电动汽车

无内燃机产生的噪声,电动机的噪声也较内燃机小。噪声对人的听觉、神经、心血管、消化、内分泌、免疫系统也是有危害的。

(3) 能源转换效率高。电动汽车的研究表明,其能源效率已超过汽油机汽车。特别是在城市运行,汽车走走停停,行驶速度不高,电动汽车更加适宜。同样的原油经过粗炼,送至电厂发电,经充入电池,再由电池驱动汽车,其能量利用效率比经过精炼变为汽油,再经汽油机驱动汽车高。同时可回收制动、下坡时的能量,提高能量的利用效率。因此,有利于节约能源和减少二氧化碳的排放量。

(4) 平抑电网的峰谷差。可在夜间利用电网的廉价"谷电"进行充电,起到平抑电网的峰谷差的作用。电动汽车的应用可有效地减少对石油资源的依赖,可将有限的石油用于更重要的方面。向蓄电池充电的电力可以由煤炭、天然气、水力、核能、太阳能、风力、潮汐等能源转化。除此之外,如果夜间向蓄电池充电,还可以避开用电高峰,有利于电网均衡负荷,减少费用。

(5) 结构简单,维修方便。电动汽车较内燃机汽车结构简单,运转、传动部件少,维修保养工作量小。当采用交流感应电动机时,电机无须保养维护,更重要的是电动汽车易操纵。

2. 纯电动汽车的缺点

按我国现行电价和油价水平,纯电动汽车的运行费用低于传统汽车,具有较好的经济性。虽然它已有 130 多年的悠久历史,但一直仅限于某些特定范围内应用,市场较小。主要原因是由于各种类别的蓄电池,普遍存在价格高、寿命短、外形尺寸和重量大、充电时间长、续航里程较短等严重缺点。

3. 电动汽车的发展历史

早在 19 世纪后半叶的 1873 年,英国人罗伯特·戴维森(Robert Davidsson)制作了世界上最初的可供实用的电动汽车。这比德国人戴姆勒(Gottlieb Daimler)和本茨(Karl Benz)发明汽油发动机汽车早了 10 年以上。

戴维森发明的电动汽车是一辆载货车，长4800mm，宽1800mm，使用铁、锌、汞合金与硫酸进行反应的一次电池。其后，从1880年开始，应用了可以充放电的二次电池。从一次电池发展到二次电池，这对于当时电动汽车来讲是一次重大的技术变革，由此电动汽车需求量有了很大提高。在19世纪下半叶成为交通运输的重要产品，写下了电动汽车在人类交通史上的辉煌一页。1890年法国和英国伦敦的街道上行驶着电动大客车，当时的车用内燃机技术还相当落后，行驶里程短，故障多，维修困难，而电动汽车却维修方便。

在欧美，电动汽车最盛期是在19世纪末。1899年法国人考门·吉纳驾驶一辆44kW双电动机为动力的后轮驱动电动汽车，创造了时速106km的记录。

1900年美国制造的汽车中，电动汽车为15755辆，蒸汽机汽车1684辆，而汽油机汽车只有936辆。进入20世纪以后，由于内燃机技术的不断进步，1908年美国福特汽车公司T型车问世，以流水线生产方式大规模批量制造汽车使汽油机汽车开始普及，致使在市场竞争中蒸汽机汽车与电动汽车由于存在着技术及经济性能上的不足，使前者被无情的岁月淘汰，后者则呈萎缩状态。

4. 电动汽车的发展背景

(1)电动汽车电池发展。电池（如图1-3所示）是电动汽车发展的首要关键，汽车动力电池难在"低成本要求"、"高容量要求"及"高安全要求"等三个要求上。镍氢电池单位重量储存能量比铅酸电池多一倍，其他性能也都优于铅酸电池。价格为铅酸电池的4~5倍，正在大力攻关让它降下来。铁电池采用的是资源丰富、价格低廉的铁元素材料，成本得到大幅度降低，也有厂家采用。锂是最轻、化学特性十分活泼的金属，锂离子电池单位重量储电能为铅酸电池的3倍，锂聚合物电池为4倍，而且锂资源较丰富，价格也不很贵，是很有希望的电池。我国在镍氢电池和锂离子电池的产业化开发方面均取得了快速的发展。电动汽车其他有关的技术，有巨大的进步，如：交流感应电机及其控制，稀土永磁无刷电机及其控制，电池和整车能量管理系统，智能及快速充电技术，低阻力轮胎，轻量和低风阻车身，制动能量回收等等，这些技术的进步使电动汽车日渐完善和走向实用化。我国大城市的大气污染已不容忽视，汽车排放是主要污染源之一，我国已有16个城市被列入全球大气污染最严重的20个城市之中。过去十年，汽车保有量几乎每年都在井喷式增加，近五年年均增加更是达到1400万辆。据公安部交管局统计，截至2017年3月底，全国机动车保有量首次突破3亿辆，其中汽车达2亿辆，机动车驾驶人超3.64亿人，其中汽车驾驶人3.2亿人。我们知道，机动车包括有轨电车、各种工程车辆及三轮车等。目前单看汽车保有量已经达到2亿辆，而私家车总量超过1.5亿辆。我国汽车保有量的倍增，将使石油进口成为大问题。因此在我国研究发展电动汽车不是一个临时的短期措施，而是意义重大的、长远的战略考虑。

(2)电动汽车行业发展。2014年第二季度，美国在全世界范围内销售了7931台电动车，这一数字领先于其他所有市场，销量环比上涨28%。其他市场的数字分别是日本4240台，法国2056，德国1284。而在中国，2014年的第一季度仅有235台电动汽车售出，比2013年第四季度的343台下降了31%。

随着电动汽车行业竞争的不断加剧，大型电动汽车企业间并购整合与资本运作日趋频繁，国内优秀的电动汽车企业愈来愈重视对行业市场的研究，特别是对企业发展环境和客户需求趋势变化的深入研究。正因为如此，一大批国内优秀的电动汽车品牌迅速崛起，逐渐成

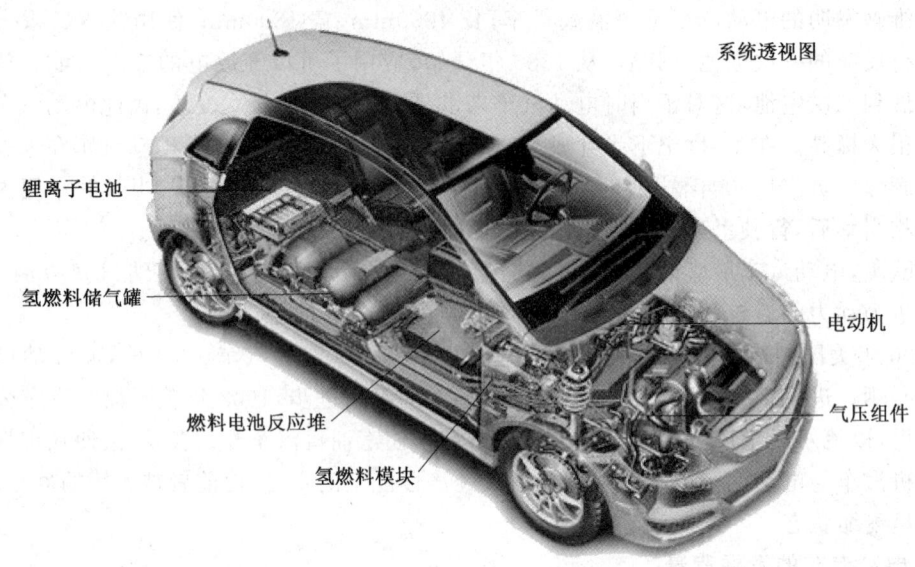

图 1-3　纯电动汽车系统透视图

为电动汽车行业中的翘楚!

(3)中国汽车驶入"无油"时代。新能源汽车的发展方向有多种,但其中之一的氢燃料电池技术不成熟,成本昂贵,是 20 年之后的技术。

从技术发展成熟程度和中国国情来看,纯电动汽车应是大力推广的发展方向,而混合动力作为大面积充电网络还没建立起来之前的过渡技术。今年中外车厂都先后推出了混合动力和纯电动轿车。比亚迪先后展示了 F6DM 和 F3DM 双模电动车和 F3e 纯电动车。长安与加拿大绿色电池生产商 Electrovaya 合作,共同拓展加拿大新能源汽车市场,首推奔奔纯电动版。美国通用汽车公司推出了以电动为主的 Chevy Volt 混合动力车,Mini Cooper 推出了其纯电动版。2011 年江淮同悦推出纯电动版新车。

但混合动力车动力系统复杂,成本昂贵。比亚迪 F3DM 有两套动力系统,其公布的动力系统成本增加了 5 万元,相当于每年要节省 8 千元的油费才能比传统汽油车经济。不过混合动力车省油有限,丰田 Prius 省油大致 10%～20%,奇瑞 A5-ISG 在北京奥运试运期间公布的省油参数为 10%。可以算一笔账,假设家庭年行驶 2 万公里,汽油车百公里油耗 7.5 升,年油费 9450 元,混合动力车省油 20% 节省了 1890 元,无法抵消其车价成本的增加。混合动力的优势是保留了传统汽油汽车的使用生活方式,根据汽油机和电动机混合程度,充电次数和传统汽油汽车加油次数相当,或者不用充电,行驶距离也不受限制。

纯电动汽车省去了油箱、发动机、变速器、冷却系统和排气系统,相比传统汽车的内燃汽油发动机动力系统,电动机和控制器的成本更低,且纯电动汽车能量转换效率更高。因电动汽车的能量来源——电,来自大型发电机组,其效率是小型汽油发动机甚至混合动力发动机所无法比拟的。纯电动轿车因此使用成本在下降。按比亚迪 F3e 纯电动车公布的数据,百公里行驶耗电 12 度,依照 0.5 元的电价算,百公里使用成本才 6 元。而其原形车 F3 汽油车百公里耗油 7.6 升,按目前 6.2 元的油价,成本是 46.5 元。相比之下,电动汽车的使用成本才是传统汽油汽车的八分之一。

纯电动汽车的缺点是它改变了传统汽车的使用生活方式,需要每天充电。传统的汽车使用习惯是大致一到两周加一次油。而且每次出行也有几百公里的距离限制,虽然一个家庭远距离出行可能一年就这么几次。

5. 电动汽车的分类

纯电动汽车发展至今,种类较多,通常按车辆用途、车载电源数目以及驱动系统的组成进行分类。按照用途不同分类,纯电动汽车可分为电动轿车、电动货车和电动客车三种。

(1)电动轿车是目前最常见的纯电动轿车。除了一些概念车,纯电动轿车已经有了小批量生产,并已进入汽车市场,如图1-4所示。

(2)电动货车。用作公路运输的电动货车目前还比较少,而在矿山、工地及一些特殊场地,则早已出现了一些大吨位的纯电动载货汽车,如图1-5所示。

图1-4 电动轿车　　　　　　　　图1-5 电动货车

(3)电动客车,目前纯电动小客车也较少见;纯电动大客车用作公共汽车,在一些大中城市的公交线路以及世博会、世界性的运动会上,已经有了良好的表现,如图1-6所示。

图1-6 电动客车

6. 纯电动汽车的基本结构

纯电动汽车的结构布置各式各样,比较灵活,概括起来分为纯电动汽车电动机中央驱动和电动轮驱动两种形式。电动机中央驱动形式借用了内燃机汽车的驱动方案,将内燃机换成电动机及其相关器件,用一台电动机驱动左右两侧的车轮。电动轮驱动形式的机械传动装置的体积与质量较电动机中央驱动形式的大大减小,效率显著提高,代价是增加了控制系统的复杂程度与成本。

纯电动汽车采用电动机中央驱动形式,直接借用了内燃机汽车的驱动方案,由发动机前置前驱发展而来,由电动机、离合器、变速箱和差速器组成。用电驱动装置替代了内燃机,通过离合器将电动机动力与驱动轮进行连接或动力切断,变速箱提供不同的传动比以变更转速—功率曲线匹配的需要,变速器实现转弯时两车轮不同车速的行驶。

纯电动汽车采用双电动机电动轮驱动方式,机械差速器被两个牵引电动机所代替,两个电动机分别驱动各自车轮,转弯时通过电子差速控制以不同车速行驶,省掉了机械变速器。

现在纯电动汽车所独有的以蓄电池作能量源的一种结构,蓄电池可以布置在车上的四周,也可以集中布置在车的尾部或者布置在底盘下面。所选用的蓄电池应该能提供足够高的比能量和比功率,并且在车辆制动时能回收再生制动能量。具有高比能量和高比功率的动力电池,提高了纯电动汽车的加速性和爬坡能力。

为了解决一种蓄电池不能同时满足对比能量和比功率的要求这个问题,可以在纯电动汽车同时采用两种不同的蓄电池,其中一种能提供高比能量,另外一种提供高比功率。两种电池作混合能量源的基本结构,这两种结构不仅分开了对比能量和比功率的要求,而且在汽车下坡或制动时可利用蓄电池回收能量。

燃料电池所需的氢气不仅能以压缩氢气、液态氢或金属氢化物的形式储存,还可以由常温的液态燃料如甲醇或汽油随车产生。一个带小型重整器的纯电动轿车的结构,燃料电池所需的氢气由重整器随车产生。

7. 纯电动汽车的电池管理

纯电动汽车电池管理系统作为电池系统的重要组成部分,具有实时监控电池状态、优化使用电池能量、延长电池寿命和保证电池的使用安全等重要作用。电池管理系统对整车的安全运行、整车控制策略的选择、充电模式的选择以及运营成本都有很大影响。电池管理系统无论在车辆运行过程中还是在充电过程中都要可靠地完成电池状态的实时监控和故障诊断,并通过总线的方式告知车辆集成控制器或充电机,以便采用更加合理的控制策略,达到有效且高效使用电池的目的。

电池管理系统采用集散式系统结构,每套电池管理系统由1台中央控制模块(或称主机)和10个电池测控模块(或称从机)组成。电池管理系统检测模块安装在电池箱前面板内,电池管理系统主控模块安装在车辆尾部高压设备仓内,电池管理系统的功能如下:

(1)电体电池电压的检测。
(2)电池温度的检测。
(3)电池组工作电流的检测。
(4)绝缘电阻检测。
(5)冷却风机控制。
(6)充放电次数记录。
(7)电池组电荷剩余量SOC的估测。
(8)电池故障分析与在线报警。

(9)各箱电池充放电次数记录。
(10)各箱电池离散性评价。
(11)与车载设备通信,为整车控制提供必要的电池数据 CAN1。
(12)与车载监控设备通信,将电池信息送面板显示 CAN2。
(13)与充电机通信,安全实现电池的充电 RS—485。
(14)有简易的设备实现纯电动轿车电池管理系统的初始化功能,能满足电池快速更换以及电池箱重新编组的需要。

8. 核心技术

发展电动汽车必须解决好 4 个方面的关键技术:电池技术、电机驱动及其控制技术、电动汽车整车技术以及能量管理技术。

(1)电池技术。电池是电动汽车的动力源泉,也是一直制约电动汽车发展的关键因素。电动汽车用电池的主要性能指标是比能量(E)、能量密度(Ed)、比功率(P)、循环寿命(L)和成本(C)等。要使电动汽车能与燃油汽车相竞争,关键就是要开发出比能量高、比功率大、使用寿命长的高效电池。

到目前为止,电动汽车用电池经过了 3 代的发展,已取得了突破性的进展。第 1 代是铅酸电池,目前主要是阀控铅酸电池(VRLA),由于其比能量较高、价格低和能高倍率放电,因此是目前唯一能大批量生产的电动汽车用电池。第 2 代是碱性电池,主要有镍镉(NJ-Cd)、镍氢(Ni-MH)、钠硫(Na/S)、锂离子(Li-ion)和锌空气(Zn/Air)等多种电池,其比能量和比功率都比铅酸电池高,因此大大提高了电动汽车的动力性能和续驶里程,但其价格却比铅酸电池高。第 3 代是以燃料电池为主的电池。燃料电池直接将燃料的化学能转变为电能,能量转变效率高,比能量和比功率都高,并且可以控制反应过程,能量转化过程可以连续进行,因此是理想的汽车用电池,但目前还处于研制阶段,一些关键技术还有待突破。

(2)电力驱动及其控制技术。电动机与驱动系统是电动汽车的关键部件,要使电动汽车有良好的使用性能,驱动电机应具有调速范围宽、转速高、启动转矩大、体积小、质量小、效率高且有动态制动强和能量回馈等特性。目前,电动汽车用电动机主要有直流电动机(DCM)、感应电动机(IM)、永磁无刷电动机(PMBLM)和开关磁阻电动机(SRM)4 类。

近几年来,由感应电动机驱动的电动汽车几乎都采用矢量控制和直接转矩控制。由于直接转矩的控制手段直接、结构简单、控制性能优良和动态响应迅速,因此非常适合电动汽车的控制。美国以及欧洲研制的电动汽车多采用这种电动机。永磁无刷电动机可以分为由方波驱动的无刷直流电动机系统(BLDCM)和由正弦波驱动的无刷直流电动机系统(PMSM),它们都具有较高的功率密度,其控制方式与感应电动机基本相同,因此在电动汽车上得到了广泛的应用。PMSM 类电机具有较高的能量密度和效率,其体积小、惯性低、响应快,非常适应于电动汽车的驱动系统,有极好的应用前景。目前,由日本研制的电动汽车主要采用这种电动机。

开关磁阻电动机(SRM)具有简单可靠、可在较宽转速和转矩范围内高效运行、控制灵活、可四象限运行、响应速度快和成本较低等优点。实际应用发现 SRM 存在转矩波动大、噪声大、需要位置检测器等缺点,应用受到了限制。

随着电动机及驱动系统的发展,控制系统趋于智能化和数字化。变结构控制、模糊控制、神经网络、自适应控制、专家控制、遗传算法等非线性智能控制技术,都将各自或结合应用于电动汽车的电动机控制系统。

(3) 电动汽车整车技术。电动汽车是高科技综合性产品,除电池、电动机外,车体本身也包含很多高新技术,有些节能措施比提高电池储能能力还易于实现。采用轻质材料如镁、铝、优质钢材及复合材料,优化结构,可使汽车自身质量减轻30%~50%;实现制动、下坡和怠速时的能量回收;采用高弹滞材料制成的高气压子午线轮胎,可使汽车的滚动阻力减少50%;汽车车身特别是汽车底部更加流线型化,可使汽车的空气阻力减少50%。

(4) 能量管理技术。蓄电池是电动汽车的储能动力源。电动汽车要获得非常好的动力特性,必须具有比能量高、使用寿命长、比功率大的蓄电池作为动力源。而要使电动汽车具有良好的工作性能,就必须对蓄电池进行系统管理。

能量管理系统是电动汽车的智能核心。一辆设计优良的电动汽车,除了有良好的机械性能、电驱动性能、选择适当的能量源(即电池)外,还应该有一套协调各个功能部分工作的能量管理系统,它的作用是检测单个电池或电池组的荷电状态,并根据各种传感信息,包括力、加减速命令、行驶路况、蓄电池工况、环境温度等,合理地调配和使用有限的车载能量;它还能够根据电池组的使用情况和充放电历史选择最佳充电方式,以尽可能延长电池的寿命。

世界各大汽车制造商的研究机构都在进行电动汽车车载电池能量管理系统的研究与开发。电动汽车电池当前存有多少电能,还能行驶多少公里,是电动汽车行驶中必须知道的重要参数,也是电动汽车能量管理系统应该完成的重要功能。应用电动汽车车载能量管理系统,可以更加准确地设计电动汽车的电能储存系统,确定一个最佳的能量存储及管理结构,并且可以提高电动汽车本身的性能。

在电动汽车上实现能量管理的难点,在于如何根据所采集的每块电池的电压、温度和充放电电流的历史数据,来建立一个确定每块电池还剩余多少能量的较精确的数学模型。

9. 电动汽车发展前景

国务院印发了《节能与新能源汽车产业发展规划(2012~2020年)》(以下简称《发展规划》)的通知,其中删除了征求意见稿中"近期以混合电动汽车为重点"和"中/重度混合动力乘用车占乘用车年产销量的50%以上"的字句。对此业界专家认为,这样有效避免之前直接点明以混合电动汽车为重点而可能引起的新能源发展路线之争,又回避了之前定出的难以达到的高指标,再次明晰了未来新能源发展目标。

根据《发展规划》所述,本规划所指的新能源汽车主要包括纯电动轿车、插电式混合动力汽车及燃料电池汽车。之前呼声很高的混合动力并非不受重视,只是二者发展目标不一。在《发展规划》中明确提到,对"纯电动轿车和插电式混合动力汽车产业化"是要"重点推进",对"非插电式混合动力汽车、节能内燃机汽车"是要"推广普及"。即"重点推进"是因为技术不成熟、难度大,要重点推动;"推广普及"是有较现成的技术,只要推广就能普及。业界专家解读,言外之意,混合动力成了"未明说的重点"。另外,《发展规划》要求,"到2015年,当年生产的乘用车平均燃料消耗量降至6.9升/百公里,节能型乘用车燃料消耗量降至5.9升/百公里以下。到2020年,当年生产的乘用车平均燃料消耗量降至5.0升/百公里,节能型乘用车燃料消耗量降至4.5升/百公里以下。"要达到这个全球最严格的油耗目标,目前最可行的混合动力汽车的推广和普及,就势在必行,市场也将迅速起步。

(二)混合动力汽车

普通混合动力汽车是指那些采用常规燃料的,同时配以蓄电池、电动机来改善低速动力输出和燃油消耗的车型。

1. 普通混合动力汽车的优点

(1)采用混合动力后可按平均需用的功率来确定发动机的最大功率,此时处于油耗低、污染少的最优工况下工作。需要大功率发动机功率不足时,由电池来补充;负荷少时,富余的功率可发电给电池充电,由于发动机可持续工作,电池又可以不断得到充电,故其行程和普通汽车一样。

(2)因为有了电池,可以十分方便地回收制动、下坡时、怠速时的能量,并作为电能再次利用,从而减少能源的浪费。

(3)在繁华市区,可关停发动机,由电池单独驱动,实现"零排放"。

(4)有了发动机可以十分方便地解决耗能大的空调、取暖、除霜等纯电动汽车遇到的难题。

2. 普通混合动力汽车的缺点

长距离高速行驶基本不能省油。有两套动力,再加上两套动力的管理控制系统,结构复杂,技术较难,价格较高。混合动力汽车按照混合度(即电动机功率与发动机功率之比或使用电的比例与使用燃油的比例)的不同,又可以分为微混、轻混、中混、强混等。普通的混合动力汽车利用发动机的富余功率给电池充电,无须外接充电,虽然节能效果明显,但是没有从根本上摆脱交通运输对石油资源的耗用问题。因此,普通混合动力汽车是电动汽车发展过程中一段时期内的一种过渡性技术。

近几年发展起来的插电式混合动力汽车(Plug-in Hybrid Vehicle,简称PHV)是一种新型的混合动力电动汽车。通过外接充电电源为电池充电,充电后可仅凭充电电池作为电动汽车行驶。另外,在电池的剩余电量用完后,并不是切换至发动机行驶模式,而是通过发动机带动发电机,利用由此产生的电力为蓄电池充电,继续用电动机行驶。插电式混合动力汽车更接近于纯电动汽车,而且它一定程度上解决了纯电动车续航里程短和需要及时充电的问题,即使行驶到没有充电设施的地方,也可以作为一般的混合动力车来使用。

(三)燃料电池电动汽车

燃料电池电动汽车是指以氢气、甲醇等为燃料,通过化学反应产生电流,依靠电机驱动的汽车。燃料电池电动汽车的工作原理是:作为燃料的氢在汽车搭载的燃料电池中,与大气中的氧发生化学反应,从而产生电能启动电动机,进而驱动汽车行驶。燃料电池的化学反应过程不会产生有害产物,因此燃料电池车辆是无污染汽车,燃料电池的能量转换效率比内燃机要高2~3倍,因此从能源的利用和环境保护方面看,燃料电池技术是内燃机技术最好的替代物,燃料电池汽车代表了汽车未来的发展方向。

现阶段,燃料电池的许多关键技术还处于研发试验阶段,此外,燃料电池的理想燃料——氢,在制备、供应、储运等方面还有着大量的技术与经济问题有待解决。因此,燃料电池汽车目前和今后一段时间尚不具备商业化的条件。

二、我国发展电动汽车的意义和优势

（一）加快电动汽车发展的意义

加快电动汽车发展，对中国实现汽车产业振兴、建设汽车强国之梦提供了难得的历史机遇，对保障能源安全、实施节能减排也具有重要意义。

1. 有利于摆脱对石油资源的过度依赖，保障国家能源和经济安全

据英国石油公司此前发布的《BP 世界能源统计 2009》，全球原油剩余探明储量按照 2008 年的年开采速度计算，还可以开采 42 年。这意味着，到 21 世纪中叶，以电动汽车为代表的新能源车将毫无悬念地成为全球汽车工业唯一的产品。由于电动汽车可以大幅度直至 100% 地减少石油消耗，电动汽车的发展将成为改变国家能源结构、实现节能目标的重要战略支撑点。目前中国石油对外依存度已超过 50%，今后较长一段时间内中国汽车保有量仍将以 10% 的速度增长，石油短缺的局面会日益加剧。按初步估计，若到 2030 年中国的电动汽车占汽车总销量的 20%～30%，中国的石油进口可以减少 20%。

2. 有利于减少污染物和温室气体排放

随着汽车保有量增长，在北京、上海、广州等大城市的市区，汽车排放已经成为氮化物、一氧化碳、碳氢化物等污染物的第一大污染源。汽车还是二氧化碳的重要来源。加快发展和普及使用电动汽车可以减少汽车的尾气污染，极大地改善市区空气质量。同时随着风电、太阳能发电、核电和水电等清洁能源的增加，发电的污染和温室气体排放会大大降低，电动汽车全生命周期的污染和碳排放也随之大幅减少。中国已是世界碳排放大国，如果能在电动汽车上有所突破，我们在全球气候变化和环境保护方面的国际形象将会得到极大改善，在国际事务谈判中掌握主动。

3. 有利于实现中国汽车产业的跨越式发展

尽管中国已经形成了世界级规模的汽车产业，但在传统动力技术等关键领域我们在很长时间内难以摆脱受制于人的窘境。在电动汽车领域，我国与发达国家的科技水平差距不是很大，在动力电池这一决定电动汽车发展的核心技术方面处于领先地位。中国电动汽车企业可以充分利用核心技术优势和生产成本优势迅速做强做大，成为新能源汽车时代的领跑者，并生长出一批新的全球领先整车企业和一批在电动汽车关键零部件产业领先的企业，实现中国汽车产业的跨越式发展。

4. 可以带动相关产业发展，培育新的支柱产业

2007 年-2009 年环球金融危机（又称世界金融危机）给我国经济带来了巨大冲击，经济增长的轨迹和旧有的格局都有所改变。在这种形式下，发展战略性新兴产业显得刻不容缓，并将成为今后一个时期经济工作的主线。电动汽车作为机械、冶金、能源、电子、新材料和计算机产品的集成，同时也是信息技术、生物技术、数字技术等多种高新技术的集成，是典型的高新技术产品，其对相关产业的拉动效应将大大超过传统汽车产业，电动汽车将成为我国具有战略性的新兴产业和支柱产业。建设电动汽车充电网络是实现产业化的前提，电动汽车的发展也为电力行业带来了良好机遇，电网企业通过参与能源供给网络建设，探索创新业务模式，可以推动智能电网建设，促进电网企业的发展。

(二)我国发展电动汽车的优势

我国发展电动汽车产业具有技术、成本、资源和市场四大优势：

1. 技术优势

决定电动汽车产业成熟度的关键因素是动力电池技术，目前中国企业在电池技术方面处于领先地位，已经成为世界最大的车用动力电池供应国。特别是深圳比亚迪、深圳雷天、天津力神等专业电池生产厂家，在电池方面已积累了大量的产业经验，已开发出安全、稳定、容量大、寿命长的动力电池，并实现了规模化生产。雷天公司的锂电池已对欧美批量出口，天津力神的动力电池已装在国产电动汽车上向美国出口，而比亚迪开发出的锂铁电池在技术和成本上已经领先于日本和美国的公司。

2. 成本优势

电动汽车不仅是技术密集型产业，也是劳动密集型产业，我国的劳动力成本明显低于发达国家，使我国汽车企业的生产成本具有比较优势。比亚迪首款插入式混合动力汽车F3DM车型在国内的售价约为15万元，仅是丰田混合动力车主力车型普锐斯在中国售价的一半。

3. 资源优势

除传统的钢铁、有色金属以外，生产电动汽车所消耗的最重要资源是生产电池的原材料——锂和生产电机的原材料——稀土。我国是世界锂资源第三大国，而稀土资源更占世界总储量的一半。

4. 市场优势

中国拥有全球最大、增长速度最快的汽车市场，2016年我国汽车产量2812万辆，占全球汽车总产量的20.7%，并且未来还将保持年均10%以上的增长速度。中国汽车市场为电动汽车产业的发展提供了巨大的空间。

三、我国电动汽车的发展历程

我国在电动汽车领域的研究探索始于20世纪60~70年代，系统研发起步于"九五"时期，比美国、日本、欧盟等国家至少晚20年的时间。然而，在近二十年内，通过国家863计划的持续、有序、系统的研发支持，我国电动汽车行业取得了快速发展，不仅攻克了一系列关键技术，而且自主研发的电动汽车整车产品已实现批量进入市场，在部分领域已实现了与日美欧等国同步发展。

我国电动汽车行业的发展大致经历了三个历史阶段：

(1)第一阶段，20世纪60年代到2001年前的萌芽阶段。这一时期，我国并没有系统地支持电动汽车领域的技术研发，国内各企业集团也没有将电动汽车作为研发投入的重要方面。我国汽车制造企业几乎没有推出一款电动汽车整车产品。而同时期，国外大汽车公司已开发生产了100多种型号的电动汽车，其中，已有10多种纯电动汽车车型投入商业化生产。两相对比，我国的电动汽车发展至少落后于发达国家20年。然而，可喜的是，从"八五"电动汽车被列入国家科技攻关计划以来，到"九五"时期，我国政府已经意识到发展电动汽车的重要性，正式将其列入国家重大科技产业工程项目，这为电动汽车的进一步研发奠定了基础。

(2)第二阶段,2001年9月到2007年11月的研发培育阶段。该时期的划分是以两个标志性事件为起点的。首先,2001年9月,科学技术部组织召开了"十五"国家高技术研究发展计划(863计划)"电动汽车重大科技专项"可行性研究论证会,会议通过了专项可行性研究报告,标志着电动汽车专项正式启动,这是我国第一次系统支持电动汽车的研发。其次,2007年11月,《新能源汽车生产准入管理规则》正式实施,该规则的实施为电动汽车在我国正式上市销售铺平了道路。这一时期,我国的电动汽车取得了一系列关键技术突破,三类电动汽车分别完成了功能样车、性能样车和产品样车试制;以幸福使者微型轿车为基础开发的纯电动轿车实现了小批量生产和出口;若干个品牌的纯电动客车、混合动力客车和混合动力轿车在北京、武汉等城市进行了小规模示范运行;部分自主研发的混合动力轿车已基本完成了商品化的前期准备工作。这一时期,我国电动汽车行业取得了重要的研发进展,缩短了与发达国家间的差距,为形成电动汽车产业打下了坚实的基础。

(3)第三阶段,《新能源汽车生产准入管理规则》正式实施以来的产业培育阶段。这一时期,随着863计划取得成果的陆续产业化,我国汽车制造企业的电动汽车整车产品开发能力大幅提升,一批具有自主品牌的混合动力轿车产品获国家发改委汽车新产品公告批准,长安汽车、奇瑞汽车和比亚迪汽车的自主创新混合动力轿车上市销售。同时,通过先期在北京、天津、武汉、深圳等7个城市及国家电网公司开展了电动汽车小规模示范运行考核,在北京奥运会期间,我国成功地实现了595辆自主研发电动汽车的集中、高强度商业化示范运行,表明国内电动汽车行业已具备形成产业的能力。可以预期,在未来的几年内以纯电动汽车和混合动力车的持续发展为核心,我国的电动汽车产业将逐步形成和发展。

目前,我国电动汽车行业已建立起较为合理的行业创新体系,取得了动力系统技术平台构建、关键零部件和新技术开发、整车产品上市、示范运行等多方面的突破,已基本形成了未来产业发展的雏形,在国家产业政策和财政补贴政策的支持下,即将迎来规模发展阶段。

在行业创新体系方面。一方面,我国"863"项目共投入20亿元研发经费,形成了"三纵三横"的研发布局,即以纯电动、油电混合动力、燃料电池三种技术路线为"三纵",以多能源动力总成控制系统、驱动电机及其控制系统、动力蓄电池及其管理系统等三种共性技术为"三横";另一方面,按照研发布局规划,我国已建立起由整车企业、零部件企业、科研院所和大学共同组成的科研开发团队,围绕一汽、东风、奇瑞、长安、比亚迪、北京清能华通科技发展有限公司、上海燃料电池汽车动力系统有限公司、天津清源电动车辆有限责任公司、北京理工科凌电动车辆有限公司等整车企业集聚了大量研发资源,已初步形成了行业创新体系。

在动力系统技术平台构建、关键零部件和新技术开发方面。我国已建立起纯电动、混合动力和燃料电池三类汽车动力系统技术平台;研制的镍氢和锂离子两种动力电池,已达到国际先进水平;自主开发的200kW以下永磁无刷电机、交流异步电机和开关磁阻电机,电机重量比功率超过1300w/kg,电机系统最高效率达到93%,实现了与整车配套;成功开发出轿车和客车用燃料电池系统,在电催化剂、复合膜等关键材料,双极板、增湿器等关键部件以及系统集成方面的核心部件性能已接近国际先进水平。

在整车产品上市方面。已掌握电动汽车整车开发关键技术,形成了各类电动汽车的开发能力,推出了一系列电动汽车样车,开展了较有成效的示范运行,自主研制的新能源汽车已进入市场销售。目前,共有48个型号的各类电动汽车获得国家机动车新产品公告。客车领域,安凯客车、中通客车、北汽福田、南京依维柯等商用车企业都有纯电动汽车或混合动力车上市。轿车领域,长安杰勋HEV混合动力车、众泰2008EV纯电动车和比亚迪插电式混合动力车F3DM已实现了上市销售,天津清源电动车辆有限责任公司开发的高速纯电动轿车已累计出口美国、欧盟1300辆以上。实际上,包括长安汽车、上海汽车、东风汽车、北汽福田、中国一汽在内的中国所有主要国有和合资汽车公司都已宣布启动电动车开发项目的计划。

在示范运行方面。"十五"至"十一五"期间,国家科技部先后将北京、武汉、天津、株洲、威海、杭州6个城市确定为电动汽车示范运营城市。在前期小规模示范运行和北京奥运集中示范运行的基础上,2009年1月,科技部、财政部、发改委、工业和信息化部联合发布了《关于开展节能与新能源汽车示范推广工作试点工作的通知》,启动了"十城千辆"节能与新能源汽车示范推广应用工程,主要内容是,通过提供财政补贴,计划用3年左右的时间,每年发展10个城市,每个城市推出1000辆新能源汽车开展示范运行,涉及这些大中城市的公交、出租、公务、市政、邮政等领域。首批确定参与的13个城市是:北京、上海、重庆、长春、大连、杭州、济南、武汉、深圳、合肥、长沙、昆明、南昌。

在产业政策方面。2007年11月,国家出台《新能源汽车生产准入规则》,首次明确了新能源汽车的概念,规定了新能源汽车的准入门槛。2009年6月17日,工业和信息化部发布了《新能源汽车生产企业及产品准入管理规则》,对新能源汽车的范围进行了定义,规定了新能源汽车企业及产品的准入条件。

2009年3月,国务院办公厅出台《汽车产业调整和振兴规划》,提出在2009-2011年期间,电动汽车形成50万辆纯电动、充电式混合动力和普通型混合动力等新能源汽车产能,新能源汽车销量占乘用车销售总量的5%左右。

在财政补贴方面。2010年6月,财政部、科技部、工业和信息化部、国家发展改革委联合出台《关于开展私人购买新能源汽车补贴试点的通知》,确定在上海、长春、深圳、杭州、合肥5个城市启动试点。《通知》明确,中央财政对试点城市私人购买、登记注册和使用的插电式混合动力乘用车和纯电动乘用车给予一次性补贴。补贴标准根据动力电池组能量确定,对满足支持条件的新能源汽车,按3000元/千瓦时给予补贴。插电式混合动力乘用车每辆最高补贴5万元,纯电动乘用车每辆最高补贴6万元。补贴资金拨付给汽车生产企业,按其扣除补贴后的价格将新能源汽车销售给私人用户或租赁企业。

总之,在技术突破和政策扶持的双重刺激下,我国电动汽车已处于市场引爆的临界点,预计未来两年电动汽车的市场规模和生产规模将迅速扩大,我国电动汽车将进入快速成长期,同时也标志着中国电动汽车加速进入产业化、商业化阶段。

四、当前制约电动汽车发展的主要障碍

尽管电动汽车在技术研发和产业化培育方面发展十分迅速,以电力汽车作为传统汽车的替代方案也基本上没有异议,但是目前电动汽车在产业化方面还存在一些不可忽视的障碍。

(一)电池技术需要进一步发展

电动汽车技术上的最大瓶颈就是电池,虽然相比以往,电动汽车电池的性能已有很大提高,目前的电池技术在一定程度已能满足消费者需求,但是如果要大规模普及电动汽车,电池性能还需要继续改进。目前,电池存在的主要问题有:一是电池安全性,目前中小容量锂离子电池的产业化已经非常成功,但大容量、高功率锂离子动力电池的安全性是否过关还需

要时间检验。二是电池容量,目前市场上使用的电动汽车一次充电后的续航里程一般为100km～300km,有些电动汽车一般行驶环境下续航里程只有50km～100km。三是电池寿命,目前最好的汽车电池充放电次数在1000～2000次,电池寿命一般在3～5年。四是电池价格昂贵。电动汽车蓄电池的价格约为100美元/kwh,有的甚至高达350美元/kwh,成本太高,造成电动汽车整车价格难以下降。五是电池的污染问题,无论是铅酸电池、镍氢电池、还是锂电池,电池的回收和处理不当,会对环境造成污染。

(二)产业发展所需的初始规模还未形成

目前,虽然我国已经有几千辆电动汽车开展了示范运行,长安、奇瑞和比亚迪生产的混合动力轿车也已上市销售,但与形成产业发展所需的初始规模相比,现在的生产规模仍然很小,造成电动汽车的价格仍然偏高,在不考虑国家财政补贴的情况下,对用户缺乏足够的吸引力。据测算,实现我国电动汽车产业市场化发展的初始规模约需6万辆。只有达到该规模后,相关动力蓄电池等部件才能实现规模生产,才能有助于解决电池的技术问题,降低单位产品成本,从而使我国电动汽车的发展进入市场推动的轨道。

(三)配套充电设施建设滞后

配套充电设施的完善程度也是电动汽车能否普及的关键因素。电动汽车特别是纯电动汽车需要与之相配套的充电站,从目前情况来看,一座充电站可同时容纳10～20台电动汽车充电,如果电动汽车的规模扩大则要求必须有足够多的、方便的充电站,另外还要有相应的维修等辅助配套设施。但目前,充电基础设施建设尚未形成一个比较完善的网络体系,一定程度上制约了电动汽车的发展。此外,由于电动汽车相关基础设施建设所需的投资巨大,不是靠汽车生产企业的力量能够实现的,需要政府部门、电网企业和相关企业形成共识,共同加快充电设施网络的建设。

(四)国家对产业的组织协调力度不够,标准缺乏

目前电动汽车的研发在我国进行得如火如荼。由于这个行业的门槛比较低,而我国至今没有制定电动汽车的发展规划,对行业缺乏有效的引导和管理,从而导致了各大汽车企业、科研院所及各个省市纷纷立项。重复建设问题非常突出,形同一盘散沙,没有形成共同技术研发平台和资源共享,在一定程度上造成了社会资源的浪费,不利于电动汽车的发展。其次,没有形成完整的电动汽车的国家标准。电动汽车相关的技术标准、整车标准、零部件标准、电池标准、充电设施标准等,应该是一个完整的标准体系。因为没有具体的国家标准,汽车研发企业没有一个可遵循的操作规范,现在参与的企业基本上是自行其是。因此,为了促进我国电动汽车产业的健康发展,应该尽快制定电动汽车产业发展规划和电动汽车行业的国家标准。

五、我国电动汽车发展的前景分析

(一)我国电动汽车发展的最新进展

针对我国电动汽车发展存在的障碍,近期汽车和相关行业进一步加强研发和建设工作,

国家也加紧制定有关标准,我国在电池技术、经济性、充电设施建设、行业标准等方面又取得了新的重要进展。

1. 电池技术

近几年,国际公认锂电池是动力电池的发展方向,而比较有代表性的是磷酸铁锂电池。传统铅酸电池的循环寿命在300次左右,最高也只有500次,而磷酸铁锂动力电池,循环寿命可以达到2000次以上。磷酸铁锂电池具有比普通电池更大的容量,解决了电池的安全性问题,而且具有体积小、重量轻、绿色环保的优点。中国比亚迪公司开发了一种新的电池技术——铁电池技术。据介绍,比亚迪铁电池在"高容量要求"、"高安全要求"及"低成本要求"三个核心指标上优于锂电池。装载比亚迪铁电池的纯电动汽车E6的最高车速可达每小时140公里,快速充电状况下15分钟可充满电池80%,满电可续航300公里左右。

2. 财政补贴政策

2010年6月,国家出台了对私人购买新能源汽车的补贴政策,确定在上海、长春、深圳、杭州、合肥5个城市启动试点。插电式混合动力乘用车每辆最高补贴5万元,纯电动乘用车每辆最高补贴6万元。补贴政策的出台大大降低了电动汽车的购置成本,再加上电动汽车本身在运营成本上的优势,将极大地提高电动汽车的经济性,有利于迅速提高电动汽车的市场规模。市场规模的扩大又会降低电动汽车的单位生产成本,从而形成良性循环。值得注意的是,该补贴政策对不同种类的电动汽车有明显的差别。普通混合动力汽车被归入节能汽车的范畴,购买普通混合动力车的消费者仅获得一次性补贴3000元。这种政策差异清楚地表明,我国已经把纯电动汽车和插电式混合动力车作为未来新能源汽车的主要发展方向。

3. 充电网络建设

2009年,国家电网在上海、唐山以及南方电网在深圳等地的示范充电站已经建成。在2010年国家电网公司会议上,有关领导表示"要密切跟踪电动汽车发展趋势,加快充电设施建设。"国家电网公司2010年在全国27个城市建设电动汽车充电站,共建设75座电动汽车充电站和6029个充电桩。到2010年底,全国大部分省会城市都有充电站投入运行,我国将迎来充电网络大规模建设的新时期。

4. 电动汽车规划和标准

针对电动汽车行业标准不健全的问题,国家抓紧制定和出台电动汽车相关标准。2010年4月底,《电动汽车传导式充电接口》《电动汽车充电站通用要求》《电动汽车电池管理系统与非车载充电机之间的通信协议》和《轻型混合动力电动汽车能量消耗量试验方法》4项标准,顺利通过审查成为电动车"国家标准"。此后,国家还出台了支持力度更大的《战略性新兴产业发展规划》,新能源汽车将成为七大战略性新兴产业之一。

(二)各种电动汽车的发展前景分析

决定电动汽车普及速度的主要因素有技术成熟度、使用的便利性和经济性,电动汽车必须在以上三方面具有与燃油汽车相当的竞争力,才可能实现大规模的推广应用,产业化才不是一句空话。2010年6月,国家出台私人购买电动汽车的补贴政策以后,电动汽车与燃油汽车的竞争力对比发生了显著变化,下面仅就普通混合动力汽车、插电式混合动力汽车、纯电动汽车、燃料电池电动汽车四种车型的推广普及前景进行分析。

1. 普通混合动力汽车

技术成熟度。在目前的新能源汽车研究领域中,普通混合动力汽车技术最为成熟并已被成功实现了商业化。虽然从长远看混合动力汽车(如图 1-7 所示)只是新能源汽车发展过程中的一种过渡产品,但近几年普通混合动力车在日本和美国市场销售良好。日本的汽车商主要致力于开发混合动力汽车和燃料电池汽车,其中丰田公司的 Prius、本田公司 Insight 两款混合动力汽车已率先实现产业化,Prius 到 2008 年底全球累计销量在 100 万辆以上。但是,从产品生产制造和使用的全生命周期看,Prius 的节能环保效果并不明显,且仍然依赖石油。

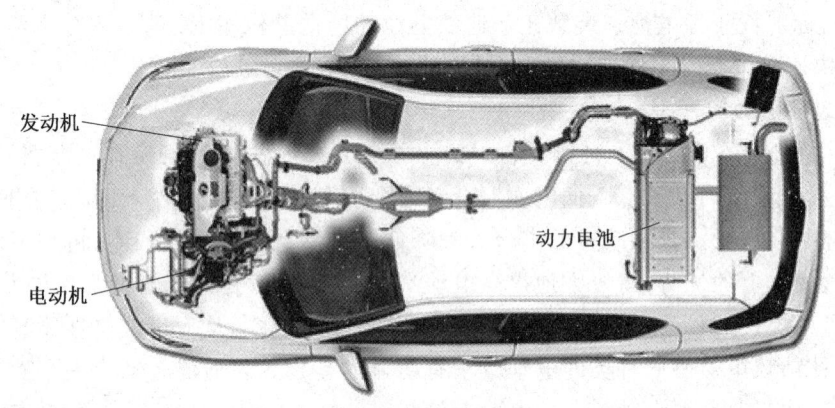

图 1-7　普通混合动力汽车

使用的便利性。普通混合动力汽车是利用回收汽车发动机在制动、怠速时的能量来给蓄电池充电,汽车不需要也不能外接充电。因此普通混合动力车使用起来像燃油汽车一样方便,而且汽车驾驶性能也与燃油汽车相差不大。由于不需要充电,因此普通混合动力车的便利性在新能源车中是最好的。

经济性。目前国内市场销售的新能源汽车主要是混合动力车,比如丰田 Prius、思域 Hybrid,由于销售价格过高,销量一直很低。比如丰田 Prius 装载了 1.5 升发动机,价格高达 28～30 万元人民币,几乎是同级别燃油汽车的两倍。即使汽车油耗低到 5 升/百公里,这样的价格也很难让消费者接受。2010 年 6 月出台的补贴政策,对普通混合动力车的补贴标准仅仅是 3000 元/辆,远远低于插电式混合动力车和纯电动汽车的补贴标准,对提高普通混合动力车的经济性几乎没有帮助,这一政策对致力于发展混合动力车的汽车厂商是一个沉重打击。由于混合动力车安装了蓄电池,而且有两个动力系统,生产成本要高于同级别的燃油汽车。而且混合动力车的核心技术掌握在外国厂商手里,汽车价格在短期内很难大幅下降,这将导致普通混合动力车的综合成本(包含购置和使用成本)要高于燃油汽车。在价格上的明显劣势会严重制约普通混合动力车的发展,部分汽车厂商可能会放弃成本较高的中混、强混混合动力车型的研发。

2. 插电式混合动力汽车

技术成熟度。得益于近几年锂电池和铁电池在容量和安全性等方面的技术突破,插电式混合动力汽车和纯电动车技术发展迅速。特别是插电式混合动力汽车(如图 1-8 所示),在纯电动模式下的续驶里程已经能够满足大部分消费者日常驾车出行的需求,而小排量发动机可以在电池动力不足时发电和在高速行驶时提供补充动力,这就保证了在充电基础设

图 1-8　插电式混合动力汽车外形

施尚不完善的情况下使用者仍可行驶较长里程。比亚迪于 2008 年上市销售的 F3DM 就是一款比较有代表性的插电式混合动力车,该车可以通过按键在纯电动和混合动力两种模式之间切换。其搭载的铁电池在纯电动状态下续航里程达到 100 公里,总行驶里程超过 60 万公里,汽车使用寿命达到 10 年。在动力方面,比亚迪 F3DM 搭载功率为 50kW/L 的全铝发动机,配合 75kW 的电机,输出功率达到了 125kW。在充电性能上,比亚迪双模电动汽车能够实现专业设备快充,10 分钟即可充满 50%,同时可以采用家庭普通插座充电,7 小时可完全充满。插电式混合动力车面临的技术问题与纯电动汽车类似,还需要在电池容量、寿命、成本方面进一步提高。此外插电式混合动力车对发动机和变速箱控制、双动力源的优化的要求较高,技术上比纯电动汽车要复杂一些,(如图 1-9 所示)。单纯从技术角度来看,插电式混合动力车的技术已经比较成熟,但是目前国内只有几家领先企业掌握了插电式混合动力车的核心技术,其他大部分汽车生产企业还处于研发阶段,这是插电式混合动力车短期内大规模普及的制约因素。

使用的便利性。与纯电动汽车类似,插电式混合动力车需要通过充电站或充电桩为蓄电池充电,对充电网络依赖性较大。正是为了解决充电设施建设滞后所带来的问题,插电式混合动力车安装了两个动力源,可以在电池动力不足时发电和在高速行驶时由发动机提供补充动力,避免了无法及时充电带来的麻烦。

综合来看,虽然插电式混合动力车使用的便利性不如燃油汽车,但优于纯电动汽车,基本达到了消费者可接受的范围。

经济性。插电式混合动力车初始购置成本较高,但使用成本低,全生命周期的总成本已经降到低于燃油汽车的水平,而在达到规模生产后,购置成本还会大大降低。按照最新的补贴标准,插电式混合动力车最高可获得 5 万元的购车补贴,其经济性的优势更大。以比亚迪 F3DM 为例,目前市场指导价是 14.98 万元,而汽油版 F3 的价格是 7.9 万元,获得 5 万元补贴后,价格差距缩小到 2 万元。目前比亚迪 F3DM 主要在深圳销售,深圳市发改委表示,针对购买指定车型并上深圳牌照的用户,在中央财政补贴的基础上,深圳将额外增加 2 万元补贴额度。这意味着对深圳用户来说,购买 F3DM 与购买 F3 的成本相同。而插电式混合动力车相对于普通的汽油车,每百公里费用可节省将近一半。因此,由于国家政策的倾斜,目

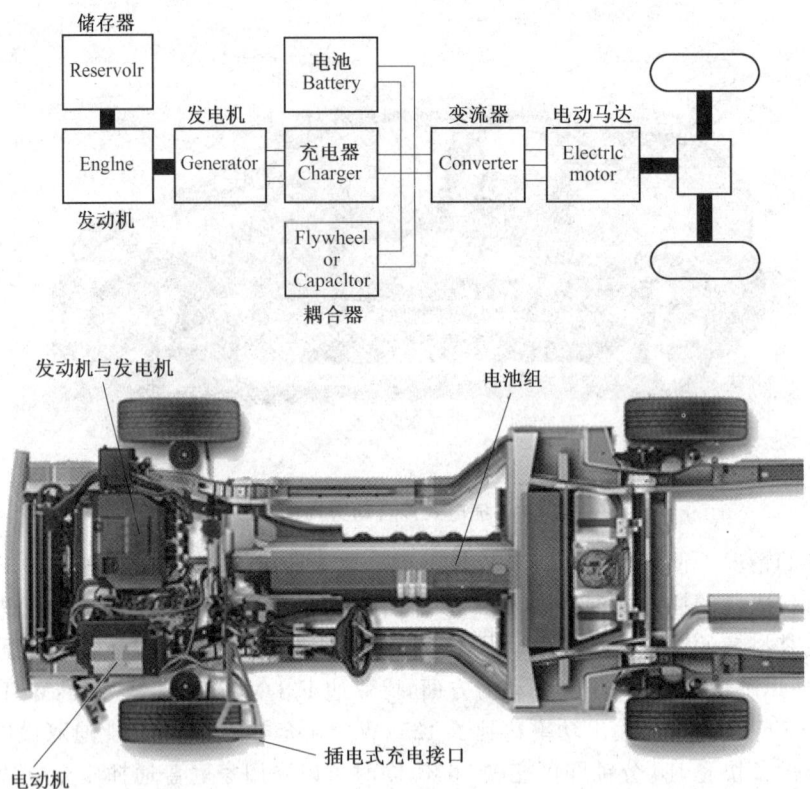

图1-9 插电式混合动力汽车组成与结构

前插电式混合动力车的综合成本低于燃油车,在经济性上已经具有明显的优势。

综合考虑技术成熟度、使用的便利性和经济性三个因素,目前插入式混合动力车的商用前景最为明朗。尤其是在国家补贴政策的强力支持下,近期插入式混合动力车很可能成为增长速度最快的新能源汽车。

3. 纯电动汽车技术成熟度

以国内目前已经下线、即将上市的两款纯电动汽车为例,比亚迪E6纯电动汽车最大功率75千瓦,最高车速140公里/小时,百公里能耗为21.5度电左右,只相当于燃油车1/3至1/4的使用成本,且电能储备输出的动力非常强劲,加速性能良好。比亚迪E6用专业充电站快充15分钟充满电池的80%,中充一个半小时充满,慢充4个小时充满,而综合工况续航里程达到300公里。奇瑞首款纯电动车S18搭载了336V40kW电驱动系统,采用40A·h磷酸铁锂电池。奇瑞S18电动车最高车速可以达到每小时120公里,一次充电续驶里程可以达到120公里~150公里。S18采用插入式充电系统,可在220V民用电源上进行充电,充电时间一般为4~6小时。快速充电模式下半个小时可充满80%电池电量。

从技术角度看,实际上纯电动汽车的技术难度小于插电式混合动力车,目前国内即将上市的纯电动汽车的各项性能指标已经可以满足一般用户的需求,技术已经基本成熟。但是纯电动汽车还不能满足高端用户的需求,所以还需要进一步改进完善电池性能,在容量、寿命、充电时间方面不断取得新的技术突破。

使用的便利性。纯电动汽车完全依靠外接充电设施为其提供能源,对配套充电设施的依赖性最大。在我国目前充电网络建设还不健全的情况下,用户充电很不方便。在现有电池充电技术下,充电时间较长也会让消费者感觉不方便。基础设施的缺乏使电动汽车往往陷入先有蛋还是先有鸡的争论之中。由于充电站建设之初很难盈利,所以,充电网络的建设和完善是一个漫长的过程。充电网络建设滞后影响了电动汽车使用的便利性,是目前制约纯电动汽车发展的最主要因素。

未来 1~2 年内,省会城市和示范试点城市的充电站建设会有所加快,但其他城市充电网络的建设还比较慢,特别是高速公路只有极少的充电站且分布不均,所以纯电动汽车可能会在低端市场和部分城市逐步开始推广应用,但大规模普及的前景还有待观望。

经济性。据对纯电动汽车与燃油汽车经济性的有关研究,考虑电池购置成本和运营成本,当汽油 6 元/公升时,只要电池使用寿命超过 1600 个充放电循环,纯电动汽车的运营经济性即优于燃油汽车。这表明即使是在当前较低的燃油价格和较高的电池价格下,采用纯电动汽车运营经济型已经优于燃油汽车,已经具备推广应用的经济性。如果汽油价格上升或电池性能提高,纯电动汽车经济性的优势将更加显著。

以奇瑞已经下线即将上市的纯电动汽车 S18 为例,该车型预计售价为 7 万元,可获得国家补贴 3 万~4 万元,实际售价将只有 3 万~4 万元,每百公里耗电 8 度,使用成本 4.8 元,如此高的性价比使其在中低端市场将具有很强的竞争力。

总之,在示范试点城市,随着充电网络的建设完善,纯电动汽车的发展速度会比较快,尤其在低端市场纯电动车的份额会显著提高,纯电动汽车在公交、出租等特定的市场也有很大的发展空间。但由于充电因素的制约,在高端市场普及难度较大。

4. 燃料电池电动汽车

燃料电池是一种高效、环境友好的发电装置,它可以直接将贮存在燃料与氧化剂中的化学能转化为电能。燃料电池的化学反应过程不会产生有害产物,因此燃料电池汽车是无污染汽车,燃料电池的能量转换效率比内燃机要高 2~3 倍,因此从能源的利用和环境保护方面看,燃料电池电动汽车(如图 1-10 所示)是一种理想的车辆。

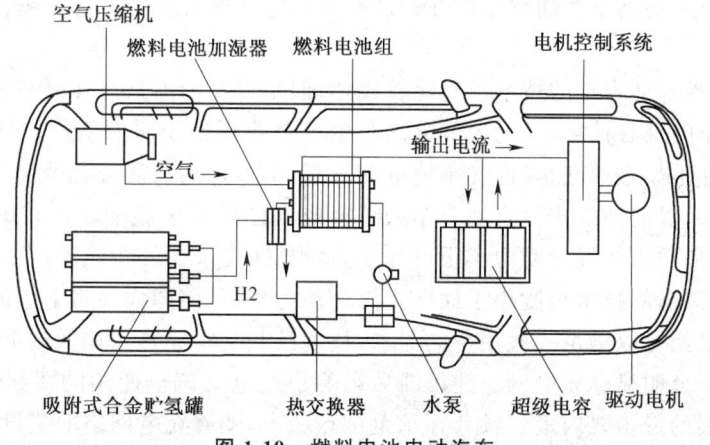

图 1-10 燃料电池电动汽车

目前,氢是燃料电池的唯一燃料。氢气的产生、储存、保管、运输和灌装或重整,都比较复杂,对安全性要求很高。虽然燃料电池电动汽车近些年来取得了很大进展,但从目前各大汽车公司推出的制造成本上百万美元的燃料电池概念车来看,目前,燃料电池的推广还需要解决以下问题：首先，续驶里程过短，由于氢气储存困难，即使用传统油箱三倍以上的体积储存氢气，也只能保证汽油动力汽车一半的续驶里程。其次，氢气的售价并不廉价，因此燃料电池汽车的运行成本并不令人乐观。第三，加氢站等基础网络设施建设几乎为零，目前全球范围内投入使用的加氢站仅有100家，并且大部分用于实验用途。国内目前只有部分厂家研制了燃料电池汽车样车，但是还没有燃料电池车量产和上市销售，全国建有3个加氢站，上海2个，北京1个。

汽车业界普遍认同的一个观点是，燃料电池技术是内燃机技术最好的替代物，代表了汽车未来的发展方向。但如果将发展燃料电池汽车的几个制约因素考虑进来，则会发现燃料电池汽车目前和今后一段时间尚不具备商业化的条件。最乐观的预测，以纯氢为燃料的燃料电池汽车的商业化生产至少还需15年以上的时间，即使在一定程度上实现了商业化，也会是以一种高成本的方式。我们将以上对四种电动汽车推广普及前景的分析汇总，见表1-1，并且得到分析结论。

表1-1 电动汽车推广普及前景对比

	技术成熟度	使用的便利性	经济性
普通混合动力车	成熟	方便 不需要充电	较差 综合成本高于燃油车
插电式混合动力车	较成熟 电池技术有待改进	较方便 对充电设施的依赖小于纯电动车	较好 综合成本低于燃油车
纯电动汽车	较成熟 电池技术有待改进	不方便 依赖于充电设施建设	较好 综合成本低于燃油车
燃料电池电动汽车	不成熟	不方便 依赖于充氢站建设	差 综合成本大大高于燃油车

（1）普通混合动力车在目前的新能源汽车中技术最成熟并已被成功实现了商业化。由于不需要充电，因此普通混合动力车的使用便利性在新能源车中是最好的。目前，普通混合动力车的综合成本要高于燃油汽车。在经济性方面的明显劣势会严重影响普通混合动力车的发展。

（2）插电式混合动力车的技术已经比较成熟，但是目前国内只有几家领先企业掌握了插电式混合动力车的核心技术，其他大部分汽车生产企业还处于研发阶段。插电式混合动力车使用的便利性不如燃油汽车，但优于纯电动汽车，基本达到了消费者可接受的范围。由于国家政策的倾斜，目前插电式混合动力车的综合成本已经低于燃油车。在国家补贴政策的强力支持下，近期插入式混合动力车很可能成为增长速度最快的新能源汽车。

（3）纯电动汽车的技术难度小于插电式混合动力车，目前国内即将上市的纯电动汽车的各项性能指标已经可以满足一般用户的需求，技术已经基本成熟。在低端市场，纯电动汽车的经济性优势十分明显。充电网络建设滞后影响了纯电动汽车使用的便利性，是目前制约纯电动汽车发展的最主要因素。预计在示范试点城市，随着充电网络的建设完善，纯电动汽车的发展速度会比较快，尤其在低端市场纯电动车的份额会显著提高。但由于充电因素的制约，在高端市场普及难度很大。

（4）燃料电池技术是内燃机技术最好的替代物，代表了汽车未来的发展方向。但燃料电池汽车目前和今后一段时间尚不具备商业化的条件。以纯氢为燃料的燃料电池汽车的商业化生产还需要若干年的时间。

六、电动汽车的组成和结构

(一)电动汽车的组成

电动汽车由电力驱动系统、电源系统和辅助系统等三部分组成。电力驱动系统包括电子控制器、功率转换器、电动机、机械传动装置和车轮,其功用是将存储在蓄电池中的电能高效地转化为车轮的动能,并能够在汽车减速制动时,将车轮的动能转化为电能充入蓄电池。后一种功能称作再生制动。电源系统包括电源、能量管理系统和充电机,其功用主要是向电动机提供驱动电能、监测电源使用情况以及控制充电机向蓄电池充电。辅助系统包括辅助动力源、动力转向系统、导航系统、空调器、照明及除霜装置、刮水器和收音机等等,借助这些辅助设备来提高汽车的操纵性和乘员的舒适性。

1. 电机与驱动控制

针对电动汽车驾驶模式多变、路况复杂等特点,对电动汽车的电机与驱动控制方面进行了深入的研究,首次将鲁棒控制方法应用于电动汽车的驱动控制和永磁直流电机的再生制动,取得了满意的效果。如图1-11所示为XJ TUEV21电动汽车控制系统的电压电流双死循环结构,并通过对电机驱动电流进行控制来提高系统的性能。理论仿真和实验表明,在车辆运行过程中,虽然系统参数变化较大,但因控制算法的鲁棒性强,因此控制效果明显优于传统的PID控制。

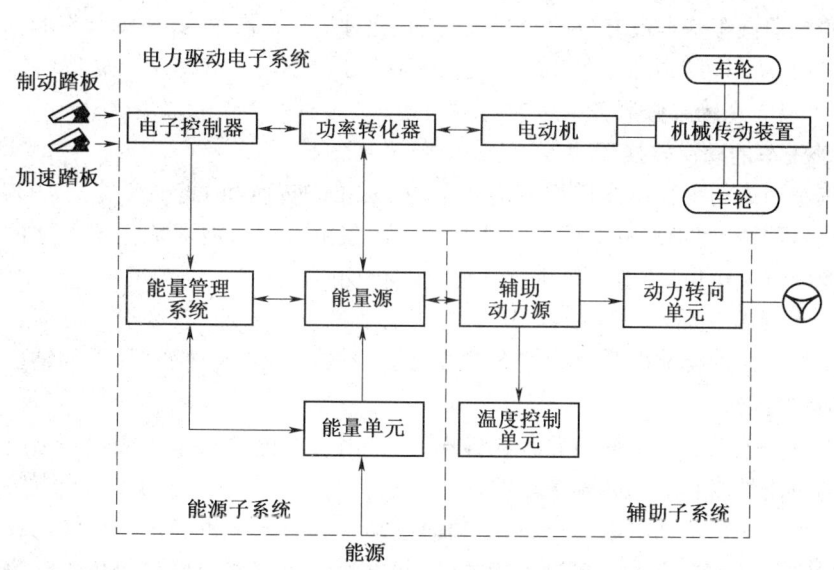

图1-11 电动汽车的工作原理

电机驱动控制器采用DSP2407芯片,控制一个IGBT的半桥结构,实现电动汽车的驱动与再生制动。倒车通过倒车挡来实现,使电机由4象限运行变成2象限运行,因此节约了控制器的成本。加速踏板与制动踏板分别给出控制电机的驱动电流与能量回馈电流的指令,通过电流传感器与电压传感器构成死循环系统,实现电机驱动力矩的控制与回馈电流的控制。

2. 再生制动控制系统

制约电动汽车发展的一个关键因素是它的续驶里程问题,而再生制动可以节约能源、提高续驶里程,具有显著的经济价值和社会效益。同时,再生制动还可以减少刹车片的磨损,降低车辆故障率及使用成本。图1-12所示为XJ TU-EV21电动汽车再生制动控制系统的结构图,该系统由超级电容或飞轮及其控制器组成,而利用超级电容或飞轮吸收再生制动能量,具有非常突出的优点。当车辆制动时,电机工作于发电机工况,将一部分动能或重力势能转化为电能储存在超级电容或飞轮中,由于超级电容

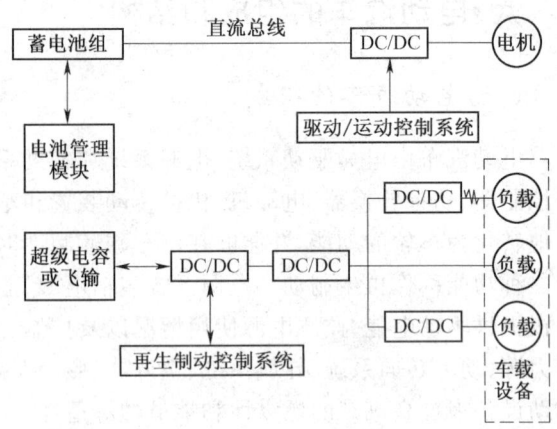

图1-12 电动汽车再生制动控制系统

或飞轮的功率密度大,因此可以更快速、高效地吸收电机回馈能量。在车辆起动和加速时,利用双向DC/DC将存储的能量释放出来,协助电池向电机供电,不但增加了电动汽车一次充电的行驶里程,而且避免了蓄电池的大电流放电,达到了节省能源、降低刹车片磨损和提高蓄电池寿命的目的。

3. 运行状态监控系统

传统的燃油汽车基本没有故障诊断系统,但是对于电动汽车,其驱动与控制系统由电力电子器件组成,所以可以方便地获取各种传感器信号。在电动汽车上建立适时监控和故障诊断系统,可以为车辆维修服务提供便捷的通道。

4. 电动汽车的功率转换器

电动汽车用的功率转换器用作不同频率的DC-DC转换和DC-AC转换。DC-DC转换器又称直流斩波器,用于直流电动机驱动系统。两象限直流斩波器能把蓄电池的直流电压转换为可变的直流电压,并能将再生制动能量进行反向转换。

DC-AC转换器通常称作逆变器,用于交流电动机驱动系统,它将蓄电池的直流电转换为频和电压均可调的交流电。电动汽车一般只使用电压输入式逆变器,因其结构简单又能进行双向能量转换。

各个系统在电动汽车上的布置各式各样,这是因为在电动汽车上能量是通过柔性的电线而不是通过刚性联轴器和转轴传输的,因此,电动汽车各个系统或各个部件的布置有很大的灵活性。例如一辆电动机前置、前轮驱动的电动汽车。充电机经汽车前端的充电界面向置于汽车尾部的蓄电池充电。在汽车行驶时,蓄电池经控制器向电动机供电。来自加速踏板的信号输入控制器并通过控制器调节电动机输出的转矩或转速,电动机输出的转矩经汽车传动系统驱动车轮。如图1-13所示。

(二)电动汽车的电池以及电池监测系统

电动汽车对电池的要求极高,必须具有高比能量、高比功率、快速充电和深度放电的性能,而且要求成本尽量低、使用寿命尽量长。目前,铅酸电池作为比较成熟的技术,因其成本

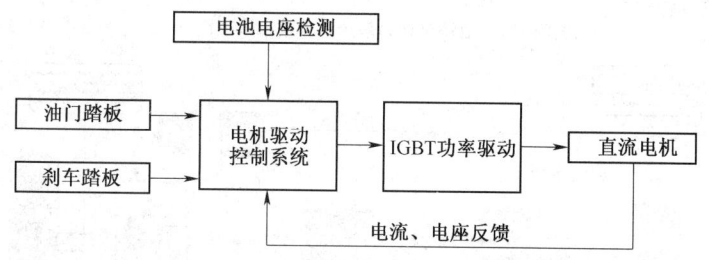

图 1-13 电动汽车的驱动控制系统

较低,而且能够高倍率放电,依然是唯一可供大批量生产的电动车用电池。但是铅酸电池的比能量、比功率和能量密度都很低,以此为动力源的电动车不可能拥有良好的车速及续航里程。其他较成熟的电池,如镍镉电池和镍氢电池,虽然性能好于铅酸电池,但含有重金属,价格较高,且用完遗弃后对环境会造成严重污染,都不适宜大批量生产。

1. 蓄电池

铅酸蓄电池广泛地应用于电动汽车上,其主要原因是技术成熟,价格便宜,可靠性好,单体额定电压高(2.0V)。另外,输出电流大以及良好的高、低温性能等均适合电动汽车使用。但是铅酸蓄电池存在比能量低,充电时间长,使用寿命较短等缺点。

镍镉(Ni-Cb)电池比功率大,比能量高,可快速充电,使用寿命长,抗电流冲击能力强,工作温度范围宽(-40℃~85℃),在较大的放电电流范围内电压变化较小等,成为电动汽车很具吸引力的电源。但是生产成本高(约为铅酸电池的2~4倍),单体额定电压只有1.2V,重金属镉具有致癌性等,限制了它在电动汽车上的广泛应用。

镍氢 Ni-MH 电池与 Ni-Cd 电池有许多相同的特性,但由于无镉,因此不存在重金属污染问题,被称为"绿色电池"。批量生产的成本约为铅酸电池的四倍。

Ni-MH 电池单体额定电压为1.2V,其负电极为经吸氢处理后的储氢合金,正电极为氢氧化镍,电解液为KOH溶液。钠硫(Na-S)电池有很高的比功率和比能量,但其工作温度高,再加上钠的活化性和腐蚀性,因此在结构设计上必须保证坚固和安全。

Na-S 电池以熔融态钠为负电极,熔融态硫为正电极,陶瓷 β-Al_2O_3 作电解质,并作为离子传导媒介和熔融态电极的隔离物,以避免电池自放电。

锂离子(Li-Ion)电池自20世纪90年代初问世以来发展很快。虽然目前锂离子电池仍处于开发阶段,但在 Nissan FEV、Nissan Prairic Joy 和 Altra 等电动汽车上都采用锂离子电池。它具有单体额定电压高,比能量和能量密度高和使用寿命长等优点,缺点是自放电率高。

2. 燃料电池

燃料电池(如图1-14所示)是燃料与氧化剂通过电极反应将其化学能直接转化为电能的装置。燃料电池不需要充电,只要外部不断地供给燃料和氧化剂,就能连续稳定地发电。电动汽车用燃料电池的燃料为氢和甲醇,氧化剂为空气。燃料电池具有比能量高、使用寿命长、维护工作量少以及能连续大功率供电等优点。另外,燃料电池电动汽车可达到与燃油汽车相同的续驶里程。

根据电解质的不同,燃料电池可分为碱性燃料电池、磷酸燃料电池、质子交换膜燃料电池、熔融碳酸盐燃料电池和固体氧化物燃料电池五类。适于电动汽车用的有碱性燃料电池

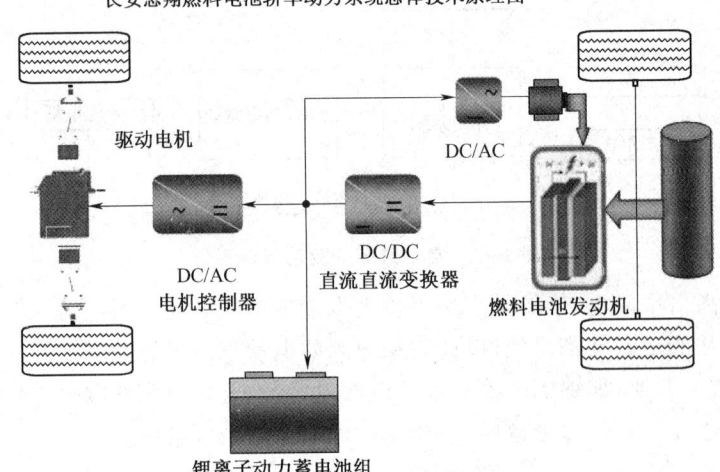

图 1-14 燃料电池

和质子交换膜燃料电池。在燃料电池中,燃料作负电极的工作物质,在负电极发生氧化反应;氧气(空气)作正电极的工作物质,在正电极发生还原反应。在碱性燃料电池中,氢气和氧气(空气)分别吸附在用活性炭制成的电极上,并将两个电极置于KOH电解液中,若接通外电路,便有电流流过负载。

使用镍作为正电极的催化剂,锂镍氧化物作为负电极的催化剂,可以加速电池的反应过程。质子交换膜燃料电池使用固体隔膜作电解质,隔膜夹在正、负电极之间,并以铂作电极反应的催化剂。

3. 电池监测系统

用于电动汽车(EV)的电池技术已经获得了显著进步,不但电池能量密度已稳步提高,而且电池还能可靠地充电和放电数千次。电动汽车电池组由多个电池串联叠置组成。一个典型的电池组大约有96个电池,充电到4.2V的锂离子电池而言,这样的电池组可产生超过400V的总电压。尽管汽车电源系统将电池组看作单个高压电池,每次都对整个电池组进行充电和放电,但电池控制系统必须独立考虑每个电池的情况。如果电池组中的一个电池容量稍微低于其他电池,那么经过多个充电/放电周期后,其充电状态将逐渐偏离其他电池。如果这个电池的充电状态没有周期性地与其他电池平衡,那么它最终将进入深度放电状态,从而导致损坏,并最终形成电池组故障。为防止这种情况发生,每个电池的电压都必须监视,以确定充电状态。

图1-15、图1-16、图1-17给出了3种电池监视系统架构。假设一个由96个电池组成的系统以12个电池为一组分成8组。在每种情况下,一个LTC6802监视一个由12个电池组成的电池组。每种架构都设计为一个自主的电池监视系统,都提供到汽车主CAN总线的CAN总线接口,且与汽车的其余部分是电流隔离的。

并行独立CAN模块每个由12个电池组成的模块都含有一个路板,板上有LTC6802、微控制器、CAN接口和电流隔离变压器。系统所需的大量电池监视数据会使汽车的主CAN总线崩溃,因此这些CAN模块需要在局域CAN子网上。CAN子网由主控制器协调,该控制器还提供至汽车主 CAN 总线的网关。

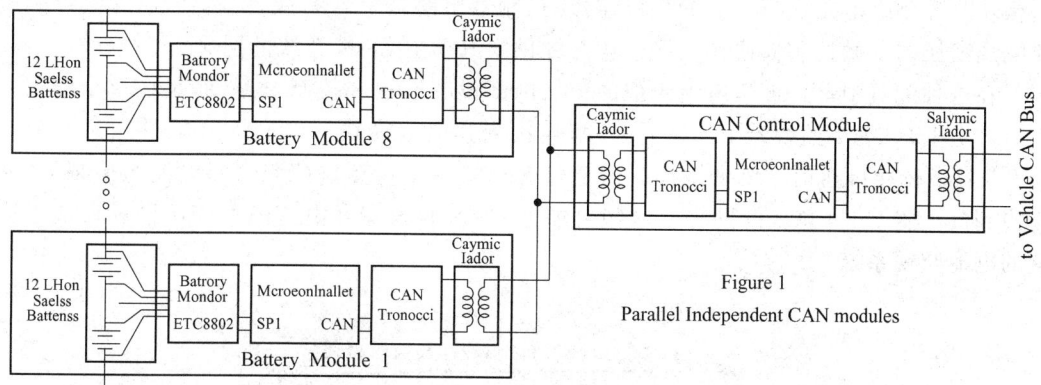

图 1-15 并行独立 CAN 模块

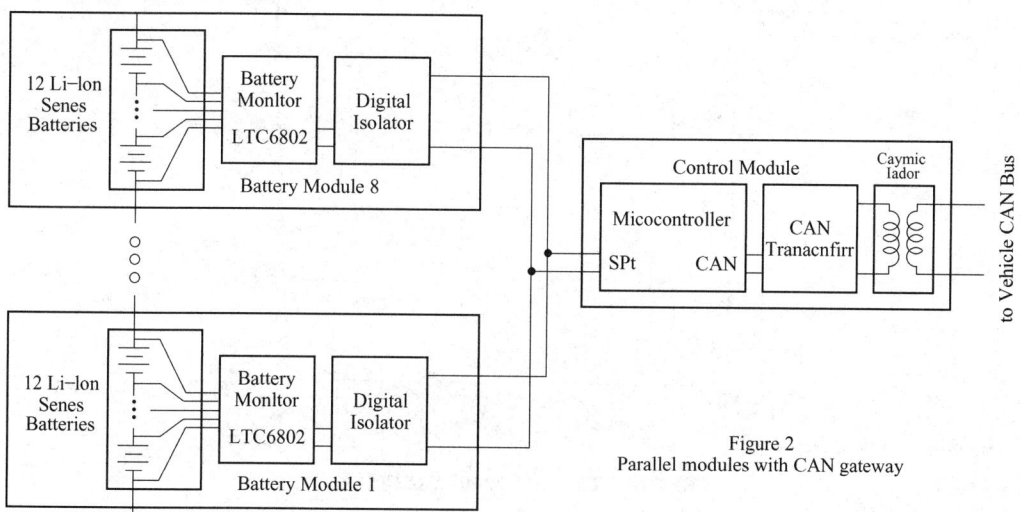

图 1-16 CAN 网关的并行模块

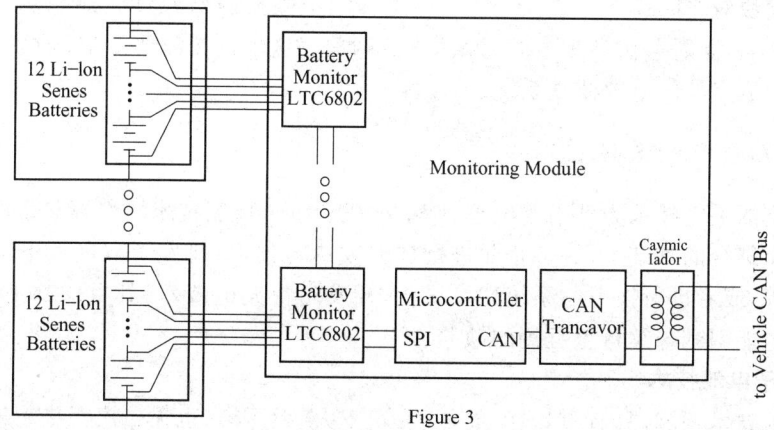

图 1-17 CAN 网关的单个监视模块

每个由12个电池组成的模块都含有一个电路板,板上有LTC6802和数字隔离器。这些模块与控制器电路板有独立的接口连接,控制器电路板上含有微控制器、CAN接口和电流隔离变压器。微控制器协调这些模块并提供到汽车主CAN总线的网关。

在这种配置中,由12个电池组成的模块内部没有监视和控制电路,而是在单个电路板上有8个LTC6802监视器IC,每个IC都连接到其电池模块。LTC6802器件通过非隔离SPI兼容串行接口通信。单个微控制器通过SPI兼容串行接口控制全部电池组监视器,并充当到汽车主CAN总线的网关。这些再加上CAN收发器和电流隔离变压器就形成了完整的电池监视系统。

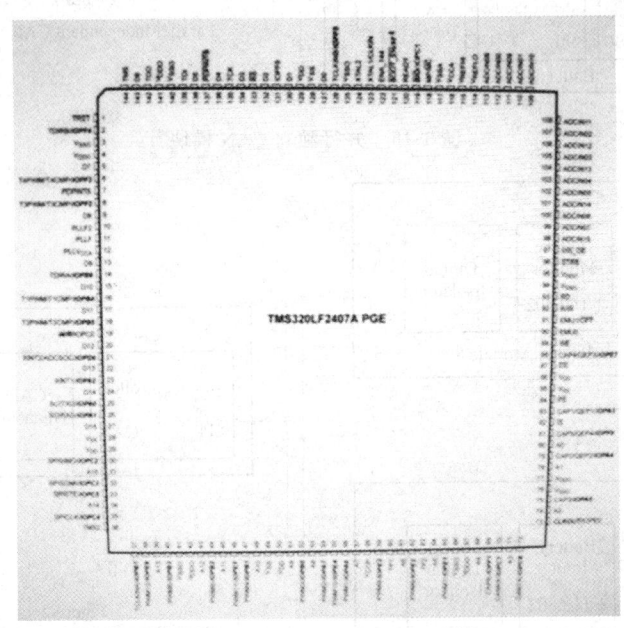

图1-18　TMS320LF2407A结构框图

这种架构(如图1-18所示)类似于单个监视模块,除了每个LTC6802都在由12个电池组成的模块内部的电路板上。这8个模块通过LTC6802非隔离SPI兼容串行接口通信,这需要在电池模块对之间连接3或4个传导电缆。单个微控制器通过底部监视器IC控制全部电池组监视器,同时兼作汽车主CAN总线的网关。这里仍然需要CAN收发器和电流隔离变压器以形成完整的电池监视系统。

(三)电动汽车的关键技术

电动汽车的关键技术为动力蓄电池、驱动电机和电子控制技术。在锂离子电池技术、超级电容技术相结合的基础上,许多企业进行技术改造与集成,研发了双电源电动汽车、多能源电动汽车等,或者进行换电站系统建设试验,开发超快充电技术,其目的都是为了克服纯电动车补充电能困难与续行里程短的缺陷。

1. 锂离子电池技术

在蓄电池技术领域,具有重量轻、储能大、功率大、无污染(也无二次污染)、寿命长、自放电系数小、温度适应范围宽泛等优点的锂离子电池技术逐渐取代铅和镍氢电池,成为纯电动汽车中的核心技术之一。截至2006年10月为止,全球主要国家已有20余家车厂进行锂离子电池研发,如富士重工、NEC、东芝、Johnson ontrols、DegussaAG/Enax、Sanyo 电机、Panasonic EV Energy 等。我国在锂离子电池方面的研究水平,有多项指标超过了 USABC 提出的 2010 年长期指针所规定的目标。目前,专家认为锂离子电池技术还需进一步发展。一方面,各企业所公布的大部分纯电动汽车蓄电池实验室测试数据,如加速性能、充电时间、持续里程数等,还须在复杂的外部环境实际运行下,进一步验证其可靠性,以及生产批量化质量控制。另一方面,我国锂离子电池所需隔膜材料依赖进口,成本尚待降低。此外,有专家认为,蓄电池使用寿命还不长,造成高额使用成本,成为其商业化的一大瓶颈。

2. 电池与电容相结合技术

超级电容具有充电快、无记忆充放电、充放电循环次数高、无二次污染等优异特性,但有放电快的缺点;锂离子电池具有储电量大、储存时间长的优点,但充电时间比较长。取两者之长,结合起来使用在电动汽车上,除了可以具有传统纯电动汽车的"电代油"和"零排放"主要优点外,还具有一次充电行驶距离长(可达 300 公里)、速度快(可达 100 公里/小时)、行驶过程中能量回收效率高等优点,代表了纯电动汽车的最新发展方向之一。目前已有富士重工和 NEC 联合开发"锂离子电容器",能量密度达 30 瓦时/千克,为先前电容器的 4 倍,达到了用于电动汽车的实用水平。中国有上海瑞华集团研制环保型混合电能超级电容电动汽车,还有国家电网公司在这方面已经完成了 3 种电池-电容混合型电力工程车辆的改装和性能测试,并将开展示范应用。

3. CTC 电车蓄电池和 360°聚光太阳能电池车载充电技术

CTC 电车蓄电池和 360°聚光太阳能充电技术通过在换电站快速更换大容量蓄电池的技术手段获取足够的电能,并通过 360°聚光太阳能电池车载充电技术进行能源补充。这种技术手段简单实用,克服了纯电动车补充电困难与续行里程短的缺陷,可使续行里程提高至 400km,并能延长蓄电池的使用寿命。不过这种技术尚在试验过程之中。

4. 电动轮技术

电动轮亦称轮内电动机(In-Wheel Motor)。目前大部分重型矿用自卸汽车所采用的电动轮是直流电动机,而第二代纯电动汽车所采用的是交流传动系统。其工作原理如下:交流传动系统中的永磁式三相同步伺服交流电动机紧凑地收藏于车轮内,电动机的转子通过转子托架与车轮轮毂相连,而轮毂支撑于转向节上,轮胎随同电动机的转子一同旋转;而电动机的定子则通过定子托板、轮毂、转向节连接于车身上。该电动机的转子为永久磁铁,当向电动机的定子线圈中通以交流电流时,定子便会产生旋转磁场,使永磁式转子连同轮胎一起旋转,即整个车轮旋转起来。目前已有三菱公司与东洋公司合作开发了用于蓝瑟(Lancer)四轮驱动纯电动轿车的电动轮。每个电动轮的最大功率为 50 千瓦,最大扭矩为 518 牛·米,最高转速为 1500 转/分,一次充电的行驶里程可达 250 公里,最高车速可达到 150 公里/小时。

(四)电动汽车特点

电动汽车与内燃机汽车相比,有其自身的许多特点。电动汽车的价格比内燃机汽车高,决定了电动汽车的初期投入大、费用支出多,但是电动汽车的维修保养费用低,随着使用年限的延长,其使用费用支出会逐渐降低,甚至会低于内燃机汽车使用成本。具体表现为:

1. 无污染,噪声低

电动汽车无内燃机汽车工作时产生的废气,不产生排气污染,对环境保护和空气的洁净是十分有益的,有"零污染"的美称。众所周知,内燃机汽车废气中的 CO、HC 及 NOX、微粒、臭气等污染物形成酸雨酸雾及光化学烟雾。

电动汽车无内燃机产生的噪声,电动机的噪声也较内燃机小。噪声对人的听觉、神经、心血管、消化、内分泌、免疫系统也是有危害的。但是,使用电动汽车并非绝对无污染,例如使用铅酸蓄电池做动力源,制造、使用中要接触到铅,充电时产生酸气,会造成一定的污染。蓄电池充电所用的电力,在用煤炭作燃料时会产生 CO、SO_2、粉尘等。但它的污染较内燃机的废气要轻得多。更何况随着技术的发展,可以用其他电池做电动汽车的电源,如发展水电、核电、太阳能充电。

2. 能源效率高,多样化

电动汽车的研究表明,其能源效率已超过汽油机汽车,特别是在城市运行,汽车走走停停,行驶速度不高,电动汽车更加适宜。电动汽车停止时不消耗电量,在制动过程中,电动机可自动转化为发电机,实现制动减速时能量的再利用。

另一方面,电动汽车的应用可有效地减少对石油资源的依赖,可将有限的石油用于更重要的方面。向蓄电池充电的电力可以由煤炭、天然气、水力、核能、太阳能、风力、潮汐等能源转化。除此之外,如果夜间向蓄电池充电,还可以避开用电高峰,有利于电网均衡负荷,减少费用。

3. 结构简单,使用维修方便

电动汽车较内燃机汽车结构简单。运转、传动部件少,维修保养工作量小,当采用交流感应电动机时,电机无须保养维护,更重要的是电动汽车易操纵。

4. 动力电源使用成本高,续驶里程短

目前电动汽车尚不如内燃机汽车技术完善,尤其是动力电源(电池)的寿命短,使用成本高。电池的储能量小,一次充电后行驶里程不理想,电动车的价格较贵。但从发展的角度看,随着科技的进步,投入相应的人力物力,电动汽车的问题会逐步得到解决。扬长避短,电动汽车会逐渐普及,其价格和使用成本必然会降低。

(五)基于 TMS320 LF2407A 的电动汽车

一个基于 TMS320 LF2407A 的电动汽车电驱动系统的设计方案。该电驱动系统主要包括五个模块:永磁同步电动机,逆变器及驱动电路,传感器、保护信号及接口电路,逆变器控制器,CAN 总线通讯模块。针对电动汽车这一特殊的应用场合,系统的设计方法利用了直接转矩控制(DTC)的原理,永磁同步电机的 DTC 系统,高性能的数字信号处理器 TMS320 LF2407,高功率密度的永磁同步电机和先进的直接转矩控制技术的组合,能很好地完成对电动汽车的驱动。以下着重介绍 TMS320 LF2407A 的性能。

1. 系统组成

TMS320LF2407A 系统组成包括:40MHz、40MIPS 的低电压 3.3V、CPU、片内存储器、事件管理器模块、片内集成外围设备。

2. CPU 及总线结构

TMS320 LF2407A 的 CPU 是基于 TMS320 C2XX 的 16 位定点低功耗内核。体系结

构采用四级流水线技术加快程序的执行,可在一个处理周期内完成乘法、加法和移位运算。其中央算术逻辑单元(CALU)是一个独立的算术单元,它包括一个 32 位算术逻辑单元(ALU)、一个 32 位累加器、一个 16×16 位乘法器(MUL)和一个 16 位桶形移位器,同时乘法器和累加器内部各包含一个输出移位器。完全独立于 CALU 的辅助寄存器单元(ARAU)包含八个 16 位辅助寄存器,其主要功能是在 CALU 操作的同时执行八个辅助寄存器(AR7 至 AR0)上的算术运算。两个状态寄存器 ST0 和 ST1 用于实现 CPU 各种状态的保存。

TMS320 LF2407A 采用增强的哈佛结构,芯片内部具有六条 16 位总线,即程序地址总线(PAB)、数据读地址总线(DRAB)、数据写地址总线(DWAB)、程序读总线(PRDB)、数据读总线(DRDB)、数据写总线(DWEB),其程序内存总线和数据内存总线相互独立,支持并行的程序和操作数寻址,因此 CPU 的读/写可在同一周期内进行,这种高速运算能力使自适应控制、卡尔曼滤波、神经网络、遗传算法等复杂控制算法得以实现。

3. 内存配置

TMS320LF2407A 地址映象被组织为三个可独立选择的空间:程序内存(64K)、数据内存(64K)、输入/输出(I/O)空间(64K)。这些空间提供了共 192K 字的地址范围。

其片内存储器资源包括:544 字×16 位的双端口数据/程序 DARAM、2K 字×16 位的单端口数据/程序 SARAM、片内 32K×16 位的 Flash 程序内存、256 字×16 位上 Boot ROM、片上 Flash/ROM 具有可编程加密特性。

TMS320LF2407A 的指令集有三种基本的内存寻址方式:立即寻址方式、直接寻址方式、间接寻址方式。

4. 事件管理器模块

TMS320 LF2407A 包含两个专用于电机控制的事件管理器模块 EVA 和 EVB,每个事件管理器模块包括通用定时器(GP)、全比较单元、正交编码脉冲电路以及捕获单元。

(1)通用定时器。TMS320 LF2407A 共有四个 16 位通用定时器,可用于产生采样周期,作为全比较单元产生 PWM 输出以及软件定时的时基。通用定时器有四种可选择的操作模式:停止/保持模式、连续增计数模式、定向增/减计数模式和连续增/减计数模式。每个通用定时器都有一个相关的比较寄存器 TXCMPR 和一个 PWM 输出引脚 TXPWM 每个通用定时器都可以独立地用于 PWM 输出通道,可产生非对称或对称 PWM 波形,因此,四个通用定时器最多可提供 4 路 PWM 输出。

(2)全比较单元。每个事件管理器模块有 3 个全比较单元〔1、2 和 3(EVA);4、5 和 6(EVB)〕,每个比较单元各有一个 16 位比较寄存器 CMPRX,各有两个 CMP/PWM 输出引脚,可产生 2 路 PWM 输出信号控制功率器件,其输出引脚极性由控制寄存器(ACTR)的控制位来决定,根据需要,选择高电平或低电平作为开通信号,通过设置 T1 为不同工作方式,可选择输出对称 PWM 波形、非对称 PWM 波形或空间向量 PWM 波形。

死区控制单元(DBTCON)用来产生可编程的软件死区,使得受每个全比较单元的两路 CMP/PWM 输出控制的功率器件的间次开启周期间没有重叠,最大可编程的软件死区时间达 16μs。

(3)正交编码脉冲电路。正交编码脉冲(QEP)电路可以对引脚 CAP1/QEP1 和 CAP2/QEP2 上的正交编码脉冲进行译码和计数,可以直接处理光电编码盘的 2 路正交编码脉冲,正交编码脉冲包含两个脉冲序列,有变化的频率和四分之一周期(90°)的固定相位偏移,对输入的 2 路正交信号进行鉴相和 4 倍频。通过检测 2 路信号的相位关系可以判断电机的正/反转,并据此对信号进行加/减计数,从而得到当前的计数值和计数方向,即电机的角位移和转向,电机的角速度可以通过脉冲的频率测出。

(4)捕获单元。捕获单元用于捕获输入引脚上信号的跳变,两个事件管理器模块总共有六个捕获单元。EVA 模块有三个捕获单元引脚 CAP1、CAP2 和 CAP3,它们可以选择通用定时器 1 或 2 作为时基,但 CAP1 和 CAP2 一定要选择相同的定时器作为时基;EVB 模块也有三个捕获单元引脚 CAP4、CAP5 和 CAP6,它们可以选择通用定时器 3 或 4 作为时基,但 CAP4 和 CAP5 一定要选择相同的定时器作为时基。每个单元各有一个两级的 FIFO 缓冲堆栈。当捕获发生时,相应的中断标志被置位,并向 CPU 发中断请求。

5. 片内集成外设

TMS320LF2407A 片内集成了丰富的外设,大大减少了系统设计的元器件数量。

(1)串行通信口。TMS320 LF2407A 设有一个异步串行外设通信口(SCI)和一个同步串行外设通讯口(SPI),用于与上位机、外设及多处理器之间的通信。SCI 即通用异步收发器(UART)支持 RS-232 和 RS-485 的工业标准全双工通信模式,用来与上位机的通信;SPI 可用于同步数据通信,典型应用包括 TMS320LF 2407A 之间构成多机系统和外部 I/O 扩展,如显示驱动。

(2)A/D 转换模块。包括两个带采样/保持的各 8 路 10 位 A/D 转换器,具有自动排序能力,一次可执行最多 16 个通道的自动转换,可工作在 8 个自动转换的双排序器工作方式或一组 16 个自动转换通道的单排序器工作方式。A/D 转换模块的启动可以有事件管理器模块中的事件源启动、外部信号启动、软件立即启动等三种方式。

(3)控制器区域网(CAN)。是现场总线的一种,主要用于各种设备的监测及控制。TMS320 LF2407A 片上 CAN 控制器模块是一个 16 位的外设模块,该模块完全支持 CAN2.0B 协议,6 个邮箱(其中 0、1 用于接收;4、5 用于发送;2、3 可配置为接收或发送)每次可以传送 0~8 个字节的数据,具有可编程的局部接收屏蔽、位传输速率、中断方案和总线唤醒事件、超强的错误诊断、自动错误重发和远程请求响应、支持自测试模式等功能。

CAN 总线通信可靠性高,节点数有 110 个,传输速度高达 1Mb/s(此时距离最长为 40m),直接通信距离可达 10km(速率 5kb/s 以下),采用双绞线差动方式进行通信,有很强的抗干扰能力。

(4)锁相环电路(PLL)和等待状态发生器。前者用于实现时钟选项;后者可通过软件编程产生用于用户需要的等待周期,以配合外围低速器件的使用。

(5)看门狗定时器与实时中断定时器。均为 8 位增量计数器,前者用于监控系统软件和硬件工作,在 CPU 出错时产生复位信号;后者用于产生周期性的中断请求。

(6)外部内存接口。可扩展为 192K 字×16 位的最大可寻址内存空间(64K 字程序内存、64K 字数据内存、64K 字 I/O 空间)

(7)数字 I/O。TMS320LF2407A 有 40 个通用、双向的数字 I/O 引脚,其中大多数都是基本功能和一般 I/O 复用引脚。

(8)JTAG 界面。由于 TMS320 LF2407A 结构复杂、工作速度快、外部引脚多、封装面积小、引脚排列密集等原因,传统的并行仿真方式已不适合于 TMS320 LF2407A 的开发应用。TMS320 LF2407A 具有符合 IEEE1149.1 规范的 5 线 JTAG(边界扫描逻辑)串行仿真接口,能够极其方便地提供硬件系统的在线仿真和测试。

(9)外部中断。有五个外部中断(功率驱动保护、复位、不可屏蔽中断 NMI 及两个可屏蔽中断)。

七、电动汽车参数

下面以某种车型为例简要介绍电动汽车的参数。

(一)唐骏电动汽车技术参数

外形尺寸:2893×1554×1499mm
长:2893mm 宽:1554mm(不含反光镜)高:1499mm
轴距:2335mm 轮距(前):1360mm 轮距(后):1355mm
整车质量:1010kg(不含乘客)
成员人数:2 人
最小离间隙:150mm
最高车速:60 续行里程:>120km
最大爬坡:>35 度
电机电压功率:48V/4000W
铅酸电池容量:6V/200A·h
充电器:与电池匹配
轮胎规格:155/65R13
制动形式:盘式制动/鼓式制动
操作方式:转向盘
其他配置:全钢化玻璃、收音机、MP3 电动雨刷
发动机型号:ZC4.0-48
蓄电池类型:免维护
轮辋:5J*13
参考价格:暂无报价 类型:纯电动车 功率(kW):90kW(以上) 电池类型:锂离子蓄电池 容量(Ah):4 千瓦时
最大时速(km/h):140km/h(以上)
最大行驶距离(km):不小于 160km(US LA4 模式)

(二)日产 LEAF 整车基本参数

1. 车身尺寸

长:4445mm
宽:1770mm
高:1550mm

2. 动力性能

轴距:2700mm

续驶里程:161km

最高车速:145km/h

3. 电机

类型:交流电动机

最大功率:80kW

最大扭矩:280N·m

4. 电池

类型:复合锂离子电池

容量:24kWh

最大输出功率:90kW

能量密度:140Wh/kg

功率密度:2.5kW/kg

电池单体数目:48

日产 LEAF 电动车(如图 1-19 所示),是在采用现款日产骐达车型的基础上开发的新一代电动车平台,具有电动车特殊设计的底盘布局,采用锂离子电池驱动电动机,提供超过 160 公里的续航距离,以满足一般消费者的驾车需求。该车已在 2010 年底在日本,美国及欧洲上市,并于 2011 年进入中国市场销售。

图 1-19 日产 LEAF 电动汽车

5. 整体布置

LEAF 是款两厢掀背车型,这款原型车是在现行版骐达车型上开发的,并具有电动车特殊设计的底盘,采用锂离子电池驱动,并且电池就设置在底盘下方。

6. 电池

LEAF 电动车采用薄型化锂电池模块,由日产与 NEC 合资的 AESC 汽车能源公司所生产供应。在完全充满电的情况下,日产 LEAF 电动车最长续驶里程可以达到 160 公里,这一续航能力已经可以满足 70%消费者每日的驾驶里程所需。

7. 充电

为了提升电动车的实用性,日产 LEAF 电动车提供两种充电插槽和两种充电方式。其中快速充电插槽可在 30 分钟内充电 80%;而利用一般家庭 200 伏特电源进行充电,则需时约 8 小时完成充电。日产 LEAF 在车头前方布置两组充电插槽,可分别就一般 200 伏特电压或快速充电系统进行充电;而在前风窗玻璃处也具备充电电量显示。

位于车标后方,设置了集成在一起的快速和慢速充电接口。前风窗玻璃外部机舱盖正中设置了充电时的电池电量指示灯,驾驶员充电时可以从车头直接看到电池的充电状态。从车外可以很方便地看到电池的充电已经完成,此时,可以拔下充电插头。

八、电动汽车动力驱动系统的组成

电动汽车的基本组成部分采用电能作为车载动力源的电动车辆,已经有 100 多年历史了。显然,电动车辆和传统车辆最显著的区别就在于动力源装置的不同,电动汽车使用蓄电池-电动机系统,取代了内燃机汽车采用的汽油机、柴油机、转子发动机和燃气轮机。如图 1-20 所示。

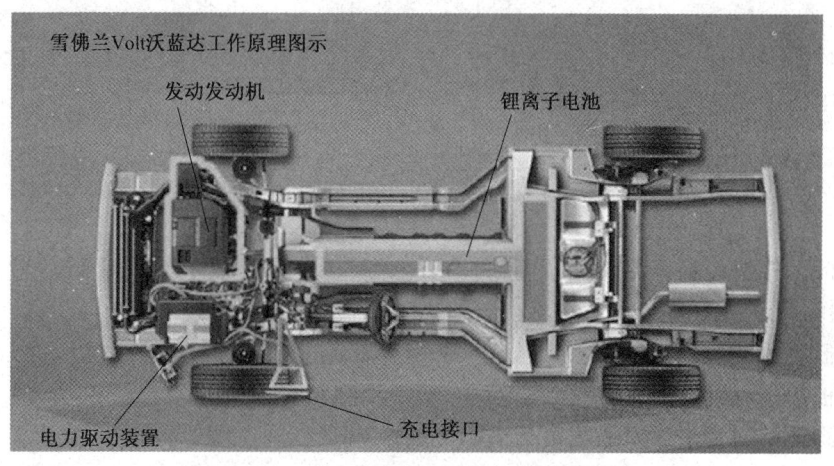

图 1-20 电动汽车动力驱动系统基本组成

一般来说,电动汽车动力驱动系统由以下几个部分组成:

(一)车载电源

在目前的电动汽车上,车载动力源一般都是各式各样的蓄电池,利用周期性的充电来补充电能。动力电池组是电动汽车的关键装备(如图 1-21 所示),它储存的电能、质量和体积,对电动汽车的性能起到决定性的影响。目前,电动汽车用电池已经经过了三代的发展。

1. 第一代电动汽车用铅酸电池

第一代电动汽车用电池都是铅酸电池,由于铅酸电池的比能量和比功率不能满足电动汽车动力性能的要求,所以就进一步发展了阀控铅酸电池、铅布电池等,使得铅酸电池的比能量有所提高,仍能够满足作为电动汽车的电源使用要求。

(1)近年来,新型高能阀控蓄电池(又称铅布电池)引起业内的关注,它是在原阀控电池的基础上发展起来的一种改进型电池,其工作原理与阀控电池相同,其关键技术在于采用新

Volt沃蓝达的电池组是由通用汽车与LG化学美国分公司共同研发制造的锂离子产品

图 1-21 车载电源

的电池材料,先进的电池结构和新的生产工艺,主要包括以下几方面:

①采用特殊工艺制造的同轴复合铅丝纺织的丝网为板栅,取代了传统电池中重力浇铸金属板栅。

②在同一块丝网上分别涂上正极铅膏和负极铅膏,中间以未涂膏的丝网连接,构成双极性极板。

③双极性极板交错叠放,根据不同的电压与容量要求,组成不同的极群,省去单体电池之间的连接件。

④极群用鼠笼压紧,形成紧装配。

⑤极板水平放置。

⑥在涂板的铅膏中加入适量氧化剂和其他添加剂。

⑦取消传统电池生产过程中的固化和干燥工序。

⑧电池采用内化成,取消传统电池生产过程的化成工序。

(2)采用以上新材料、新结构和新工艺后,新型高能阀控电池具有以下优越性能:

①放电功率大、充电更迅速。由于结构的改变,采用多股纵向平行铅丝链接,电流分布均匀,降低了电阻,使充电池内更迅速。一般阀控电池100%深度放电后,需30小时左右才能再充足,而铅布电池需4小时左右。

②循环寿命长。由于铅布电池的板栅是由同轴铅丝编织而成,同轴铅丝的内芯是多股玻璃纤维,因此其强度大,而不需在铸造板栅的铅中加入其他金属,从而防止了由于其他金属加入而造成的板栅腐蚀。铅布电池采用高纯度电解铅,大大提高了电池的寿命。

③重量轻。因玻璃纤维作内芯的同轴铅丝所编织的铅布与传统的板栅相比,其材料铅的用量减少67%以上,与结构上其他改进综合考虑,其重量减轻了25~50%,能量重量比提高了50%。

④性能更可靠、更均衡。由于采用了固化、干燥和化成等工序,简化了生产工艺,更便于自动化装配,使得产品性能更易均衡和可靠。

2. 第二代电动汽车用高能电池

第二代的高能电池要比铅酸电池的比功率和比能量都高出很多,大大提高了电动汽车的动力性和续驶里程。主要有镍镉电池、镍氢电池、钠硫电池、锂离子电池等。但是,第二代动力电池现在依然是电能-化学能-电能的化学反应过程中储存和供给电能,有一些特殊使用条件和一定的局限性,其中有些高能电池还需要复杂的电池管理系统和温度控制系统,各种电池对充电技术还有不同的要求。而且第二代电池在使用一定的次数后会出现老化甚至报废的情况,几乎或者完全丧失充放电能力,并且会造成污染。这无疑又增加了电动汽车的使用成本。

3. 第三代电动汽车用燃料电池

第三代电池是以燃料电池为主的电池,燃料电池直接将燃料的化学能转化成电能,能量转变的效率高,比能量和比功率高。并且燃料电池能量转化过程可以连续进行,反应过程能够有效地控制,是比较理想的燃料电池电动汽车用电池。但是燃料电池的燃料往往有毒有害而且价格昂贵,需要对车辆进行额外的设计,增加了设计和制造成本。除此以外,飞轮储能器、超级电容也是常见的电动汽车车载动力源。飞轮储能器是电能-机械能-电能转换装置,可以瞬间输出很高的功率。而超级电容具备了电能-电位能-电能转换的能力,而且其充放电时间比起传统电池来说有很大的提高。

以上种种电池都有自己的优缺点,但是综合现有技术条件以及相关技术的成本,现代电动汽车普遍使用先进的高能电池作为其动力源。下面仅就高能锂电池作为动力源的电动汽车为讨论对象。

(二)电池管理系统

对动力电池组的管理包括:对动力电池组的充电与放电时的电流、电压、放电深度、再生制动反馈的电流、电池的自放电率、电池温度等进行控制,如图1-22所示为电动汽车电池管理系统电路图。因为个别的蓄电池性能变化后,影响到整个动力电池组的性能,用蓄电池管理系统对整个动力电池组和动力电池组中的每一个单体电池进行控制,保持各个电池间的一致性,还要建立动力电池组的维护系统,来保证电动汽车的正常运行,如图1-23所示为电动汽车电池管理系统实车位置示意。

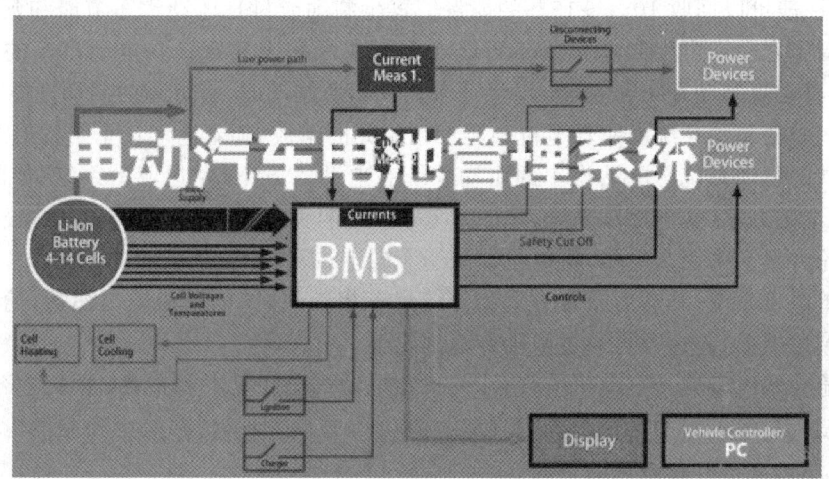

图1-22 电动汽车电池管理系统电路图

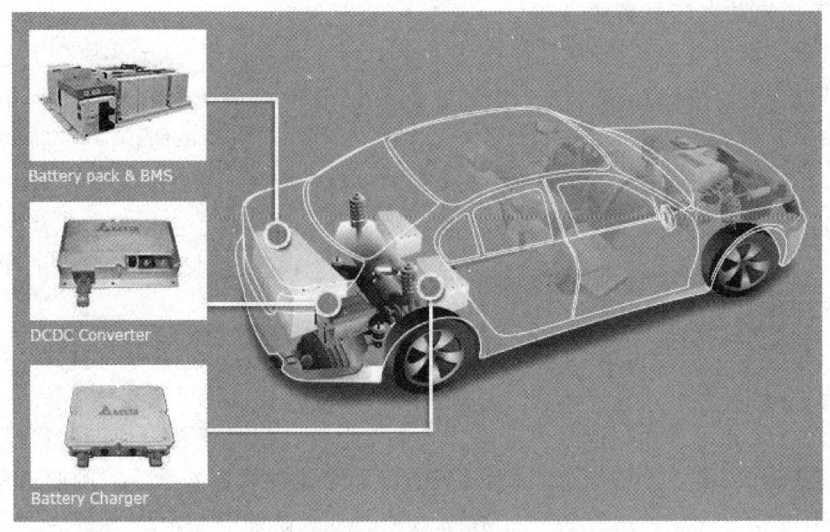

图 1-23　电动汽车电池管理系统实车位置示意

由于充放电性能对电动汽车动力电池的性能表现有着重要的影响,所以电动汽车动力电池对充电时的电压和电流都有一定的要求。因此高效率的充电装置和快速充电装置也是电动汽车使用时必需的辅助设备。一般常见的充电装置有地面充电器、车载充电器、接触式充电器和感应式充电器等。

电池充电系统、管理系统、维修系统和再生制动能量的回收等,是一个全新的系统工程。因其是保证电动汽车能够安全稳定工作的必要条件,所以其重要性必不亚于电动汽车本身。如何建立充电站系统,使电动汽车的充电能够像内燃机汽车加油站那样方便、那样普及。与此同时,还应该建立蓄电池回收和报废工厂,使电动汽车废旧电池对环境的污染降到最低。

(三)驱动电动机和驱动系统

驱动电机是电动汽车的动力装置,这是电动汽车和传统汽车最根本的区别。现代电动汽车一般使用的是交流电机、永磁电动机或者是开关磁阻电机。由于电动汽车制动时使用再生制动,一般可以回收 10%~15% 的能量。再生制动能量是电动汽车节能和延长续驶里程的重要措施之一。再生制动显然不可能在内燃机汽车上实现。在电动汽车的制动系统中,还保留着常规制动系统和 ABS,以保证车辆在紧急制动时,有可靠的制动性能。

电动汽车的驱动系统由驱动电机和驱动系统共同组成,随着电动汽车结构形式的不同,采用了不同的驱动系统。电动汽车的驱动系统有电动轮方案(轮边驱动系统,如图 1-24 所示)和差速半轴方案(集中驱动系统,如图 1-25 所示)两种方案。

电动轮方案是采用多电机,将电机装配于车轮上,或者和轮边减速器相配合。差速半轴方案采用单电机系统,其动力布置方案和传统汽车相一致,即电动机输出扭矩,通过变速装置传输到差速器上,差速器再通过半轴传输到轮上。

电动轮技术可以减小电动机的直径,便于在电动汽车底盘下部布置,能够减轻电动车辆的簧载质量。轮毂电机的出现改变了汽车的传动形式,每个车轮都是由独立的电动机来驱动,这与内燃机汽车有着截然的不同。

任何一种电机都可以根据需求组成电动轮系统或差速半轴系统。

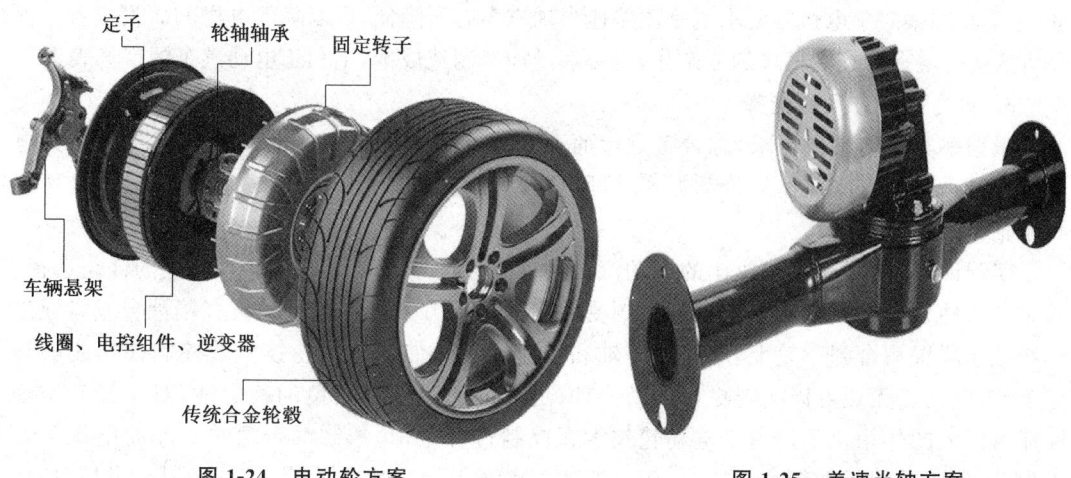

图 1-24　电动轮方案　　　　图 1-25　差速半轴方案

（四）控制技术

对于广大汽车使用者来说，加速踏板、转向盘、制动踏板等操纵装置是非常熟悉的。电动汽车也应当继承和尊重这一习惯。通过各种踏板和控制手柄，将踏板和手柄的位移信号转化成电信号，输入中央控制器，通过电动汽车控制模块来控制电动机的运行。

（五）电动汽车传动系

如前所述，电动汽车的传动系统有两种驱动方式——差速半轴设计和电动轮设计。

1. 差速半轴设计方案

差速半轴设计方案和传统汽车的传动系是基本类似的。动力从电动机传出后，或经过变速器、减速器减速增扭，然后通过差速器分配到左右半轴上面并传递到驱动轮上。采用此种方案的电动汽车，其控制方式和传统汽车是一致的。电动机控制器接受速度给定（踏板）信号、制动（踏板）信号、PDRN 信号，控制电机旋转，通过机械传动装置驱动左右车轮。而在转向时，左右两侧车轮不等速，则是靠差速器和半轴实现的。显然，和传统汽车相一致的技术，能够保证车辆的成熟安全可靠，对于研发和制造成本的控制也很有帮助。

2. 电动轮设计方案

该设计方案比较新颖，因为它取消了传统汽车上必然存在的差速器和半轴，取而代之的是将电动机直接和车轮连接，并且是单一驱动轮对应单一电动机。实际上，我们常见的电动自行车，一般都是采用这样的动力布置，即采用轮毂电动机驱动车轮，而不经过其他机械装置的传动。

在这样的设计方案中，我们显然不需要也不可能拥有机械的差速装置，取而代之的是电子差速技术。即在汽车左右两侧车轮转速不等时，该方案使用电子差速代替机械差速功能，需要把转向盘转角信号送到电动机控制器，以此来控制两侧电动轮的速度和滚过的距离。汽车直线行驶时，转向盘转角为，两侧电动轮等速旋转。转向时，转向盘转角为，电动机调速器根据的大小控制两个电动轮以不同的速度旋转。此方案机械传动装置的体积与质量大大减小，效率显著提高，通过控制模块对电机转速和扭矩的控制，而达到车轮不打滑不抱死的目的，以实现传统差速器的作用。这样的电子差速系统，精简了车身结构，减低了车身质量，效率显著提高。但是由于控制系统变得复杂，增加了设计时的难度。不过由于是多电机驱动,电动轮方案对于电机的要求倒是比差速半轴方案有所降低,可以降低电机的研发成本。而电机数量的增多和控制模块的复杂化,也必然增加了制造成本,不利于电动汽车的市场表现。

3. 动力传动方案的选择

根据整车基本参数要求,综合考虑市面上可选择的电机和电池的性能表现,我们认为电动汽车可采用固定减速比的传动方式。即电机动力输出后,直接到达减速器,或通过差速器和车轴,传送到车轮上。

实践证明,使用固定减速比的电动汽车的确可以通过对减速比和动力配置的优化选择,满足动力性要求。电动轮技术是现在颇受关注的传动方式。它把电动机直接耦合或者通过单级减速装置耦合到车轮上,不需要车轴和差速装置。如若电动轮技术的控制模块能够稳定工作,电动轮无疑可以实现更好的动力性、更好的通过性和出色的稳定性,对于提升车辆性能有巨大的作用。不过由于电动轮技术在控制过程中,是控制两台独立工作的电机配合工作,不仅要有前后向行驶的能力,而且要实现电子差速。故电动轮方案必然导致控制模块变得更加复杂,增加研发难度和成本。

目前的市场上,也很难见到采用电动轮技术的成熟的车型。相比之下,差速半轴式的传动方式,因其结构简单,零部件易于获得,控制方式简单而且类似于传统汽车,维修也相对简易。市场上多见此种类型电动汽车,可见其在成本控制和市场认可度上具有优势,因而应优先选择这种传动方式。

基于以上讨论大家已经知道,电动汽车常见的传动系方案有两种——差速半轴方案(单电机)和电动轮方案(多电机)差速半轴方案类似于传动动力汽车的传动系布置方法,即动力通过减速增扭后,经由差速器传递到左右半轴上。而电动轮方案则是充分发挥了电动机,这种新型的汽车动力源的特性,利用轮毂电机,使用单电机驱动单独车轮,由车载计算机和电动机控制模块控制协调不同电机不同车轮间的工作运行情况。差速半轴方案的特点是技术成熟简单,易于实施。而电动轮方案则非常新颖,可以给电动汽车的动力性带来革命性的变化。而且电动轮方案由于使用了多电机驱动的模式,在这个方案中应用的电机的性能要求显然要小于差速半轴方案,便于电机的设计和生产。但是电动轮方案的缺点也很明显,就是控制复杂。由于电动轮方案必然会用到电子差速等复杂技术,在这些技术的研发上,目前的技术水平很难达到能够使这些技术得到大规模低成本的应用。

九、电动汽车的整体布置

在国家、企业大力推动电动汽车推广的近几年内,纯电动汽车已经具有各种车型,包括电动轿车、电动客车(微型、小型、中型和大型)、电动货车(微型、小型、中型和大型)及其他改装的电动车辆。为适应城市、家庭、学校和服务行业的需要,纯电动汽车的车型,特别是微型的电动轿车,已经有了多种多样、丰富多彩的造型。纯电动汽车车身特别重视流线效果,使得纯电动汽车的车身造型独具特色,也使得车身阻力系数大大降低。纯电动汽车大多数用复合材料来制造车身结构和车内装饰,有的豪华气派,有的简单朴实,并且都非常轻盈(相对于传统内燃机汽车而言)美观。

由于动力电池组的质量大,所占据的空间大,为了减轻纯电动汽车的整车质量,轻质材料被广泛采用。碳纤维增强树脂和复合材料等制造车身和底盘部分总成,并采用三维挤压成型工艺制造出结构复杂、质量小、强度大和装卸动力电池组方便的车架,补偿因装载动力电池组而增加的负载。在底盘布置上还要有足够的空间存放动力电池组,并且要求线路连接方便、充电方便、检查方便和装卸方便,能够实现动力电池组的整体机械化装卸。这要求在纯电动汽车底盘的布置上,打破传统的内燃机汽车底盘布置模式,加大承载空间的跨度和承载结构件的刚度,并且充分考虑动力电池组渗漏出的酸或碱等对底盘结构件的腐蚀。

纯电动汽车多采用滚动阻力系数小的子午线轮胎,其滚动阻力系数仅为 0.005,使得纯电动汽车在行驶时的滚动阻力大大降低,使得纯电动汽车的运行更加顺畅、稳定。

下面通过一组图片简要了解纯电动汽车的总体布置:

1. 宝马 i3(如图 1-26、图 1-27、图 1-28 所示)

由于动力单元全部位于后轴,i3 的车头部位略显空洞但十分平整。

图 1-26 宝马 i3 动力单元位于后轴,车头略显空洞

前麦弗逊悬架和通风式刹车盘为常规配置,尽管 i3 的车前部质量已经很轻但宝马还是为其下摆臂、底护板等部位选用了铝合金材质。

除了纯电动车型外,i3 还提供增程车型,图中空荡荡的位置即为发动机的预留位置。

图 1-27　宝马 i3 下摆臂及车尾部布置

总的来说,i3 在底盘方面的特点还是非常多的。首先后置后驱的形式就十分少见,车头较轻车尾较重的分配形式也值得推敲,还有类似双叉臂形式的后多连杆悬架也给其操控性能打好了良好基础。再加上其表现不错的动力性能,这确实是一款依旧宝马的纯电动汽车。

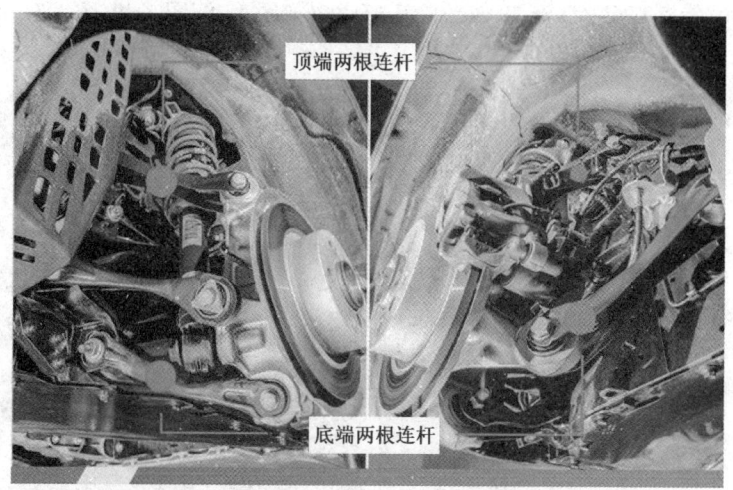

虽然厂家称i3的后悬架,为多连杆式悬架但从其结构来看甚至有些类似双叉臂形式。另外,i3的车尾并没有像车头那样使用铝合金材料降低重量而是更多的使用了铁质材料保证强度。

由于较短的车身尺寸,配合支撑到位的悬挂系统,i3在绕桩测试中表现非常灵活,不过后置后驱的布局,也没有转向过度的情况发生。

图1-28 宝马i3整体布置效果

在纯电动汽车中,除了i3其他车型的底盘都缺乏亮点,举升机抬起后映入眼帘的往往都是传统的悬架形式,大块的电池组以及空荡的车尾,选材用料上也都是中规中矩。

2. 腾势 400/传祺 GE3/江淮 IEV7s/北汽 EU400（如图 1-29、图 1-30、图 1-31、图 1-32 所示）

腾势400采用传统的前麦弗逊独立后扭力梁式非独立悬架，为应对较长的续航里程，其电池组的庞大为此次横评之最。底盘整体也算得上平整。

图 1-29 腾势 400 总体布置

传祺GE3的前麦弗逊后扭力梁悬架中规中矩，全部为最基本的选材和设定。其电池组或受布局影响呈现出一个不规则形状。

图 1-30 传祺 GE3 总体布置

IEV7S同样为前麦弗逊后扭力梁式悬架，电池位置稍微偏向车身后侧，底盘整体平整且护板部分有一定的导风槽。

图 1-31 江淮 IEV7S 总体布置

北汽EU400是此次横评中除i3外第二个使用后独立悬架的纯电动车，这也是因为其是从老款绅宝D50移植而来的缘故。

图 1-32 北汽 EU400 总体布置

第一篇　电动汽车基础知识　　43

3. 知豆 D2S/北汽 EC200（如图 1-33、图 1-34、图 1-35、图 1-36、图 1-37、图 1-38 所示）

这一组车型是相比较最为廉价的两车，它们在底盘方面会不会也同样透着廉价呢？

图 1-33　知豆 D2S 总体布置

图 1-34　知豆 D2S 头部、前轮布置

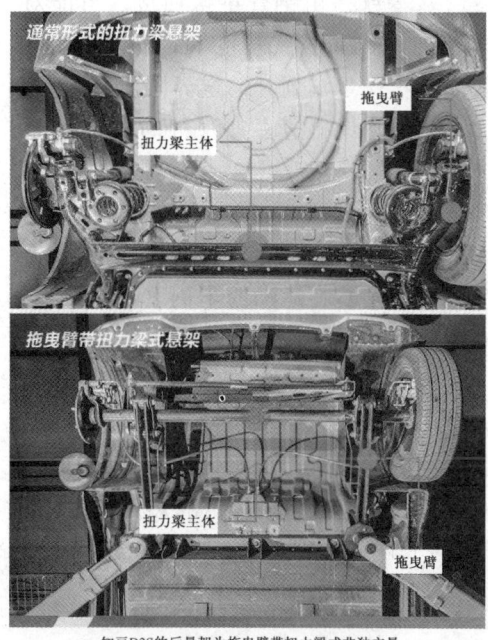

图 1-35　知豆 D2S 悬架布置

图 1-36　知豆 D2S 总体布置效果体验

EC200的车头部分底盘较为平整,有大面积的护板包裹。

电池组位于车辆的中后部,后悬架同样为拖曳臂带扭力梁式的非独立悬架。

图1-37 北汽EC200总体布置　　图1-38 北汽EC200头部底盘、后悬架布置

不出意外,知豆D2S的底盘果然透着廉价的气息,基本就是由钢管拼接而成。可能对于一款设计时速不超过100km/h的小车来说无可厚非,在城市低速代步也不需要多高的底盘强度,但既然是能上牌照上路行驶的汽车还是应该和老年代步车划开一定界限更好。

EC200虽然定价同样在5万区间,但底盘方面的工艺基本说得过去,照顾到了一定的平整性和防护性。

十、电动汽车空调系统

空调装置以及车内环境主要有如下特点:汽车空调系统安装在运动的车辆上,要承受剧烈而频繁的振动和冲击,要求电动汽车空调装置结构中的各个零部件均应具有足够抗振动、冲击性能和良好的系统气密性能;电动汽车大部分属于短距离代步,乘坐时间较短,加之电动汽车内乘员所占空间比大,产生的热量相对较多,相对热负荷大,要求空调具有迅速制冷、制热和低速运行能力;电动汽车空调使用的是车上蓄电池提供的直流电源,压缩机工作效率高,控制可靠性高,便于维护;汽车车身隔热层薄,而且门窗多,玻璃面积大,隔热性能差,电动汽车一也不例外,导致车内漏热严重;车内设施高低不平且有座椅,气流分配组织困难,很难做到气流均匀分布。

(一)电动汽车空调的制冷方式

随着国内电动汽车逐步产业化、市场化,电动汽车必然要配备空调系统。因为受到电动汽车独特性影响,国内汽车厂家从传统燃油汽车空调的基础上进行部分改装设计,将燃油发

动机带动的压缩机替换成直流电动机直接驱动的压缩机,控制上相应变化,来完成空调制冷的功能,目前替换设计效果基本可以解决电动汽车空调的制冷问题,但制冷效率有待提高。

在空调的主要零部件选用上,目前国内的电动汽车除了压缩机与控制模式外,其他主要零部件还是沿用燃油汽车空调的零部件,冷凝设备主要使用的是平行流冷凝器,蒸发设备主要用的是层叠式蒸发器,节流装置依然是热力膨胀阀,制冷剂仍然是 R134a。据介绍,国内在大力开发电动汽车的厂家如奇瑞、比亚迪、一汽、上汽、江淮等目前电动汽车空调配套情况大致相同,都处于上述发展现状。

汽车空调压缩机驱动形式大致分为下列三类。

①传统发动机驱动的类型。

②使用发动机与电动机驱动的混合动力型。混合动力汽车空调压缩机,对于面向需要提高现有内燃机效率、实现小型化的汽车厂商,提供的是借助传统发动机皮带传动类型的压缩机。面向以发动机为主体、电动机为辅的车辆(Mild-HEV 弱混)提供的是皮带传动和电动机驱动兼顾的混合式压缩机。

③单纯使用变频电动机驱动的类型。对于以电动机为主体(strong-HEV 强混、EV 电动)的车辆,则提供电动压缩机。

1. 沿用传统汽车空调的电动制冷系统

(1)制冷系统的组成 制冷系统主要包括纯电动或混合动力汽车的混动压缩机、冷凝器、储液干燥器、膨胀阀、蒸发箱和控制电路等,如图 1-39 所示。

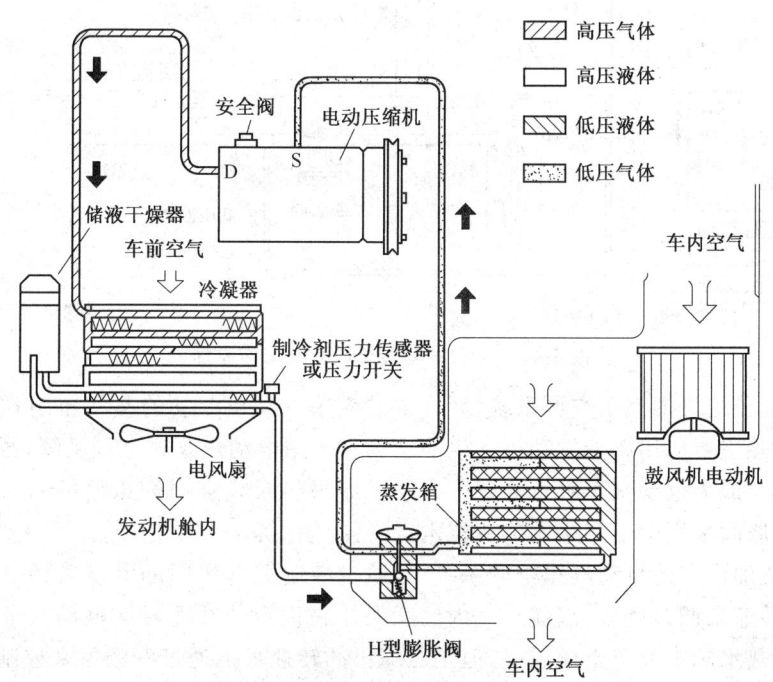

图 1-39 制冷系统的组成

低压管路:从节流阀出口到压缩机入口,沿程有蒸发箱、低压加注口、积累器。

高压管路:从压缩机出口到节流阀入口,沿程有压缩机、冷凝器、干燥器、高压加注口、高低压开关、节流阀。

客车多采用变频器控制高压二相电动机驱动压缩机,所以有独立的电动机变频器,电动机和压缩机之间采用皮带传动方式。而轿车大多采用整体式电动压缩机,这种压缩机内部有电动机,通常采用低电压12V驱动。

(2)制冷系统部件功能压缩机将低温、低压气态的制冷剂吸入压缩成高温、高压液态的制冷剂,以与外界空气形成温差。冷凝器将经过冷凝器专用风扇或发动机散热器风扇的高温、高压制冷剂的热量散入周围空气,制冷剂降温;干燥器用于除去制冷剂中的水分;高压加注口用于加制冷剂或对管路抽真空用;高、低压开关中,高压开关保护管路,低压开关保护压缩机;节流阀(膨胀阀)即一个可变或固定截面小孔,将高压制冷剂节流雾化,经蒸发箱吸收车内空气热量;在鼓风机的作用下,蒸发箱吸收车内热量,变成低温、低压的气态;积累器用于储存制冷剂,防止从蒸发箱出来的不是气态而使压缩机出现液击现象,通常不设计;低压加注口用于加制冷剂或对管路抽真空用。

2. 电动汽车空调系统工作原理

电动汽车的空调系统工作原理如图1-40所示。

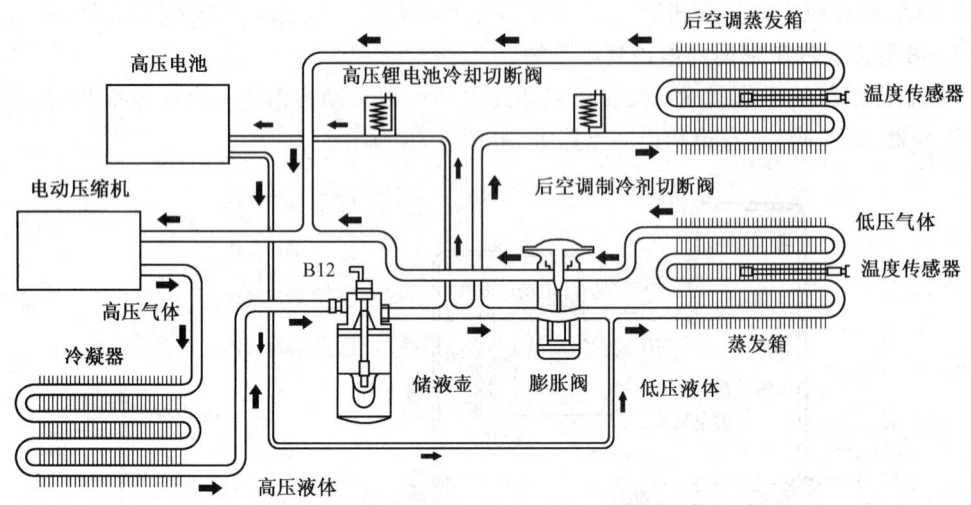

图1-40 电动汽车的空调系统工作原理

对于目前传统燃油汽车空调系统,制冷主要应用发动机驱动的蒸气压缩式制冷系统进行降温,而制热主要应用燃油发动机产生的余热。采用电动热泵式空调系统,压缩机使用电动机直接驱动,成为电动汽车可行的解决方案。如果热泵式空调的压缩机电动机采用变频控制技术,膨胀阀采用电子膨胀阀节流技术,使得控制更精确,并更节能。

在传统燃油汽车的自动汽车空调系统中,通过控制混合风门的开度来调节出风温度并控制风机的转速来调节风量,以使车室内温度保持在设定值。而对于电动汽车热泵空调系统来说,没有热水芯来调节出风温度,但是压缩机的转速可以通过变频器来控制。所以它的控制方法也就不同于传统燃油汽车的空调系统。

在电动汽车热泵空调系统中,压缩机的转速是制冷量的主要控制量,对于压缩机的转速采用的控制方法归纳如下。当车内温度高于设定温度1℃时,为了快速使温度达到设定值,压缩机以最大转速运行;如果车内温度低于设定温度1℃,压缩机以最低转速运行;当室温

偏差在 $-1\sim1℃$ 之间时,压缩机的转速通过模糊控制算法进行控制,以每一采样时刻室温和设定值的温差及温差的变化率为输入量,通过模糊推理得出压缩机的转速值。蒸发器风机的风量不但影响制冷系统,而且对车室温度有较大的影响。若只将蒸发器风机以最大风量运行,不仅噪声比较大,也不利于满足车室的舒适性要求。特别对于电动汽车空调系统,没有热水芯调节出风温度,车内的体积比较狭小,若车内温度只通过调节压缩机的转速来控制,车室内温度会比较易于波动,不利于系统的稳定运行。所以只在车室负荷比较大的情况下才让风机以最大风量运行,而在其他情况则需采取合适的控制策略,以确保车室内的温度稳定在设定温度。在初始制冷阶段,压缩机与蒸发器风机以最大转速运行,能使车内温度快速降到设定温度。当温度达到设定温度后,有少许超调量,控温精度较高。例如当压缩机从最大转速 $6000r/min$ 降至 $3300r/min$ 左右时,通过控制蒸发器的风量,车内温度可以平稳地降到设定温度附近,使得这时压缩机转速的超调量较小。

(二) 电动汽车空调的制热方式

日本电装(DENSC)公司开发了采用 R134a 制冷剂的电动汽车热泵型空调系统,其在热泵系统的风道中采用了车内冷凝器与蒸发器的结构。电装公司在近些年还开发了一套 CO_2 热泵型空调系统,系统也采用了在风道内设置蒸发器与冷凝器两个换热器的方案,与 R134a 系统不同的是当系统为制冷模式时,制冷剂同时流经内部冷凝器与外部冷凝器。

在风道中只用一个换热器时,在制冷模式下为蒸发器,在制热模式下为冷凝器。采用这种结构的热泵空调系统,不但需要开发允许双向流动的膨胀阀,并且在热泵工况下,系统融霜时,风道内换热器上的冷凝水将快速蒸发,在挡风玻璃上结霜,不利于安全驾驶。所以有必要在热泵系统的风道中采用能设置有内部冷凝器和蒸发器的结构,车外冷凝器和蒸发器共用一个热交换器。

为了减少空调对蓄电池的电能消耗,美国 Amerigon 公司开发了空调座椅,这种空调座椅上安装了热电热泵,热电热泵的作用就是通过需要调温的空间之外的水箱转移热量,从而实现需要调温的空间制冷或制热。这种空调座椅除了节能外,还能够改善驾驶、乘坐的舒适性,在电动汽车上配套使用非常适合。

电动汽车与传统汽车的驱动动力不同,使得它们的空调系统也有极大的区别。电动汽车没有用来采暖的发动机余热,无法提供作为汽车空调冬天采暖用的热源,电动汽车的空调系统必须自身具有供暖的功能,即要求采用热泵型空调系统。同时,压缩机也仅能采用电动机直接驱动,结构上与现有的压缩机形式不完全相同。因为用来给热泵空调系统提供动力的电池主要是用来驱动汽车的,空调系统能量的消耗对汽车每充一次电的行程影响很大。若电动汽车仍采用现有能效比较低的空调系统,将耗费 10% 以上的电功率,这就意味着要在增加电池的制造成本和降低电动汽车的驱动性能指标之间进行选择。与燃油汽车相比,对电动汽车空调系统的节能高效提出了更高的要求。同时,电动汽车空调一定要解决制冷、制热两大问题。根据电动汽车特有性质,目前电动汽车空调分为半导体式(热电偶)、电动热泵式燃油加热式、PTC 加热式等,其中电动热泵型空调发展较快。

(1) 半导体式电动汽车空调系统 半导体制冷又称电子制冷,或者温差电制冷,是从 20 世纪 50 年代发展起来的一门介于制冷技术与半导体技术边缘的学科,与压缩式制冷和吸收式制冷并称为世界三大制冷方式。半导体制冷器的基本器件是热电偶对,即将一个 N 型半导体与一个 P 型半导体连接成热电偶,如图 1-41 所示为半导体制冷片,通上直流电后,在接口处就会产生温差和热量的转移。在电路上串联起数个半导体热电偶对,而传热方面是并联的,这样就构成了一个常见的制冷热电堆。借助于热交换器等各种传热手段,使热电堆的热端不停散热并且保持一定的温度,而将热电堆的冷端放到工作环境中去吸热降温,这就是半导体制冷的原理。

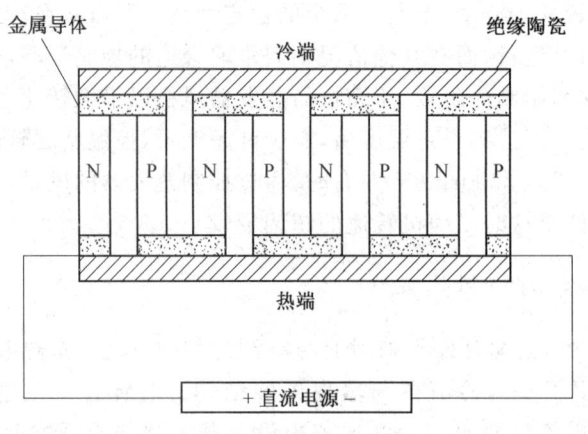

图 1-41 半导体制冷片

半导体制冷作为特种冷源,在技术应用上具有的特点:不需要任何制冷剂;可连续工作;没有污染源;没有旋转部件,不会发生回转效应;没有滑动部件,工作时没有振动、噪声,寿命长;安装容易。半导体制冷片既能制冷又能加热,制冷效率通常不高,但制热效率很高,永远大于 1。所以使用一个片件就可以代替分立的加热系统和制冷系统。半导体制冷片是电流换能型片件,通过输入电流的控制,可实现高精度的温度控制,再加之温度检测和控制手段,很容易实现遥控、程控、计算机控制,方便组成自动控制系统。半导体制冷片热惯性非常小,制冷制热时间非常快,在热端散热良好、冷端空载的情况下,通电不到 1min、制冷片即可达到最大温差。半导体制冷片的反向使用就是温差发电,半导体制冷片通常用于中低温区发电。半导体制冷片的单个制冷元件对的功率较小,但组合成电堆,用相同类型的电堆串、并联的方法组合成制冷系统,功率就可以做得很大,所以制冷功率可以做到几毫瓦到上万瓦的范围。半导体制冷片的温差范围,从 90℃ 到 130℃ 都能实现。

从空调技术成熟性和能源利用效率比较来看,对于半导体制冷片技术的电动汽车空调系统,目前存在着热电材料的优值系数较低、制冷性能不够理想等缺点,而且热电堆产量受到构成热电元件元素产量的限制,不具备电动汽车空调节能高效的要求。这导致电动汽车空调更倾向于选用节能高效的热泵型空调,该技术方案对于不同类型电动汽车通用性良好,并且对整车结构改变较小,是将来电动汽车空调发展的趋势。

(2) 热泵型电动汽车空调系统在理论上,制冷循环逆转可以用来制暖。但在环境气温低的情况下,制暖性能会降低,无法满足在低温区具备高制暖性能的汽车制暖性能要求。利用电动压缩机压缩冷媒并使其循环。行驶时,冷媒在冷凝器中受风冷却,在冬天,当冷凝器(制暖时改为蒸发器)结霜时,制暖性能一也很难发挥。这就需要考虑增加为冷凝器(制暖时为蒸发器)加温除霜的系统。

制暖原本在某些情况下需要比制冷更高的性能。例如,在冬天制暖行驶时,为防止车窗起雾,通常会导入车外空气。汽车因要在行驶的同时向车外排放加热了的空气,这时制暖需要比制冷更高的性能。

热泵型空调系统是在原有燃油汽车上进行改进的,压缩机是由永磁直流无刷电动机直接驱动的,其系统的工作原理如图1-42所示。该系统和普通的热泵型空调系统并无本质区别,因为在电动汽车上使用,压缩机等主要部件有其特殊性。而且国外热泵技术具有一定的基础,该技术最大的优点就是制冷、制热效率高。全封闭电动涡旋压缩机由一个直流无刷电动机驱动,通过制冷剂回气冷却,具有噪声低、振动小、结构紧凑、重量轻等特点。在测试条件为环境温度40℃、车内温度27℃、相对湿度50%的工况下,系统稳定时它能以1kW的能耗可以获得2.9kW的制冷量;当环境温度为-10℃、车内温度25℃时,以1kW的能耗可以获得2.3kW的制热量。在-10~40℃的环境温度下,都能以较高的效率为电动汽车提供舒适的驾乘环境。如果能在零部件技术上得到改进,相应效率还可以得到提高。

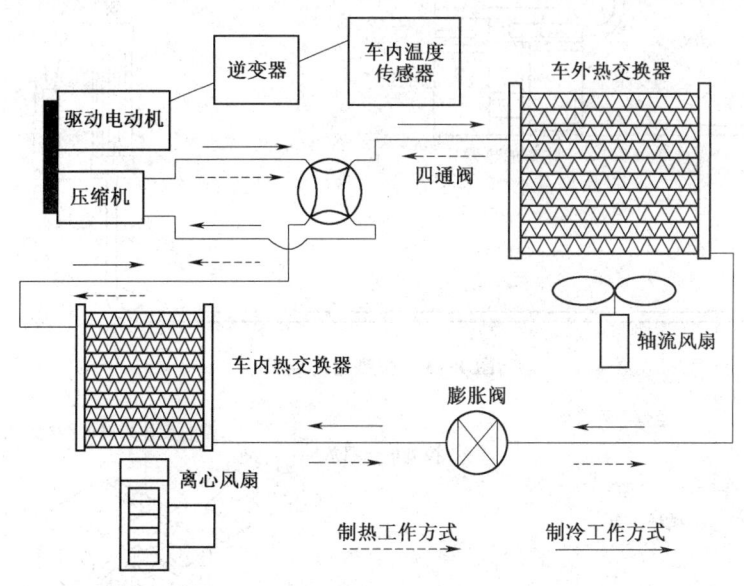

图1-42 热泵空调系统的工作原理

目前热泵型电动汽车空调最大的瓶颈是低温制热问题,特别是在我国的东北地区,这也是将来该行业研究的难题之一。为了使热泵型电动汽车空调更节能高效,通常从以下几个角度去着重解决:开发更高效的直流涡旋压缩机;开发控制更精准、更节能的硅电子膨胀阀;采用高效的过冷式平行流冷凝器;改善微通道蒸发器结构,使制冷剂蒸发更均匀。另外,电动汽车开门的次数以及在行车中受车速、光照、怠速等因素的影响,空调湿热负荷大。压缩机甚至整个空调系统都要适应这种多因素变化的工况,所以热泵型电动汽车空调系统变工况设计尤为重要。

蒸发器风机的风量和车内温度、设定温度、环境温度、太阳辐射强度、蒸发器出风口温度之间的关系是非线性的。

汽车空调热泵系统和普通的家用空调比较相近,是对普通家用空调的一种使用场合的扩展。为避免制热时因除霜导致室内舒适性下降,采用了热气旁通不间断制热除霜方式。除霜时,运行原理基本和制热相同,只是将融霜电磁阀打开,让从压缩机出来的高温高压的过热气体有一部分被分流至室外换热器的入口,迅速把室外换热器的温度提高到0℃以上,融掉室外换热器上的霜层,使得换热器保持良好的换热效率。

(3)驻车加热器式加热系统 纯电动汽车因为无法再利用发动机余热制暖,用电制热的方式在电池容电量仍小、价格高时不经济,国内一部分电动汽车采用传统燃油车使用的驻车加热器作为加热源,虽然有用燃油作为燃料的不足,但至少可以促进电动汽车的进一步发展。如图1-43所示为加热器的连接,如图1-44所示为加热器元件的组成。加热器的安装是通过与发动机冷却循环串联。其工作原理是利用本车的蓄电池和油箱来瞬间供电和少量供油,并通过燃烧汽油所产生的热量来加热发动机循环水从而使发动机热启动,同时使驾驶室升温。热交换器是发动机冷却水采暖系统的心脏,它的作用是将冷却水的热量传给空气。

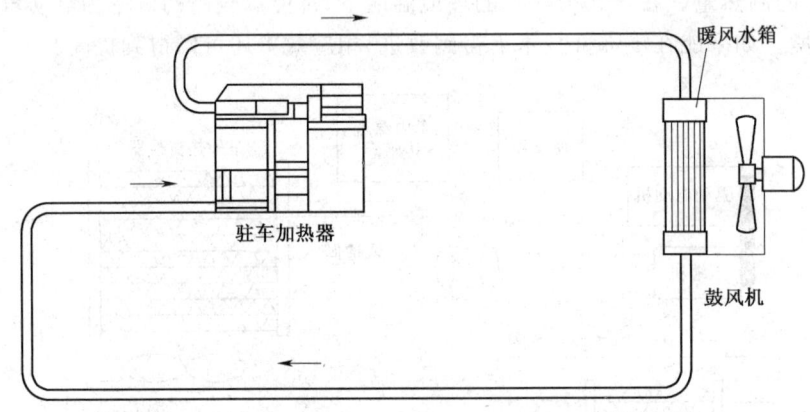

图1-43 加热器的连接

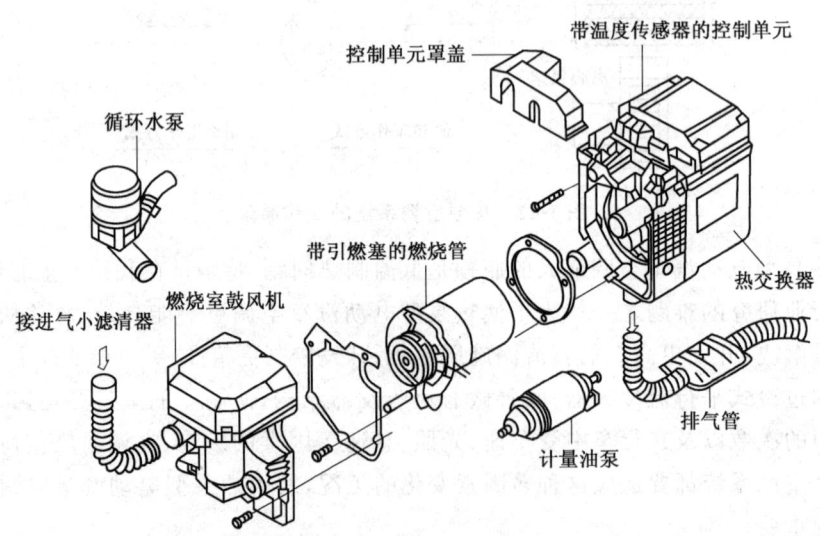

图1-44 加热器元件的组成

驻车加热器的工作原理:遥控器或定时器给ECU一个启动信号,计量油泵从油箱泵油并且以脉冲形式将燃油打到燃烧室前的金属毡上,笔状点火器加热至90℃左右,将喷溅的细小油滴气化,空气由燃烧空气鼓风机吸入,和汽油混合后点燃,火焰将热能传递给发动机冷却液,电动循环水泵推动冷却水循环进入蒸发箱内散热器,鼓风机吸入车内冷空气,使其通过散热器,将变热的空气吹入车内。

(4)加热器式制热系统 若电动汽车采用加热器的电制热方式时,加热器通常配置在驾驶席和副驾驶席之间的地板下方。加热器由可用电发热的PTC加热器元件、将加热器元件的热量传送到散热剂(冷却水)的散热扇、散热剂流路和控制底板等组成。因要求加热器要有较高的制暖性,所以,电源使用的是驱动电动机的锂离子充电电池的高压,而非辅助电池(12V)。若是纯电动汽车专用产品,也可以不使用冷却液,直接用鼓风机吹送经PTC加热器加热的暖风。

因为制造的加热单元要使用动力电池的高电压,用少量放热元件产生大量热量,所以,对于加热器,需要丰富的设计和制造技术经验。加热器机身内部设置板状加热器元件,通过在元件两侧通入散热剂(冷却水)提高散热性。加热器元件使用普通PTC元件,PTC元件夹在电极中间,具有电阻随元件温度改变的性质。在低温区,电阻低,电流流过后温度升高,电阻慢慢增大,电流难以流通,发热量随之降低。PTC元件的特性符合汽车的制暖性能要求,即具有在低温区的高制暖性能。

使用发动机的汽车的制暖系统由发动机、冷却液、加热芯及送风的鼓风机电动机组成。散热剂从加热芯中内部流过,由于其吸收了发动机的热量使得自身温度升高。车内冷空气从加热芯外部流过,为车内制暖。因此只要有冷却液式的加热器和电动水泵就能工作。

另外,目前加热器的ECU与空调系统整体是各自独立的,也可将ECU和加热器融为一体。汽车厂商努力为EV配备多个加热器元件,能够使其制暖能力提高到与使用发动机的汽车相当。但是,为了尽可能把电池容量用于行驶,汽车厂商在设计时对制暖耗电进行了抑制。以弱混电动汽车在市区行驶速度(40~60km/h)为例,在某些条件下,使用制暖时的行驶距离将短于使用制冷时的行驶距离,因为制暖的电池消耗比制冷的电池消耗更大。弱混电动汽车采用了手动式空调,用户按下"MAX"开关后,温控性能与风量会以最高设定运行。

(三)电动涡旋式压缩机

目前国内大多数汽车空调系统采用的是由发动机直接带动的斜盘式、摇摆式等形式的压缩机,其制冷系数(COP)为1.3~1.6,空调系统的耗功会消耗很大一部分的电功率。为了提高电动汽车空调系统的能效比,通常采用新型高效的压缩机(如全封闭电动涡旋压缩机),它直接由电池提供的直流电源驱动。它可以根据车内温度及环境温度等传感器测得的温度,采用适当的控制算法,通过变频器来调节压缩机的转速,改变系统的制热/冷量,达到车内舒适性的要求。涡旋式压缩机比活塞式压缩机和滚动转子式适用于更宽的速度范围,在空调器或热泵中使用涡旋压缩机进行变频调节输气量是很有前途的,其结构如图1-45所示。

涡旋压缩机属于容积式,由静涡旋盘和动涡旋盘构成压缩工作气腔。涡旋压缩机具有如下特点。

①邻两室的压差小,气体的泄漏量少。

②因为吸气、压缩、排气过程是同时连续进行的,压力上升速度较慢,所以转矩变化幅度小、振动小。

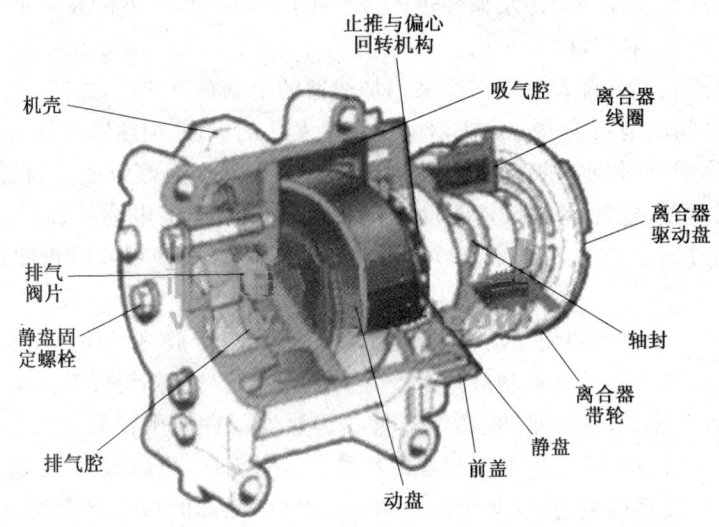

图 1-45 涡旋式压缩机的结构

③没有余隙容积,故不存在引起输气系数下降的膨胀过程。

④无吸、排气阀,效率高,可靠性高,噪声低。

⑤因为采用气体支撑机构,所以允许带液压缩,一旦压缩腔内压力过高,可使动盘与静盘端面脱离,压力立即得到释放。

⑥机壳内腔为排气室,减少了吸气预热,提高了压缩机的输气系数。

⑦涡线体型线加工精度非常高,必须使用专用的精密加工设备。

⑧密封要求高,密封机构复杂。

对于涡旋压缩机,为了进行精密控制,要求流量可变。传统的定排量涡旋压缩机,流量仅能改变电驱动的压缩机转数,只有对压缩机进行电动化后,方可实现与排放容积可变型压缩机相同的高效率、静音性能优良等特点,而且可以实施精密控制。如果采用变排量的涡旋压缩机时,电动机的转速可以恒定,也可变频,采用变频控制压缩机可做得更小。

(1) 涡旋压缩机的工作原理 涡旋式压缩机是由动、静涡旋相互啮合而成,如图1-46所示。在吸气、压缩、排气工作过程中,静涡旋盘固定在机架上,动涡旋盘由偏心轴驱动,同时由防自动机构制约,围绕静涡旋盘基圆中心做小半径的平面转动,气体通过空气过滤芯进入静涡旋盘的外围,随着偏心轴旋转,气体在动静涡旋盘齿所组成的数对月牙形压缩腔内被逐步压缩,然后由静涡旋盘部位的轴向孔连续排出。

涡旋压缩机在主轴旋转一周的时间内,只有进气、压缩、排气三个工作过程是同时进行的,外侧空间与吸气口相通,始终处于吸气过程;内侧空间和排气口相通,始终处于排气过程。而上述两个空间之间的月牙形封闭空间内,一直处于压缩过程,因而可以认为吸气和排气过程都是连续的。

(2) 涡旋压缩机变排量原理 压缩机排量是通过涡旋盘端面的周期性啮合与脱开来改变的。电磁阀处于常闭状态时,活塞上下两侧的压力为出口高压压力,弹簧力保证两个涡漩盘共同加载,这时和标准型压缩机一样工作,容量达到100%;当外部电磁阀打开时,两个涡漩盘稍微脱离,这时压缩机无制冷剂被压缩,从而改变排量。在一个10s的循环中,若涡旋

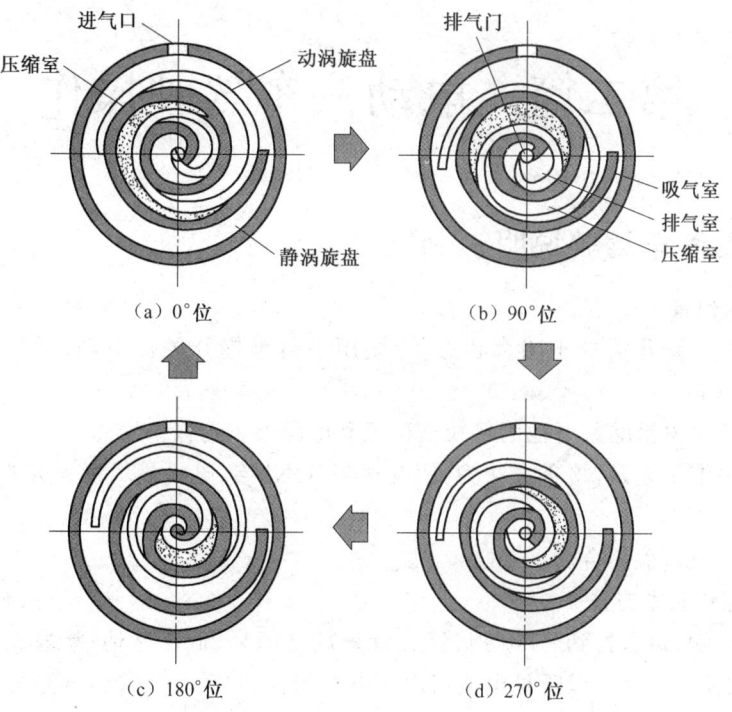

图 1-46 涡旋式压缩机工作原理示意图

加载 2s,卸载 8s,其平均容量就是 20%,加载时间占循环周期的比例可以在 10%～100%输出排量的范围内随意改变。

电磁阀通电管路关闭时,压缩机处于负载状态,涡旋压缩机像常规涡旋压缩机一样工作,传递全部容量与制冷剂蒸气流量;电磁阀断电管路打开时,压缩机处于卸载状态,这时无制冷剂蒸气通过压缩机。

第二篇　电动汽车驾驶操作

一、电动汽车驾驶说明

1. 驾驶前检查

（1）电池组维修开关处于闭合状态，否则用手将维修开关按下，听见"啪"的一声即为闭合。

（2）发动机舱内铅酸蓄电池的接线柱已经和电源线束连接。

（3）电池组电量充足，检查方法为：钥匙达到"ON"档，电量显示仪表盘的指针指向 F 且不在红区。

（4）确保充电口盖闭合。

2. 驾驶操作基本方法

（1）启动车辆：钥匙打到"ON"挡，仪表背景灯全部亮，低压接通；接着钥匙打到"Start"挡，听见"嘀"的响声，并可以听见电池组内继电器闭合的"哒"声 2 次，电池组高压接通，仪表盘上显示"READY"绿灯，车辆进入可以行驶状态。

（2）放下手刹，换挡操纵机构手柄置于"D"挡，右脚轻踩电子加速踏板，车辆开始行驶。

（3）如果需要制动，右脚踩制动踏板，完成制动。

（4）如果需要加速，右脚均匀用力，逐渐踩下电子加速踏板，车辆开始加速；如果保持匀速行驶，电子加速踏板保持在某一开度即可。

（5）本车辆无离合踏板，行驶过程中挡位一直于"D"挡即可。

（6）如果需要倒车，先将换挡操纵机构手柄打到 N 挡，待车辆停稳后再将换挡操纵机构手柄打到"R"挡，完成倒车。

（7）如果需要爬坡，为安全起见，请注意不要爬过陡的路面（坡度＞25%）。

3. 驾驶注意事项

（1）建议：车辆未停稳时不切换挡位。

（2）禁止驾驶人员同时踩下制动和加速踏板。

（3）车辆在转弯过程中应尽量减速，禁止急转弯。

（4）车辆在制动过程中应避免紧急制动。

（5）行驶过程中，如果组合仪表上乌龟灯亮，车辆应尽快寻找最近的停靠点停车或充电，不得继续行驶。

（6）车辆出现故障不能行驶时，搬运车辆时要抬高驱动轮，用拖车搬运。如果不得不用钢丝绳牵引拖车，轮胎接地牵引的情况下，务必保证车辆尽量低速行驶。

二、电动汽车驾驶操作要领

1. 出车前检查

（1）绕车一周明确汽车周围、车底等无人和障碍物。

(2)检查轮胎气压是否符合标准,轮胎螺栓是否松动,清除轮胎间杂物。
(3)检查是否漏水、漏电、漏气。
(4)检查门锁、后视镜、转向盘是否灵活自如、自由转动惯量是否符合要求。
(5)检查制动踏板、驻车制动器操作装置是否正常。

2. 行车途中检查
(1)制动器踏板自由行程及制动效果。
(2)转向盘是否灵活可靠。

3. 正确的驾驶姿势
(1)身体对正转向盘,上身正直,胸部微挺,头部端正,两眼平视前方。
(2)两膝盖自然张开,右脚放在加速踏板上,脚跟应靠在驾驶室底板上。
(3)两手分别握在转向盘的左右两侧,两肘保持自然屈曲伸展,切忌完全伸直。

4. 转向盘的操作
(1)转动转向盘时应以左手为主,右手为辅,以便在右手操纵其他机构时,左手能够自如地掌握转向盘。
(2)连续向右转动转向盘,左手推送,右手顺势拉动,两手连续交替操作,做到柔和均匀,快慢适当。
(3)连续向左转动转向盘,右手推送,左手顺势拉动,两手连续交替操作,做到柔和均匀,快慢适当。
(4)注意事项:
①转向盘转动的角度与速度要与转向的角度与速度相适应。
②在高低不平的路面行驶时,应握紧转向盘,以免转向盘因颠簸的作用力而猛烈振动或转动,击伤手指或手腕。
③转动转向盘不可用力过猛,修正方向用力要轻柔,避免左右晃动。

5. 加速踏板
加速踏板通过联动机构控制电动机输出的转速和功率,踏下时转速升高,抬起时转速下降。
操作加速踏板应以右脚跟靠在驾驶室底板上作支点前脚掌轻踏在制动踏板上,用踝关节伸屈动作踏下或松抬踏板;操纵加速踏板要做到轻踏缓抬,切忌忽抬忽踏或连续抖动。

三、电动汽车操纵件、指示器及信号装置的标志

电动汽车操纵件与传统自动挡汽车类似,无离合器踏板,有制动踏板、加速踏板、挡位变换旋钮或变速操纵杆、驻车制动操作杆、转向盘及灯光信号操纵杆或开关等。其操纵件及仪表盘布置如图 2-1、2-2 所示,具体标志见表 2-1。

四、电动汽车的组合仪表综述

由于纯电动乘用车的组合仪表要求显示的信息和功能较传统内燃机汽车多,其开发工作比传统组合仪表复杂,导致纯电动乘用车组合仪表的设计和功能呈现出多样化的格局,不同公司的产品和不同车型组合仪表的布局和内容都不一致,它不像传统组合仪表已经形成的"两大表+两小表+指示灯"规范标准。

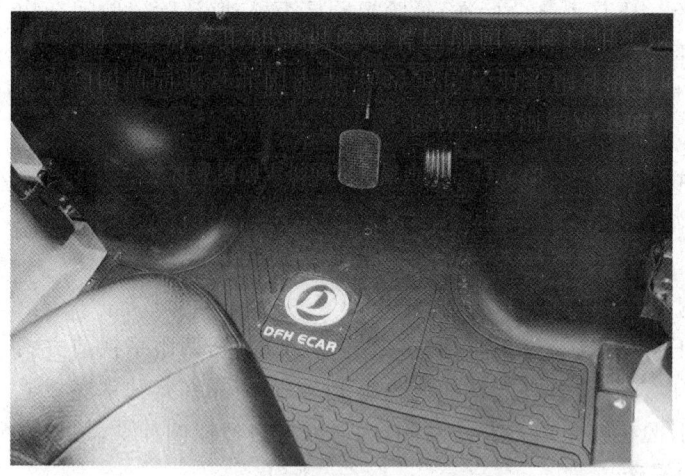

图 2-1　电动汽车前排制动踏板、加速踏板布置

图 2-2　电动汽车前排操纵件及仪表盘布置

表 2-1　电动汽车操作件、指示器及信号装置的标志

序号	标志	装置			表示功能	信号装置颜色
		操纵件	指示器	信号装置		
1			○	○	动力蓄电池充电状态	黄色
2			○	○	动力电池液面高度 注：这个标志也可用在电池液加注盖上	红色
3				○	动力蓄电池故障	红色

续表 2-1

序号	标志	装置			表示功能	信号装置颜色
		操纵件	指示器	信号装置		
4				○	动力蓄电池切断	黄色
5			○	○	电机及控制器过热	红色
6		○		○	充电线连接	红色
7	READY		○		运行准备就绪	绿色
8				○	系统故障	红色
9		○			动力电路熔断盒入口	
10		○			高压警告/电击危险	

a "系统故障"包括漏电故障
b 该标志的底色为黄色,边框和符号为黑色
注:"○"表示设有该装置

根据国标 GB/T4094.2—2005《电动汽车操纵件、指示器及信号装置的标志》和 GB/T19836—2005《电动汽车用仪表》的要求,电动汽车组仪表显示信息的要求见表 2-2。

表 2-2 国标对电动汽车组合仪表显示信息的要求

项目	电动汽车组合仪表显示信息
整车	车速,累计行驶里程
传统信号	车门关,刮水器,ABS,安全带,安全气囊
电动汽车	运行准备就绪,系统故障,整车控制器打开
动力电池	电压,电流,温度,荷电状态,剩余容量,充电状态,液面高度,故障和切断
电机	转速,电压,电流,温度,过热,超速
充电	充电连接,充电指示
充电安全	绝缘电阻,爬电距离

（一）国外组合仪表

国外纯电动汽车发展历史较长,1834年Thomas Davenport发明了第一辆电动汽车,它比卡尔奔驰1885年发明第一辆内燃机汽车还早51年。1900年的美国汽车市场电动汽车、内燃机汽车和蒸汽机汽车各占三分之一份额。1990年美国加州政府出台的零排放车辆强制法规,促进了近代纯电动汽车产业的发展。因为国外纯电动汽车有过大规模生产销售的历史,所以组合仪表技术也比较成熟,以下介绍一些典型的组合仪表。

1. 丰田RAV4纯电动SUV

丰田公司在2000年生产的纯电动SUV RAV4是一款量产的电动汽车,其组合仪表如图2-3所示,设计风格比较简洁。左边是速度表,中间是挡位显示表,其中P代表驻车,R代表倒车,N代表空挡,D代表前进挡,B代表再生制动挡(主要用于下坡情况下,电机工作在发电机模式起制动作用)。右边仪表的2个指针分别指示电池组荷电状态(F和E分别代表100%和0)和电压(HI和LO分别代表充满电电压和放完电电压)。

2. 通用纯电动跑车EV1

通用公司在1999年生产的纯电动跑车EV1是第一款现代电动汽车。如图2-4所示,其组合仪表是位于仪表台中间的数字式的显示屏幕,组合仪表中的数字从左到右的含义是:续驶里程54英里,电池组荷电状态(F和E分别代表100%和0),速度47miles/h,累计行驶里程26088英里。

图2-3 丰田RAV4电动汽车的组合仪表

图2-4 通用纯电动跑车EV1的总体布局及组合仪表显示屏

3. 纯电动跑车Tzero

美国ACPropulsion公司的安装锂电池的纯电动跑车Tzero的组合仪表的界面如图2-5所示。它的速度表和电机转速表与传统内燃机汽车的相似,在仪表台的右侧有长方形的绿色显示屏,能够显示一次充电行驶记录,包括净消耗电池容量130.37Ah,再生制动充电3.3901Ah。

4. 纯电动乘用车eBox

美国ACPropulsion公司的纯电动乘用车eBox的组合仪表有两块显示区域,如图2-6所示,一是在圆形表内用指针式的白色速度表(包括外圈的MPH和内圈的km/h)、电机电流表(包括红色的放电区域和绿色的充电区域)和电池荷电状态(E表示空,F表示满);另外在一方形绿色显示屏上显示能量消耗、效率、充电控制功能、电池组电压和温度等信息。

中控台配备嵌入式液晶显示屏

图 2-5　AC Propulsion 公司的纯电动跑车 Tzero 的组合仪表

图 2-6　AC Propulsion 公司的纯电动乘用车 eBox 的组合仪表

5. Tango 纯电动乘用车

参加 2004 年洛杉矶车展的 Commuter 轿车公司的 Tango 纯电动乘用车，其组合仪表是在传统内燃机汽车组合仪表的位置设计一块大绿色液晶屏幕来显示电动汽车信息，如图 2-7 所示。

6. GEM 公司的低速电动汽车

GEM 公司的低速电动汽车的组合仪表包括左右 2 个红色的转向指示灯，中间的绿色的液晶显示屏幕可以显示速度、里程和电池的荷电状态，如图 2-8 所示。

图 2-7　Commuter 轿车公司的 Tango 纯电动乘用车的组合仪表

7. Dynasty 公司的低速电动汽车

Dynasty 公司的低速电动汽车的组合仪表,包括转向盘中间的仪表盘和转向盘右侧的圆形表,如图 2-9 所示。转向盘中间的仪表盘包括左右两边的绿色转向指示灯、左边的白色远光灯指示灯、右边的红色充电指示灯和中间下方的红色三角紧急闪烁指示灯,中间的红色液晶显示屏幕显示电池的荷电状态。转向盘右侧的圆形表显示速度、里程、挡位选择和加热/吹风控制。

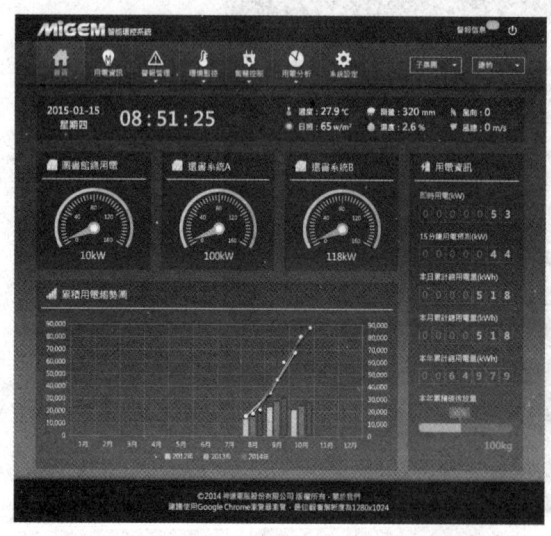

图 2-8　GEM 公司的低速电动汽车的组合仪表

图 2-9　Dynasty 公司的低速电动汽车的组合仪表

(二)国内组合仪表

我国于 20 世纪 80 年代开始研发纯电动汽车,承担单位主要是高校和科研院所,近年来有部分企业开始涉足这一领域。但是大部分开发的纯电动汽车属于功能样车,没有经过试验和市场的考验。只有一两家企业往国外出口过少量的纯电动汽车产品,因此国内的组合仪表开发工作尚处于起步阶段。

1. 万向电动 MPV

万向电动汽车有限公司在 2006 年上海工博会上展出了普力马纯电动 MPV，其组合仪表是在传统汽车仪表的右边位置安装一绿色方形液晶屏幕，显示电池电压、电流、电机功率、整车耗电量等信息，如图 2-10 所示。

图 2-10　万向电动汽车的组合仪表

2. 山东富平电动轿车

山东富平电力机车有限公司在 2007 年于北京召开的第五届国际节能环保汽车展览会上展出了山东富平电动轿车。其组合仪表可以显示电池 SOC 和电机温度，如图 2-11 所示。

图 2-11　山东富平电动轿车的组合仪表

3. 天津清源电动车辆有限责任公司

天津清源电动车辆有限责任公司在 2008 年中国北京第四届国际电动汽车暨绿色交通工具展览会上，展出了出口到美国的两款电动轿车的组合仪表。图 2-12 左边仪表是速度表，右边仪表是电池组荷电状态。中间有一小液晶屏幕显示有关信息。图 2-13 中的中间两个大表分别是速度表和电机转速表，左边的小表是电池组荷电状态，右边的小表是电机的电流。

图 2-12 清源电动轿车的组合仪表 1

图 2-13 清源电动轿车的组合仪表 2

(四)结论

根据调查,目前纯电动乘用车组合仪表的特点可以总结如下。

(1)按照传统内燃机汽车组合仪表的布局设计纯电动汽车的组合仪表,开发费用少,性能稳定。

(2)使用计算机屏幕和多屏切换显示模式,可以为驾驶员提供更多的监控信息,丰田 Prius 混合动力轿车和雷克萨斯混合动力 SUV 都采用这种类型的组合仪表,这是未来发展的方向。

(3)同时具备传统的模拟接口和数字 CAN 总线接口,更广泛地与其他零部件系统连接。

五、电子稳定程序系统及其作用

电动汽车电子稳定程序(Electronic Stability Program)系统又称电动汽车稳定性控制系统,简称 ESP。ESP 主要由 ESP 传感器、电控单元以及执行器等组成,典型组成部件如图 2-14 所示。

ESP 传感器主要包括轮速传感器、转向盘转角传感器、横向偏摆率传感器横/纵向加速度传感器、制动压力传感器、制动开关信号传感器等,这些传感器用来检测电动汽车运动的有关状态参数,随时向电控单元发送信号,以便 ECU 判定电动汽车的运动状态。电控单元 ECU 是 ESP 的控制中心,集 ABS、EBD、ASR、MSR、ESP 的电脑为一体,组成一个综合信息处理系统,根据传感器收集的信息分析电动汽车失稳程度,计算出恢复汽车稳态所需的各项调节参数(转矩、驱动力制动力等),并控制执行器。执行器主要有液压控制单元,受控于 ECU,用来调节系统压力,保证电动汽车正常行驶。

电动汽车电子稳定程序系统能够根据电动汽车行驶时传感器收集的车轮速度、转向角度、侧向加速度及横向移动等信息,通过对车轮制动器和发动机动力进行控制,实时调节车轮纵向力和车辆的运行状态,使车辆能够按照驾驶人的意图行驶,保证车辆在制动、驱动、转向行驶过程中都具有良好的操纵性和方向稳定性。

1. 电子稳定程序系统有哪些优点呢

(1)电动汽车操作稳定性好。ESP 通过各种高灵敏的智能传感器,时刻监测车辆的行

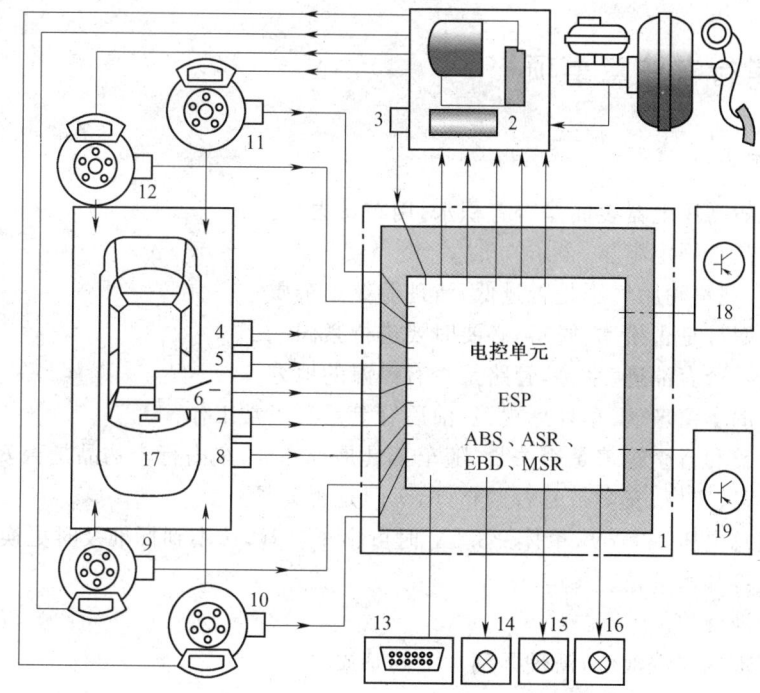

图 2-14 电动汽车 ESP 的组成及原理示意图

1. ESP 电控单元 2. 液压控制单元 3. 制动压力传感器 4. 侧向加速度传感器 5. 横向偏摆率传感器
6. ASR/ESP 按钮 7. 转向盘转角传感器 8. 制动灯开关 9~12. 轮速传感器 13. 自诊断接口 14. 制动系统警告灯
15. ABS 警告灯 16. ABS/ESP 警告灯 17. 车辆驾驶状态 18. 发动机控制调整 19. 变速器控制调整

驶状态，并通过计算分析判定车辆行驶方向是否偏离驾驶人的操作意图。当车辆偏离驾驶人的意图或有侧滑失控危险时，ESP 能立刻识别出危险情况，并提前裁决实施可行的干预措施（如对车轮独立地施加制动力；在特殊工况对变速器干预；通过发动机管理系统减小发动机转矩），来防止车辆侧滑，保证车辆稳定行驶，从而提高电动汽车的操作稳定性。

(2) 电动汽车的方向控制能力强。ESP 能够实时监控驾驶人的操控动作、路面反应、电动汽车运动状态，并不断向发动机和制动系统发出指令，通过主动调控发动机转速，并调整每个车轮的驱动力和制动力，来修正电动汽车的过度转向和转向不足。

(3) 汽车的驱动能力大。ESP 能够在电动汽车驱动时，如起步、加速及滑溜路至行驶时防止车轮打滑，提高轮胎对路面的附着能力，增强电动汽车的驱动能力。当驾驶人加速过猛时，它能自动地使发动机转矩适应车轮对地面的传递能力。

(4) 电动汽车的制动性能好。ESP 能够在电动汽车紧急制动时防止车轮抱死，能在结冰及滑溜路面上行驶时，减少制动距离，防止侧向滑移。这样驾驶人在转向及滑溜路面紧急制动时，能显著改善电动汽车的制动性能。

2. 什么情况下不宜使用 ESP，应关闭 ESP

(1) 驾驶人想玩漂移或激烈驾驶；此时若开启 ESP，则因 ESP 的干预达不到驾驶人特意想要的效果。

(2) 在路况条件差时的省电驾驶；例如，电动汽车在冰雪或疏松路面，或弯曲地段较多的路面行驶，需要省电，此时若开启 ESP，则因 ESP 经常的干预措施如驱动时施加制动力等，电动汽车就会费电。

六、日常行车注意事项

(一) 开车前检查

检查动力舱高压电器表面是否有积水,用布拭去。
检查电池是否固定牢靠。
目测轮胎,观察轮胎气压是否过低,清理胎纹中杂质。
检查车轮螺母是否松动、脱落,必要时要进行紧固。
检查车下是否有油迹、水迹,管路是否有渗漏的地方。
检查所有的车窗玻璃、车外后视镜、前后灯等是否正常工作。
检查机舱盖和行李箱盖是否关紧,随车工具是否齐全,车内行李物品是否安放好。
检查方向盘、座椅、安全带是否调整好,车门是否关紧。
检查电池总电压＞307V,单体≥3.2V 时可出车运营,达不到标准及时更换电池。
检查电机冷却水液位。
检查制动液液位。
检查风窗玻璃清洗液位,清理雨刮片上的杂质。

(二) 行驶中日常检查事项

检查刹车助力系统(出车前低速行驶检查)。
检查转向助力系统(出车前低速行驶检查)。
刹车时车辆是否有跑偏(出车前低速行驶检查)。
检查车厢内部有无异味,有异常靠边检查。

(三) 收车后维护事项

检查电池需总电压＞307V,需及时更换电池后收车。
检查车辆挡位位置需在 P 挡,手刹位置。
检查车上用电器是否全部关闭。

七、车辆安全操作注意事项

(一) 车辆起步前操作注意事项

在点火前需检查电池电压是否在合理范围内。
在 ON 挡至点火挡时间间隔在 3s 以上。
点火时挡位必须在 P 挡、脚点住刹车,不准踩加速踏板(否则不能启动车辆)。
点火后检查仪表是否有故障报警灯,有需及时处理。
起步时尽量缓速启动,避免加速踏板踏下过大导致动力系统保护措施启动。

(二) 车辆行驶中注意事项

行驶中需经常注意电池电压,电量表电量指示＜30％或静态电池电压小于 303V 时需返回更换电池。

正常行驶下电压表动态电压<280V 故障灯亮起或静置10分钟后电压 表电压<300V（正常电压范围为310~345V），需立即换电。

在 ON 挡至点火挡时间间隔在3s 以上。

车辆行驶中闻到焦味需立即靠边检查，判断焦味来源，确认非车内异味后继续行车。

行车中不可将手放在电子换挡操纵杆上，这会无意改变挡位。

在行驶中仪表有声音报警时，及时观察仪表，若有故障，靠边检查。

发现路上积水，需观察水深未超过地盘高度14厘米时，需低速通过，10km/h 以内。

坡上起步时，防止溜坡。

（三）车辆停车注意事项

停车时应避免急刹车，否则会加快车身部件磨损。

车辆停稳后需拉上手刹，挡位挂在 P 挡。

人离开车内时必须将钥匙取下。

若停在冰冻地区不要仅仅使用驻车制动器，控制车速停车后应需用木块挡住车轮。

（四）经济省电忠告

缓慢地加速避免突然加速或减速，尽量保持匀速行驶。避免不必要的连续高速行驶。

频繁地停走，会使耗电量增加。

依规定实施车辆定期保养，以保持原有的性能，进而节省用电量，若无需要，关闭空调系统。

八、仪表指示灯与灯光操作

（一）组合仪表警告灯及处理方式

1. 制动系统警告灯

(1)亮灯原因：
- 拉起驻车制动手柄或者没有彻底松开。
- 行车制动液液位下降过快。
- 在 ABS 警告灯点亮的同时该灯点亮，表明电子制动力分配系统(EBD)出现故障。

(2)处理方式：检查手制动、检查制动液位，无异常联系售后人员。

2. ABS 系统警告灯

(1)亮灯原因：如果该警告灯一直不灭，则表示 ABS 系统故障。但是，汽车制动系统仍然具有功能。

(2)处理方式：低速开至就近维修站维修。

3. 控制系统故障警告灯

(1)亮灯原因：当起动开关转至"ON"时或车辆行车中，当系统检测到驱动电机控制器故障时，该指示灯点亮。

(2)处理方式：关钥匙等待一分钟，在正常启动车辆，故障清除时尽快开至最近维修站检测,不能清除等待维修人员维修。

4. 超速警告灯

(1)亮灯原因:当车速持续大于 90km/h 达 5 秒以上,声光同步报警。开始报警 20 秒内车速仍然持续大于 90km/h,声音报警。

(2)处理方式:抬起加速踏板,降低车速。

5. 动力蓄电池故障警告灯

(1)亮灯原因:起动开关转至"ON",当系统检测到动力蓄电池故障时,该警告灯点亮,声光同步报警;当检测到动力蓄电池正常时,声光报警 2 秒内解除。

(2)处理方式:瞬间出现即消失,需关注电池电压,T>30S,需更换电池,维修人员检查。

6. 电机及控制器过热警告灯

(1)亮灯原因:当系统监测到电机及控制器温度≥75 ℃时,此警告灯会点亮,当控制器温度<75℃时,此警告灯 2 秒内熄灭。

(2)处理方式:靠边停车,等待维修人员抢修。

7. EPS 故障警告灯

(1)亮灯原因:该警告灯点亮,电动助力转向系统工作不正常。

(2)处理方式:请立刻将您的车停在安全的地方并与维修人员联系。

8. 运行准备就绪指示灯

(1)亮灯原因:当起动开关转至"START"时,当系统检测到无系统故障,该指示灯点亮。

(2)处理方式:不亮时需关钥匙一分钟,重新上电,仍不显示需联系维修人员维修。

9. DC-DC 警告灯

(1)亮灯原因:DC-DC 发生故障时,此灯会亮起,此时,请关闭电机和车上所有电器。

(2)处理方式:检查 DC-DC 工作是否正常,如有故障,请即刻至经销商进行检查。

10. 动力蓄电池亏电指示灯。

(1)亮灯原因:当仪表电量表显示值<30%或仪表电压指示<300V 时,声光同步报警,提醒您及时为动力蓄电池充电。当仪表电量表显示值>30%时或仪表电压指示>300V 时,2 秒内解除报警(具体以仪表电压指示<300V 为准)。

(2)处理方式:当故障灯亮起,电压低于 300V 时立即到就近换电站充电或换电。

11. 动力蓄电池切断指示灯

(1)亮灯原因:当动力蓄电池切断时,该指示灯点亮。

(2)处理方式:关钥匙后检查电池安装,并检查相应触点,需维修人员判断后方可继续行车。

警示! 行车中,驾驶员要随时关注仪表与仪表中的指示灯和警告灯。

九、组合开关灯光控制

组合开关位于转向盘下方,包括左拨杆与右拨杆。

1. 左拨杆

(1)旋钮控制前照灯。向前旋动组合开关左拨杆末端的旋钮,即可控制前大灯。旋至一挡位置,点亮前位灯、仪表背景灯、后位灯和后牌照灯。旋至二挡位置,点亮前照灯、前位灯、仪表背景灯、后位灯和后牌照灯。

(2)杆体控制远/近光。向前推动左拨杆,远光灯点亮,同时组合仪表上的远光指示灯点亮(蓝光)。

向后拉动左拨杆,近光灯被点亮。欲使前照灯闪烁,将左拨杆向后拨至底即可(此时不必打开前大灯开关)。

左拨杆在松开后会自动回位。

十、特殊条件下车辆安全操作

1. 雨雪天气行车注意事项

雨雪天气尽量减慢速度,提早刹车。

在暴雨,路面积水严重的情况下车辆需找高处靠边停驶。

车辆在路过积水路面时,先观察积水深度不超过底盘高度14cm,车辆低于10km/h通过。

按照机动车道路交通安全法规行驶。

2. 高温天气及陡坡转弯

按照机动车道路交通安全法规行驶。

尽量避免车辆长时间静置在高温太阳下暴晒(行驶中无影响)。

行车中注意观察电池温度。

陡坡转弯时需提前降低车速行驶,时速不得超过30公里每小时。

十一、雨天行驶时应注意什么

辆经过积水路面时深度应不大于30cm(换电式车辆不大于15cm),控制车速不超过10km/h,同时关注仪表是否有报警,谨慎驾驶,确保安全,涉水车辆如报绝缘故障应立即停车检修。当路面积水超过30cm时,车辆须换道行驶或暂停使用,严禁强行通过。当心行人自行车,减速慢行保持车距;车内起雾时要开制冷,外部循环效果更佳;雾灯常开确保安全,大灯切记勿乱用;车辆抛锚时要迅速下车,自身安全先保证;救援拖车有要求,驱动车轮需离地。

十二、在雨天停放时注意什么

车辆不用时尽量停放在空旷场地,切勿停放在低洼处、树下、高压线下、火源等危险路段,停车场地积水深度不得超过20cm,一旦发生电池泡水现象需联系车厂或电池厂家处理。

十三、电动汽车在雨天充电时注意什么

电动车辆充电时观察充电枪和充电底座,必须保持干燥无烧蚀现象,严禁雨天露天充电。

十四、电动汽车涉水时、涉水后应该注意什么

注意保持车速,不要进行加减速;同时注意对面来车。涉水后除与传统汽车一样外,清除存水,检查底盘,特别是制动系统,还要注意对动力电池、电机及电源线束的检查。

十五、电动汽车泡水后应该注意什么

不要轻易起动车辆,交由专业的维修人员进行处理。泡水事故车辆的监测技术人员或负责人应经常到现场目测并用红外测温枪对各外高压部件和电池进行测温,记录每次监测温度的数值。以免内部短路或燃烧引发火灾,阶段性温升过高可采用大量喷水降温并加紧监测。停放 48 小时之后,无异常(冒烟、高温、电火花、焦糊味等)可进车间维修,维修人员必须经过厂家专业的培训并持有低压电工操作证。

十六、突发事件处理

1. 车辆出现动力性减小

(1)原因:①电机控制器或电机出现过热现象,导致电机控制器降功率处理。处理方式:停车靠边检查冷却水是否缺少,冷却风扇是否运转,不工作时联系维修人员维修处理。

②电池电压过低,电压低于 300V 或单体电压低于 2.9V。

处理方式:靠边停车,确定电池原因后,更换电池。

2. 车辆动力突然丢失

(1)原因:①电池电压过低导致动力系统保护。处理方式:滑行靠边停车,更换电池组。

②仪表显示,控制系统故障。处理方式:滑行靠边停车,关钥匙至 LOCK 挡静置一分钟,重新启动车辆,故障清除后缓慢开至维修站维修,不能清除等待维修人员抢修。

3. 真空泵停止工作

发现踩刹车时刹车很重,此时应是刹车真空助力系统故障,踩制动踏板的力将需要比平常大,汽车才能较快地停止,同时制动距离也会比平常更长。应提前刹车。

4. EPS 停止工作

当车辆行驶中发现转向突然很重,仪表上故障灯显示,此时表示 EPS 转向助力系统出现故障,转向功能仍正常。出现故障需低速开至维修站维修服务。

5. 着火水淹时应急处理

具体处理方法步骤见表 2-3。

表 2-3 着火水淹时应急处理

状况	处理步骤	应急处理
着火	第一步	关断钥匙断开 12V 电源
	第二步	推荐方法:采用二氧化碳或干粉灭火器灭火 替代方法:在远距离使用高压水枪灭火
	第三步	如果吸入因电池起火而造成的浓烟,会导致呼吸困难,尽快撤离至安全地带,并及时就医
淹水	第一步	关断钥匙,断开 24V 电源
	第二步	将车辆从水中拖出并排水
	第三步	如果必须处理高压线束或高压元件,请带好高压绝缘手套

6. 车辆爆胎时注意事项

当车辆发生意外爆胎时,应立即松开加速踏板,采取点刹方式,逐步将车速降下来,同时双手紧握转向盘,随时调整车辆由于爆胎而引起的不规则滑行,切忌在车辆爆胎时一脚踩死制动。

7. 车辆制动系统失灵时应急措施及操作注意事项

刹车失灵后缓慢拉起手刹,分几次拉紧、松开、拉紧、松开的方法使车辆停下来。

注意!在拉手刹时,要摁进手刹手柄的保险按钮,这样可以使手刹手柄在拉紧、放松中,收放自如,防止拉紧时手刹锁死。

警告!不可关钥匙,否则会转向助力失灵。切忌不能手刹直接拉死,造成手刹失效或车辆失控。

高速公路上时尽量利用缓冲隔离带,以最小损失进行减速。

第三篇　电动汽车充电

一、电动汽车充电站介绍

电动汽车充电站是指为电动汽车充电的站点,与现在的加油站相似。随着低碳经济成为我国经济发展的主旋律,电动汽车作为新能源战略和智能电网的重要组成部分,以及国务院确定的战略性新兴产业之一,必将成为今后中国汽车工业和能源产业发展的重点。然而,电动汽车产业是一项系统工程,电动汽车充电站则是主要环节之一,必须与电动汽车其他领域实现共同协调发展。

国家电网可满足各类电动汽车充电站的建设——上海漕溪充电站于2013年底建成并正式运营,2014年又在27个城市建立75座充电站和6209个充电桩。如图3-1所示。

图 3-1　国家电网电动汽车充电站

南方电网在深圳建设电动汽车充电站,曾为2014年的大运会提供服务。如图3-2所示。

图 3-2　电动汽车充电站

中石化北京石油分公司与北京首科集团成立合资公司,中石化旗下加油、加气站将改建成加油充电综合站。

中海油 2009 年向天津力神电池股份有限公司投资了 50 亿元,生产电动汽车使用的锂电池,正考虑在全国建设电池更换站网络的可能性。

据国家电网公司和南方电网公司内部人士透露,两大电网已经低调将电动汽车充电站作为战略重点。

2009 年 8 月份,国家电网上海公司投资建设的国内第一座具有商业运营功能的电动汽车充电站——漕溪电动汽车充电站顺利建成。这个项目历时 3 年,总投资 508 万元。与此同时,南方电网方面也在积极突进。2009 年 12 月底,国内最大电动汽车充电站在深圳启用。由南方电网投资建设的首批两座电动汽车充电站和 134 个充电桩在深圳正式投入使用,其充电容量总计达 2480 千伏安。此外,位于福田交通综合枢纽换乘中心南出入口的电动汽车充电站也在紧锣密鼓地规划当中。按照规划,深圳将共建各类新能源汽车充电站(桩)12750 个。此外,福田交通综合枢纽处的电动汽车充电站也在筹划中。

从试点情况看,电动汽车能源消耗价格确实较低。在深圳试点,以比亚迪 E6 纯电动汽车为例,快充 2 个小时可充电 57 度,可行驶 300 公里。按照目前普通商业电价计算,峰期每度电 1.0064 元,行驶 300 公里只需 57.3648 元;若利用谷期进行充电的话,单价只有 0.2495 元,充满一次花费更少,仅需 14.2215 元。而传统的燃油汽车,以每升汽油(深国Ⅲ)6.54 元、每 100 公里油耗 8 升计算,行驶 300 公里就需要 156.96 元。约相当于峰期充电费用的 3 倍,谷期充电费用的 11 倍。

二、电动汽车充电技术、充电方法

常规充电制度是依据 1940 年前国际公认的经验法则设计的。其中最著名的就是"安培小时规则":充电电流安培数,不应超过蓄电池待充电的安时数。实际上,常规充电的速度被蓄电池在充电过程中的温升和气体的产生所限制。这个现象对蓄电池充电所必需的最短时间具有重要意义。

1. 恒流充电法

恒流充电法是用调整充电装置输出电压或改变与蓄电池串联电阻的方法,保持充电电流强度不变的充电方法。控制方法简单,但由于电池的可接受电流能力是随着充电过程的进行而逐渐下降的,到充电后期,充电电流多用于电解水,产生气体,使出气过甚,因此,常选用阶段充电法。

2. 阶段充电法

此方法包括二阶段充电法和三阶段充电法

①二阶段法采用恒电流和恒电压相结合的快速充电方法,首先,以恒电流充电至预定的电压值,然后,改为恒电压完成剩余的充电。一般两阶段之间的转换电压就是第二阶段的恒电压。

②三阶段充电法在充电开始和结束时采用恒电流充电,中间用恒电压充电。当电流衰减预定值时,由第二阶段转换到第三阶段。这种方法可以将出气量减到最少,但作为一种快速充电方法使用,受到一定的限制。

3. 恒压充电法

充电电源的电压在全部充电时间里保持恒定的数值,随着蓄电池端压的逐渐升高,电流逐渐减少。与恒流充电法相比,其充电过程更接近于最佳充电曲线。用恒定电压快速充电,由于充电初期蓄电池电动势较低,充电电流很大,随着充电的进行,电流将逐渐减少,因此,只需简易控制系统。这种充电方法电解水很少,避免了蓄电池过充。但在充电初期电流过大,对蓄电池寿命造成很大影响,且容易使蓄电池极板弯曲,造成电池报废。鉴于这种缺点,恒压充电很少使用,只有在充电电源电压低而电流大时采用。例如,汽车运行过程中,蓄电池就是以恒压充电法充电的。

3. 快速充电法

①脉冲式充电法,这种充电法不仅遵循蓄电池固有的充电接受率,而且能够提高电动汽车蓄电池充电接受率,从而打破了蓄电池指数充电接受曲线的限制,这也是蓄电池充电理论的新发展。脉冲充电方式首先是用脉冲电流对电池充电,然后让电池停充一段时间,如此循环,充电脉冲使蓄电池充满电量,而间歇期使蓄电池经化学反应产生的氧气和氢气有时间重新化合而被吸收掉,使浓差极化和欧姆极化自然而然地得到消除,从而减轻了蓄电池的内压,使下一轮的恒流充电能够更加顺利地进行,使蓄电池可以吸收更多的电量。间歇脉冲使蓄电池有较充分的反应时间,减少了析气量,提高了蓄电池的充电电流接受率。

②ReflexTM 快速充电法,这种技术是美国的一项专利技术,它主要面对的充电对象是镍镉电池。由于它采用了新型的充电方法,解决了镍镉电池的记忆效应,因此,大大降了蓄电池的快速充电的时间。铅酸蓄电池的充电方法和对充电状态的检测方法与镍镉电池有很大的不同,但它们之间可以相互借 ReflexTM 充电法的一个工作周期包括正向充电脉冲,反向瞬间放电脉冲,停充维持 3 个阶段。

③变电流间歇充电法,这种充电方法建立在恒流充电和脉冲充电的基础上,其特点是将恒流充电段改为限压变电流间歇充电段。充电前期的各段采用变电流间歇充电的方法,保证加大充电电流,获得绝大部分充电量。充电后期采用定电压充电段,获得过充电量,将电池恢复至完全充电态。通过间歇停充,使蓄电池经化学反应产生的氧气和氢气有时间重新化合而被吸收掉,使浓差极化和欧姆极化自然而然地得到消除,从而减轻了蓄电池的内压,使下一轮的恒流充电能够更加顺利地进行,使蓄电池可以吸收更多的电量。

④变电压间歇充电法,在变电流间歇充电法的基础上又有人提出了变电压间歇充电法,与变电流间歇充电方法不同之处在于第一阶段的不是间歇恒流,而是间歇恒压。在每个恒电压充电阶段,由于是恒压充电,充电电流自然按照指数规律下降,符合电池电流可接受率随着充电的进行逐渐下降的特点。

⑤变电压变电流波浪式间歇正负零脉冲快速充电法,合脉冲充电法、ReflexTM 快速充电法、变电流间歇充电法及变电压间歇充电法的优点,变电压变电流波浪式正负零脉冲间歇快速充电法得到发展应用。脉冲充电法充电电路的控制一般有两种:

 a. 脉冲电流的幅值可变,而 PWM(驱动充放电开关管)信号的频率是固定的;

 b. 脉冲电流幅值固定不变,PWM 信号的频率可调。

脉冲电流幅值和 PWM 信号的频率均固定,PWM 占空比可调,在此基础上加入间歇停充阶段,能够在较短的时间内充进更多的电量,提高蓄电池的充电接受能力。

三、电动汽车充电站规模

1. 常规充电

①典型常规充电站的规模。根据目前电动汽车常规充电的数据资料,一般以 20~40 辆电动汽车来配置一个充电站,这种配置是考虑充分利用晚间谷电进行充电,缺点是充电设备利用率低。在高峰时也考虑充电,则可以 60~80 辆电动汽车来配制一个充电站,缺点是充电成本上升,增加高峰负荷。如图 3-3 所示。

图 3-3 电动汽车常规充电站

②充电站电力配套的典型配置(前提充电柜具有谐波等处理功能)。

a 方案:建造配电站设计 2 路 10KV 电缆进线(配 3 * 70mm 电缆),2 台 500KVA 变压器,24 路 380V 出线。其中二路为快速充电专用出线(配 4 * 120mm 电缆、50m 长、4 回路),二路为机械充电或备用出线,其余为常规充电出线(配 4 * 70mm 电缆、50m 长、20 回路)

b 方案:设计 2 路 10KV 电缆线(配 3 * 70mm 电缆),设置 2 台 500KVA 用户箱变,每台箱变配 4 路 380V 出线(配 4 * 240mm 电缆、20m 长、8 回路),每路出线设置一台 4 回路电缆分支箱向充电柜供电(配 4 * 70mm 电缆、50m 长、24 回路)

2. 快速充电

①典型快速充电站的规模。根据目前电动汽车快速充电的数据资料,一般以同时向 8 辆电动汽车充电来配置一个充电站。

②充电站电力配套的典型配置。

a 方案:建造配电站设计 2 路 10KV 电缆进线(配 3 * 70mm 电缆),2 台 500KVA 变压器,10 路 380V 出线(配 4 * 120mm 电缆、50m 长、10 回路)。

b 方案:设计 2 路 10KV 电缆线(配 3 * 70mm 电缆),设置 2 台 500KVA 用户箱变,每台箱变配 4 路 380V 出线,供充电站(配 4 * 120mm 电缆、50m 长、8 回路)。

3. 机械充电

①机械充电站的规模。小型机械充电站可以结合常规充电站建设同时考虑,可以根据

需要选择更大容量的变压器。大型机械充电站一般以 80～100 组充电电池同时充电配置一个大型机械充电站,主要适用于出租车行业或电池租赁行业,一天不间断充可以完成对 400 组电池的充电。

②充电站电力配套的典型配置(大型机械充电站)。配电站 2 路 10KV 电缆进线(配3＊240mm 电缆),2 台 1600KVA 变压器,10 路 380V 出线(配 4＊240mm 电缆、50m 长、10 回路)。

4. 便携式充电

①别墅。具备三相四线表计,独立的停车库,可以利用已有的住宅供电设施,从住宅配电箱专门放一路 $10mm^2$ 或 $16mm^2$ 的线路至车库的专用插座,来提供便携式充电电源。

②一般住宅。具有固定的集中停车库,一般要求地下停车库(充电安全考虑),可以利用小区原有的供电配套设施进行改造,必须根据小区已有的负荷容量来考虑,包括谷电的负荷。具体方案应根据小区的供电设施、方案以及小区的建筑环境具体来确定。

四、我国电动汽车充电桩发展概况

电动汽车充电桩如图 3-4 所示。

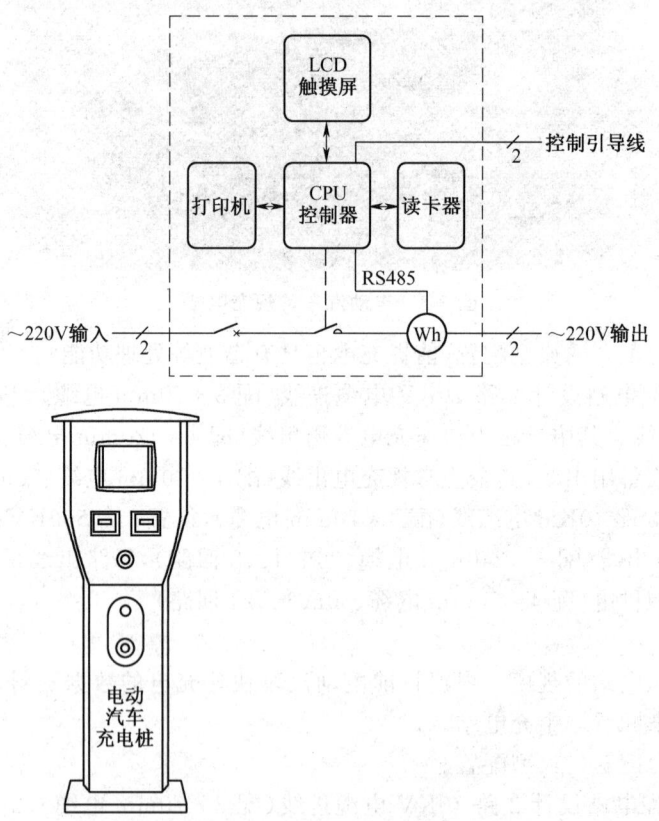

图 3-4　交流充电桩原理拓扑图、落地式充电桩外形图

(一)充电桩

充电桩是电动力车的电站,其功能类似于加油站里面的加油机。每个充电桩都装有充

电插头,充电桩可以根据不同的电压等级,为各种型号的电动车充电。电动汽车充电桩采用的是交、直流供电方式,需要特制的充电卡刷卡使用,充电桩显示屏能显示充电量、费用、充电时间等数据。

交流充电桩采用人机交互界面,采用大屏幕 LCD 彩色触摸屏,充电可选择定电量、定时间、定金额、自动(充满为止)四种模式。充电桩的交流工作电压 220V 或者 380V,普通纯电动轿车用充电桩充满电需要 4～5 个小时,由于充电桩造价低廉、主要安装在停车场,充电桩适用于慢充动力电池。电动车的快速充电主要由充电站中的充电机来实现。

(二)充电站主要结构和实现功能

充电站按照功能可以划分为四个子模块:配电系统、充电系统、电池调度系统、充电站监控系统。一个完整的充电站需要配电室、中央监控室、充电区、更换电池区、和电池维护间等五个部分组成。

(1)配电室为充电站提供所需的电源,不仅给充电机提供电能,而且要满足照明、控制设备的用电需求,内部建有变配电所有设备、配电监控系统、相关的控制和补偿设备。

(2)中央监控室用于监控整个充电站的运行情况,并完成管理情况的报表打印等。

(3)充电区主要完成电池充电功能。

(4)更换电池区是车辆更换电池的场所,需要配备电池更换设备,同时应建设用于存放备用电池的电池存储间。

(5)电池重新配组、电池组均衡、电池组实际容量测试、电池故障的应急处理等工作都在电池维护间进行。

充电站给汽车充电一般分为三种方式。

(1)普通充电。就是所谓的常规充电或慢速充电,这种充电模式,是用现在的交流插头插在车上,需要 5 至 8 个小时,或者 2 至 6 个小时,此种方式多为交流充电方式,外部提供 220V 或 380V 交流电源给电动汽车车载充电机,由车载充电机给动力蓄电池充电。一般小型纯电动汽车、可外接充电式混合动力电动汽车(Plug in Hybrid Electric Vehicle,PHEV)多采用此种方式,这种充电方式主要由充电桩来完成。

(2)快速充电。充电的电流要大一些,这就需要建设快速充电站,它并不要求把电池完全充满,只满足继续行驶的需要就可以了,这种充电模式下,在 20 分钟至 30 分钟的时间里,只为电池充电 50% 至 80%。这种充电方式主要由充电站内的充电机来实现,为直流充电,地面充电机直接输出直流电能给车载动力蓄电池充电,电动汽车只需提供充电及相关通信接口。

(3)电池更换。

(三)新能源汽车进入快速发展阶段

1. 国家不断出台政策鼓励发展新能源汽车

(1)2001 年国家就启动 863 计划重大电动汽车专项,2007 年 11 月颁布了《新能源汽车生产准入管理规则》,2009 年 1 月 14 日,国务院又通过了汽车业振兴规划,明确提出新能源汽车战略,并出台针对新能源汽车的财政补贴政策。

(2)2009 年出台的《汽车产业调整振兴规划》明确了以混合动力和纯电动汽车为重点的

新能源汽车发展战略,并提出了:"到 2011 年混合动力和纯电动汽车形成 50 万辆的产能";"新能源汽车销量占乘用车销售总量 5%左右";建立动力模块生产体系,形成 10 亿安时(Ah)车用高性能单体动力电池生产能力的规划目标。

(3)2009 年 2 月 5 日,财政部发文,确认了中央财政对购置新能源汽车给予补贴的对象和标准,其中购车补贴标准最高的为最大点功率比 50%以上的燃料电池公交车,每辆车可获得 60 万元的推广补助。并且有望出台新能源汽车补贴细则:列入"节能和新能源汽车产品公告"的 42 家企业混合动力车型,补贴额度为 3000 元~6 万元;100 余款 1.6L 排量以下、满足油耗第三阶段排放标准的车型,一律按节能车补贴 3000 元。

(4)2009 年 1 月,科技部、财政部、发改委、工业和信息化部等几部委共同开启十城千辆节能与新能源汽车示范推广应用工程,简称"十城千辆"工程。主要内容是:通过提供财政补贴,计划用 3 年左右的时间,每年发展 10 个城市,每个城市推出 1000 辆新能源汽车开展示范运行,涉及这些大中城市的公交、出租、公务、市政、邮政等领域,力争使全国新能源汽车的运营规模到 2012 年占到汽车市场份额的 10%。

首批确定参与"十城千辆"工程的城市有 13 个,分别是:北京、上海、重庆、长春、大连、杭州、济南、武汉、深圳、合肥、长沙、昆明、南昌。第二批确定参与的十城千辆工程的城市有 7 个,分别是:天津、海口、郑州、厦门、苏州、唐山、广州。

2. 我国新能源汽车的跨越式发展

(1)2010-2012 年新能源汽车依靠政策拉动进入快速成长期,公共交通、政府采购拉动行业复合增速 340%。

(2)2013-2015 年,新能源汽车有望在全国范围运行,私人购车启动,政府补贴逐步退出,行业复合增速 70%。

(3)2012 年新能源汽车推广城市进一步扩大,按照平均每城 4500 辆的新能源汽车推广量计算,2012 年新能源汽车保有量已达到 9 万辆,复合增速 340%(如图 3-6 所示);到 2015 年,随着"十城千辆"工程的进一步深入,40 个城市已经实现新能源汽车上路,保有量达到 48 万辆(如图 3-5 所示)。

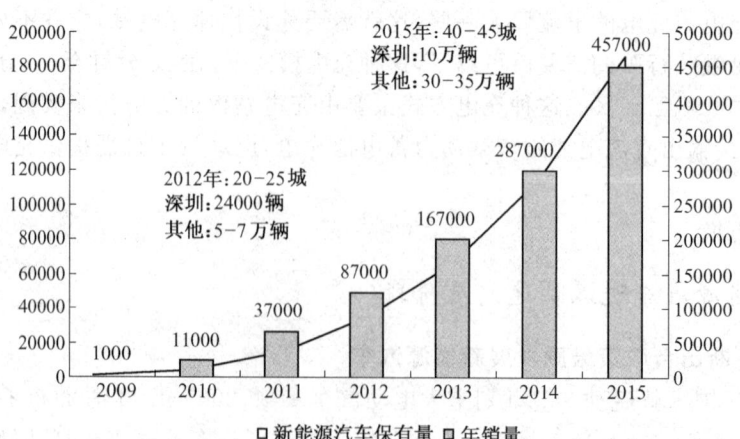

图 3-5　新能源汽车年销量、保有量预测

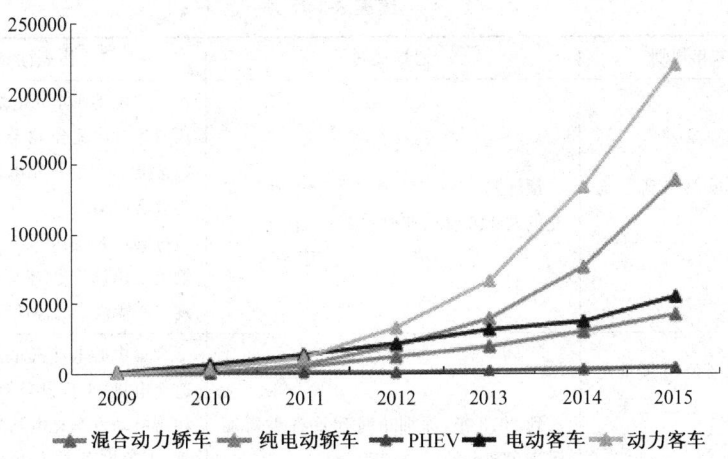

图 3-5　新能源汽车年销量、保有量预测(续)

五、充电桩市场规模及预测

(一)电动汽车充电站的发展情况

(1)国内电动汽车充电站发展势头迅猛,见表 3-1。

表 3-1　主要省份电动汽车充电站规划

省份	2010年规划	远景规划	代表性充电站
四川	成都建成3个电动汽车充电站,300个充电桩	在2010~2012年间,规划总投资不少于45亿元,建设充电站不少于20座,换电站不少于20个,充电机不少于1000个,集中监控中心1座;同时,专项投资10千伏及以下配电网络建设与改造	成都有羊场充电场,预计5月建成运营,该充(换)电示范站东西长70米,南北宽57米,共有8个大型充电车位和4个小型充电车位,能同时供12辆车充电
湖北	年内将投资1.27亿元,在全省试点建设大中型电动汽车充电站16座,交流充电桩300个	与全省17个地市政府签订《关于推动电动汽车充电设施建设的战略合作协议》,全方推进湖北省充电站建设	在沌日开发区新建大型充电站和中型充电站各一座,在东湖开发区新建一座中型充电站,三大充电站投资约有600~800万元,可同时供4辆大巴、40辆轿车、30辆小巴充电
江苏	年内江苏省将建成18座多功能电动汽车充电站和500个交流充电桩其中南京地区规划建设4座充电站以、100个充电机	"十二五"期间南京地区还将规划建设30座汽车充电站,600个充电桩	迈皋桥示范站,该站可同时满足3台电动公交车充电,具备充电、服务、展示等多种功能
河北	2010年,河北省电力公司将减少石家庄位同充电站和400个充电桩。华北电网唐山供电公司将在年内建成3个电动汽车充电站和36个充电桩	中长期规划正在制定中	唐山南湖充电站,建有2台大型直流充电机、8台中型直流充电机及10个交流充电桩,可同时为10台电动汽车按快充和慢充两种方式进行充电

续表 3-1

省份	2010年规划	远景规划	代表性充电站
河南	郑州充电站和新乡充电站。	预计到2020年,全省建设电动汽车充电站1160座、充电桩85万余个	郑州电动汽车充电站,预计6月底建成投入运营。配合14台120千瓦充电机为20辆电动公交车充电,配备10台充电桩为社会电动汽车充电。新乡充电站建成后可满足20辆电动汽车整车充电和200辆电动出租车快速更换电池,另外可实现400辆汽车的停放和整车充电
广东	南方电网公司首批电动汽车充电站已在深圳建成投运,今年建设规模为2个充电站、134个充电桩	到2012年,深圳市将建设各类新能源汽车充电站(桩)12750个	大运中心电动汽车充电站配铬7套快速充电机,工程投资额为1051.50万元;和谐电动汽车充电站配铬3套快速充电机,工程投资613.26万元;福田交通枢纽中心电动汽车充电站工程计划配铬6套快速充电机,投资1012万元

随着我国电动汽车研发取得明显进展,电动汽车充电设施建设也呈现良好发展势头。2009年11月,国内首座电动汽车示范充电站——上海漕溪电动汽车充电站,在上海通过专家验收。2009年12月底,由南方电网投资建设的深圳首批两座电动车充电站和134个充电桩正式投入使用,2010年3月,由华北电网投资建设的国家电网系统第一座典型设计大型电动车充电站——唐山南湖电动车充电站,也正式投入商业运营。为适应电动汽车产业的迅猛发展,中国各地纷纷建立电动车充电站,地方政府成电动汽车充电站建设关键推手。2010年以来,北京、天津、河北、河南、上海、江苏、山东、浙江、福建、湖北、湖南、广西、陕西、四川、重庆等,从沿海到内陆各地,宣布进入充电站建设的省市已经接近20个,全国电动车配套项目已如雨后春笋般涌现。

(2) 五大央企"抢滩"充电站充电桩市场。

国内电动汽车充电站市场的持续扩张激发了众多企业的投资热情。2009年,南方电网在深圳成功投建两个充电站试点,2010年初国家电网公司将在全国建设75座充电站和6209个交流充电桩。两大电网将电动汽车充电站作为战略重点,希望借此在新能源汽车时代占据高地,以充电站取代石油巨头的加油站的地位,成为占最主要地位的能源巨头。拥有网络优势的石化企业,也看到了充电站建设所蕴含的巨大商机。中石化与北京首科集团成立合资公司,就共同推进电动车充电站展开合作正式进入充电站行业。中海油也宣称,2010年上半年在两个以上省会城市,启动纯电动车充电站的网络建设。

南方电网:南方电网目前重点布局深圳这一新能源汽车示范推广城市,已在2009年1月建成首批两座电动汽车充电站(大运中心电动汽车充电站及和谐电动汽车充电站),合计134个充电桩,其充电容量总计达2480千伏安,是目前国内最大的电动汽车充电站。此外,位于福田交通综合枢纽换乘中心南出入口的电动汽车充电站也在紧锣密鼓地规划当中。按照规划,深圳将建设各类新能源汽车充电站(桩)12750个。

国家电网:从2006年,国家电网就开始在山东、杭州、上海进行电动汽车充电站试点,直到2009年8月份,国家电网上海公司投资建设的国内第一座具有商业运营功能的电动汽车充电站——漕溪电动汽车充电站顺利建成。目前,国家电网正加快与各地方政府合作,以加快充电站的建设进度,根据年初国家电网公司工作会议上总经理刘振亚提出的规划,年内国家电网将在27个省市(区)建立公用充电站75座、交流充电桩6209台以及部分电池更换站。目前已宣布项目包括,国家电网陕西省电力公司与西安合作年后建立5座中型电动汽车充电站;成都市电力公司与地方政府合作年内建立3座电动汽车充电站和300个充电桩;湖北省电力公司与宜昌市合作年内建立1座大型充电站,16个充电桩;重庆市电力公司与重庆合作年内建立50个充电桩

中海油:与中国普天合资成立了普天海油新能源动力有限公司,专门运营电动汽车能源供给网络。合资公司已与众泰汽车合作,计划于今年上半年在中国2个以上省会城市启动纯电动汽车充电站网络建设。

中石化:中石化宣布以北京作为突破口,首次进入充电站行业。中石化旗下北京石油分公司已与北京首科集团公司共同出资成立了北京中石化首科新能源科技有限公司,将主要利用中石化现有面积较大的加油、加气站改建成加油充电综合服务站。中石化将以北京作为进入充电站行业的突破口,其加油充电综合服务站最终将扩展到全市范围,进而扩展到河北、天津甚至更大范围。

中石油:据称与地方政府部门有接触,提出建设电动汽车充电站的想法。

(二)我国充电桩市场发展及预测

按照深圳市政府的规划,到2012年,深圳市将建设各类新能源汽车充电站(桩)12750个,其中,公交快、慢速充电站各25个,公务车充电桩2500个,社会公共慢速充电桩10000个,社会公共快速充电站200个。按照深圳示范充电站共配备7个快充桩、6个慢充桩的配置,以此测算2012年深圳将建成慢充桩12650个,快充桩1575个。

从目前的新能源汽车推广目录看,具有电动车车型的城市共有18个,这18个城市将率先开始充电站建设。根据深圳的配置经验,光大证券研究所测算,2012年前全国将陆续建设充电桩43600个,其中快充桩36200个,慢充桩7400个。

按照目前慢充桩2万元、快充桩25万元的价格计算,2010-2012年,光大证券研究所还预测:新能源汽车充电桩市场总容量将达到25亿元,未来两年复合增速200%(如图3-6所

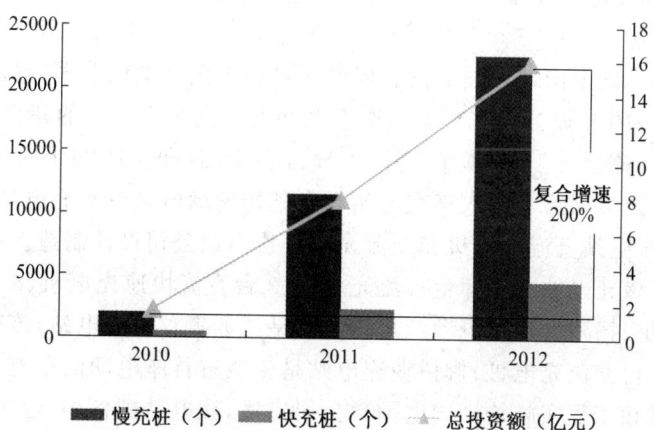

图3-6 2010-2012年充电桩数量及年度投资额预测

示)。并且初期充电站建设将以小批量试点为主,通过试点加速行业标准的出台,届时充电桩行业市场将进入爆发式增长阶段。

(三)国家电网公司的充电站投资计划

根据规划,国家电网将分三个阶段大力建设充电站和充电桩。第一阶段(2010年)充电站主设备总投资规模将达到3亿元,在27个网省公司建设75座充电站和6209个充电桩,初步建成电动汽车充电设施网络架构;第二阶段(2011-2015年)投资140亿元,电动汽车充电站规模达到4000座,同步大力推广建设充电桩,初步形成电动汽车充电网络;第三阶段(2016-2020年)投资180亿元,电动汽车充电站达到10000座,同步全面开展充电桩配套建设,建成完整的电动汽车充电网络。到2020年充电站主设备总投资将达到320亿元。

2010年充电站主设备中充电机、电能监控系统、有源滤波装置的投资规模分别将达到1.5亿元、2000万元、6300万元,第二阶段的年均投资规模将迅速增长至14.4亿元、1.6亿元、6.72亿元。

2010年充电桩投资规模1.6亿元,2011-2015充电桩投资规模45亿元,年均投资9亿元,是第一阶段年均投资规模的5倍。到2020年,充电桩总投资将达到125亿元,见表3-2。

表3-2 电动汽车充电站主要设备投资占比

		第一阶段(2010年)	第二阶段(2011~2015年)	第三阶段(2016~2020年)
充电站座数		75	4.000	6.000
充电机个数		6.209	180.000	320.000
充电站主设备(单位:亿元)	总投资规模	3	140	180
	年均投资规模	3	28	36
充电桩(单位:亿元)	总投资规模	1.6	45	80
	年均投资规模	1.6	9	16

(四)充电桩的相关生产企业

国内充电机和充电桩设备供应商主要有国电南瑞、许继电气、荣信股份、森源电气、奥特迅、思源电气等企业。

(1)国电南瑞。国电南瑞科技股份有限公司隶属于国家电网公司,是国家电网公司中唯一的上市公司。2010年该公司先后承担国家电网电动汽车充电站的建设,主要产品为充电机和交流充电桩。该公司于2010年3月31日、4月19日和5月26日分别完成唐山南胡电动汽车充电站、扬州吴州路电动汽车充电站和合肥柳树塘电动汽车充电站的设计、设备制造和建设。这两个充电站直流充电机和交流充电桩均由该公司设计制造。唐山南湖充电站是河北首座充电站,该充电站装有8台直流充电机、2台直流快速充电机、8台交流充电桩和2台快速交流充电桩;扬州吴州路电动汽车充电站是江苏省首座充电站,该充电站共设置7台直流充电机和10台交流充电桩;柳树塘充电站是安徽省首座电动汽车充电站,项目规划、方案设计、产品提供和工程实施均由国电南瑞公司完成,该电站配备10台大型充电机。

2010年国家电网计划在全国建立75座充电站和6209个交流充电桩,其中该公司获得

27个合同,约占全国充电机和交流充电桩市场份额的33%。

(2)奥特迅。深圳奥特迅电力设备股份有限公司是我国最大的直流操作电源制造商,大功率充电模块是公司优势产品,最大功率可达400V×30A。高频智能化充电模块对公司而言是成熟产品,该智能化充电模块在输送相同功率时,具有模块数量减少,大功率模块对节约充电站占地及采购成本等显著优势。公司拥有成熟的蓄电池运行管理技术以及电源管理产品。

公司和南方电网合作,完成了深圳大运中心、和谐两个电动汽车充电站以及134个充电桩的设备供应。根据光大证券的研究,奥特迅公司在大功率充电模块、蓄电池运行管理等技术方面全国领先,并且与南网、国网存在着长期合作,是全国首批建设充电站的企业,并预测公司将在充电桩市场将占据25%以上的市场份额。

(五)充电桩行业的主要壁垒

电动汽车充电桩的主要壁垒在于:

(1)充电电流由10安培~100安培不等,对充电桩大功率充电模块要求较高。

(2)电动车采用的锂离子电池对过充过放要求严格,充电装置需要配备高精度监控系统。

(3)目前国家电网、南方电网两大电网公司主导充电站市场的格局基本形成,新进入者将面临较高壁垒。

六、电动汽车日常充电问答

(一)充电桩产品有几种,我可以选择吗?(包含公户)

按输出类型分为:直流、交流充电桩两类;充电桩从安装形式分为:立式、壁挂式、便携式等;按额定电流分为:单相32A、单相16A、三相32A、三相63A;功能配置上用户可根据实际需求进行选择,可选择配置不同的显示界面、刷卡计费功能、预约充电、定时充电和远程监控等功能。

(二)充电桩安装在车位的什么位置?

视安装条件而定,例如安装在墙体上、安装在车位旁边。

(三)安装充电桩需要花钱吗?大概多少钱?

充电桩价值1万元;目前北汽新能源对于符合建桩条件的客户提供免费赠送充电桩并免费安装服务,符合条件客户指具有自有产权或长期租赁的固定车位,且物业允许建桩。

(四)充电桩怎么安装?需要有固定车位吗?

需出示车位长期租赁合同,或自有产权车位。与物业协商后由国家电网负责勘察建设。

(五)安装充电桩大概需要多长时间?

在客户报装资料齐全及物业公司配合前提下,从供电公司取得正式供电方案,具备安装条件起,10个工作日内完成装表接电工作。安装电话:市场部:4006506716。

(六)物业会同意我的车位建充电桩吗？

需要业主与物业部门进行沟通确认；目前大部分客户的物业还是非常支持的，且北京市住建委等相关部门正在制定相应文件鼓励物业支持建设充电桩。

(七)是否可以厂家帮忙协调物业安装充电桩？

不能帮忙协调，因为物业与厂家没有直接关系，协调起来力度不大，因此只能建议用户前期与物业进行充分沟通。

(八)充电桩的建设具体流程是什么样的？

(1)用户提供材料：产权人身份证明复印件1份(如有委托，需提供产权人签章授权的委托书原件、被授权人的身份证原件及复印件1份，留存复印件)、固定车位产权或使用权合同复印件1份、物业出具安装电动汽车充电设备意见函并加盖公章1份。

(2)经销商准备材料：购车合同原件及复印件1份(留存复印件)、新能源小客车购车充电条件确认书。

(3)建设单位准备材料：《新能源小客车(自用)报装基本信息登记表》1份、《客户用电报装基本信息登记表(非居民)》1份及相关资料1份、《客户用电设备信息登记表(照明)》1份及《客户用电设备信息登记表(动力)》1份。

(九)为什么北京安装充电桩免费，外地不给安？

北京安装充电桩免费，是北京市科委推广新能源车"一车一桩"政策，由厂家或厂家指定授权部门负责充电桩建设，而目前存在的问题是：在北京购车，外地建设充电桩客户，由于建设施工需要外地电力部门出具施工方案等，故北京购车客户无法在外地建设充电桩(如：廊坊、燕郊)。

(十)充电桩安装在车位的什么位置？如果车位四周没有墙体怎么安装？

地下充电桩安装在车位的墙壁上(壁挂式充电桩)，地上车位充电桩安装根据车位情况进行安装。

(十一)物业不同意安装充电桩，如果在客户报装前想让国电现场查勘人员答疑科普，答疑后物业再盖章签字是否可以？

受理用户申请后，新能源小客车生产企业对用户资料的真实性和完整性核实无误后，会同供电公司按照约定勘查时间到现场进行用电、施工可行性勘查。

(十二)如果我在单位建桩的话，与在自家小区报装手续一样吗？

与在自家小区报装手续一样，但提交的报装资料不同。

(十三)如果将来想移桩的话，费用由谁承担？

已经建设完毕的充电桩需要移桩的费用由客户承担，具体费用需要根据具体情况由客户与国电认可施工单位确定。

（十四）充电桩安装完毕后是否送电卡？

经过用电报装手续用电的用户，由电力公司统一发放电卡；未经过用电报装手续用电的用户，北字款、直流桩电卡三优可给用户，壁挂桩不需电卡。

（十五）现在北京市还有哪些地方有公共充电桩？承诺对外开放？我们可以去充电吗？

目前只有海淀区的北理工充电站、科委四季青充电站、清华园充电站及各车企（新能源小客车名录内的车企）的4S店对公众开放。

（十六）车辆可以在哪些充电桩充电？

在符合国家充电桩标准的充电桩都可以给纯电动车辆充电。

（十七）电动汽车有几种充电方式？

三种充电方式：220V家用充电（相当于家里16A的插座）；国标交流慢速充电桩；国标直流快速充电桩。

（十八）快充口和慢充口为什么要分开？充电分别需要多长时间？

快充是直流供电，半小时可充到80%；慢充为交流供电，充电时间6~8小时充满；在车辆实际使用时，根据磷酸铁锂电池特性，应防止电池过量放电，建议随用随充、浅充浅放，这样电池的使用效果更好。

（十九）车辆是否每天都需要充电？

(1) 充放电次数对于动力电池寿命没有直接关系，E150EV电池本身不具备记忆功能，原则上建议客户及时充放电，及时充放电可保持动力电池较好的充放电能力。冬季使用完毕后及时充电可确保动力电池处于一个较高温度，可避免充电加热阶段，从而有效缩短充电时间。如当前续航里程不影响您的正常出行，平均每3~5天对动力电池进行一次充放电也是允许的。

(2) 如果车辆需要长期停放，首先要断开低压蓄电池负极，建议动力电池电量在50%~80%时进行停放，因为动力电池具有自放电特性，根据试验，平均停放1个月会有4%~5%的电量消耗，同时建议客户每隔1~2月对动力电池进行一次充放电，避免长期停放造成电池性能下降。

(3) 当电量接近30%时，建议及时补电。如果车辆经常在电量低于10%时继续行驶（车辆会行驶过慢），会造成动力电池过放，对于电池性能也会产生影响。建议客户将车辆开到4S店进行保养。

（二十）怎样给车辆充电？

(1) 连接方法：将车辆停放好后关闭钥匙锁止，打开充电口盖，此时电机转速表上的充电指示灯点亮。此时,车辆在打到 ON 挡时也不会行驶。充电过程中电机转速表中的充电指示灯一直处于点亮状态,只有拔下充电插头并关闭充电门板之后,充电指示灯才会熄灭。先将直头充电枪部分连接充电桩端的插口,再将弯头充电枪与车辆端连接。

(2)充电方法:①充电桩充电。刷卡后,车载充电机将开始对动力电池进行充电。②家用插座充电。将转换插头(三相)插在 16A 插座上,再对车辆端连接。

(3)断电方法:①充电桩。满电断电后先断车身端充电枪,再断充电桩端充电插头。②家用插座。断电时先断车身端的插口,再断 16A 插头端。

(4)充电时间:慢充方式 6~8 小时即可满电,快充方式 1 小时即可满电。

(5)快充时,必须关闭车辆点火开关,并将车钥匙取下,否则会将充电桩保险烧毁。

(二十一)为什么车辆充不上电?

查看插线板、充电线、充电桩是否有电,且连接正确可靠(重新连接),排除使用不良情况。通过车辆仪表电流显示,可判断充电是否正常(一般为 10~15A)。如果是使用 16A 插座要检查充电机启动时的插座电源电压是否大于 190V。或拨打 400 电话进行咨询。

(二十二)如何知道已充多少电?

按一下仪表的复位按钮,仪表中间的液晶显示屏会显示电量。

(二十三)车辆充电时跳闸怎么办?

(1)电容量不够,关掉这条电路上的其他用电器,或者换到更大容量的电路上充电。
(2)检查插头、转接头是否进水。

(二十四)为什么快充不能充满?

出于安全考虑,快充时的控制策略是当电池某个单体达到设定电压时即停止充电,未设置末端恒压小电流充电和电量修正,所以在车辆多次连续快充时会出现充不满现象。建议直接采用慢充或者快充后再用慢充充满即可修正。

(二十五)使用 16A 插座充电时应注意什么?

首先接线距离越长使用导线的线径应该越大。参考长度 10 米以下使用横截面积为 3 平方毫米的导线,长度超过 10 米使用横截面积为 5 平方毫米的导线。使用正规厂家的插座,并经常检查插头插座是否发热,因为插座多次插拔后有可能引起接触不良,如有发热应更换插座。带转接头的充电线应保证转接头插接到位并锁紧,并检查是否发热,如有发热应更换充电线。

(二十六)16A 插座充电时的拔线顺序是什么?

在充电未结束时,应先拔车端(如图 3-7 所示),后拔插座,以避免断电时拉弧(打火)。

(二十七)充电方式区别有何不同?

目前充电方式有 220V 家用 16A 交流插座充电、交流充电桩充电(慢充)和直流充电桩

图 3-7　车端充电插座

充电(快充)。

(二十八)为什么 EV200 家用充电桩充电到百分之七八十左右自动断电,无法继续充电,断开充电桩再继续充电又能充满?

请与维修人员联系,检查车辆或家用充电桩。

(二十九)快充、慢充有什么不同,最大的区别是什么?

快充充电时间短,一般是大功率非车载直流充电机直接输出直流给车辆电池充电。慢充充电时间长,一般是交流充电桩提供交流电源,由功率较小的车载充电机转换成直流给电池充电。

(三十)充电桩防水吗?下雨天影响充电吗?比如暴雨?

充电桩本体防护等级为 IP54,充电接口采用防雨设计,满足户外运行的要求。雨天充电要求车端同样具备防雨防水设计,如图 3-8 所示。建议暴雨时最好暂停充电。

图 3-8　车端充电插口虽有防雨设计,暴雨时最好停止充电

(三十一)充电桩质保多久？是否有安全问题？

充电桩质保期：整机质保一年；充电桩具备过欠压保护、防雷保护、输出短路保护、漏电保护及过流保护等保护装置；充电桩内有漏电保护器，充电桩在待机或充电过程中如出现漏电情况会及时跳闸，保护客户人身安全。

(三十二)存不存在过充电？过充电会不会影响电池寿命？

过充的确影响电池寿命，但是车辆都有充电保护，充满电会自动停止。

(三十三)频繁充电会不会像手机电池一样对电池功能会有影响？

电动汽车用的锂电池与手机用的锂电池结构品质上有很多区别，不会像手机电池衰减那么快，我们可以保证5年10万公里不低于80%。北汽新能源纯电动汽车目前较早批出租车已经使用两年行驶10万公里，并没有出现明显的电量衰减，较新批次的车辆的电池技术状态相比两三年前已经有了很大的提高，而且从使用方式上讲，相对于出租车常用快充家用车的电池寿命应该更长。所以，如果使用得当，电池使用10年应该不成问题。

(三十四)整晚充电会不会导致电线发热起火？

与充电时间长短无关，充满电后自动切断充电电流，只要保证导线线径够标准、插头插座、转接头、充电枪接触良好，不发热就能保证安全。

(三十五)充电过程中如果人员长时间离开，对设备有无影响？应注意什么问题？

无影响。充电前检查设备和车辆是否存在告警信息；充电时注意充电枪与充电桩和车辆的接口连接是否良好。充电过程按照设备操作说明进行，禁止充电过程中带电插拔充电枪。

(三十六)充电机的功率是多少？

3.3千瓦。

(三十七)公共充电桩收费是什么样的？多少钱一度？

目前按0.87元/度进行收费。未来可能会执行波峰波谷电价，即执行非工业电价，峰值1.4元，平值0.87元，谷值0.37元。时段：峰值：10:00—15:00；18:00—21:00；平值：7:00—10:00；15:00—18:00；21:00—23:00；谷值：23:00—7:00，具体以国家政策为准。

(三十八)充电的电费怎么收取？

三种收费方式。家用16A插座交流慢充以民用电价为准；慢充式220V交流充电桩以公用充电桩0.88元/度；在北汽新能源4S店内补电5年免费；使用峰谷电表以充电时电表显示计费为准，夜间充电0.48元/度左右。

(三十九)IC 电卡和插电卡如何办理?

需要到国家电网服务网点进行办理。

(四十)充满电的时间为多久,费用多少?

交流充电桩充满电时间由车辆电池容量和车载充电机的功率决定,一般为 4~8 小时。直流充电机充满时间由充电机功率和电池容量决定,一般为 1~2 小时。费用根据充电电量和电价计算,一般为 15~20 元。

(四十一)充电枪哪头插车身、哪头插充电桩?插反了有影响吗?

充电枪(新下发的充电枪)枪身上有标识(一个小车,一个桩),对车端的防尘盖颜色为蓝色,对桩端为黑色;旧状态的充电枪,对桩端为较为伸直的充电枪(如图 3-9 所示),对车端为弯曲较为厉害的充电枪(如图 3-10 所示)。并且将两把枪对齐后,桩端的充电枪枪口比车端充电枪的枪口长。如果两把枪插反了,充电无法进行,因为桩端充电枪枪口比车端长,如果反着插,会出现连接不到位的情况。

图 3-9 旧状态的桩端为伸直的充电枪

图 3-10 旧状态的车端为弯曲的充电枪

(四十二)如何在家中给车辆充电?

在家中给车辆充电,须将转换接头旋转开,拿掉七芯充电枪,将三芯充电插头接到转换接头上,拧紧转换接头,即可使用。

(四十三)充电线怎样拔下来?

拔充电枪时,按住黄色按钮,同时拔枪。

(四十四)车辆只有一根黑色充电线,无法家用充电怎么办?

请与购车4S店联系,4S店会为用户更换充电线。

(四十五)充电线太短,可以加长吗?多少钱?

为保证充电安全,厂内不建议自行加长、改装充电线,鉴于随车充电枪充电线为5米,为满足客户利用220V充电,公司同时随车配备10米220V/16A充电宝,供客户使用,目前方案已经确定,充电宝正在配送途中。

(四十六)为什么车辆购买后没有转接插头?

为保证充电安全,厂内发出车辆不再配备可转换接头充电线,目前厂内免费配备两条线,一条为随车配备5米长充电枪的充电线,另一条为10米220V/16A充电宝线,不额外收费。

(四十七)目前随车配备的充电线共有哪几种?

目前,随车配备两条充电线,一种供充电桩充电,两头为充电枪;另一种供220V/16A插座充电的充电宝,如图3-11所示。

图3-11 插座充电宝

(四十八)充电桩的充电流程是什么样的？

(1)连接顺序：先将充电线直头充电枪与充电桩连接，再将弯头充电枪与车辆端连接。

(2)充电过程：

a. 将充电卡芯片向上插入充电桩，点击"插卡充电"。

b. 输入密码。

c. 选择充电方式（手动充电）。

d. 选择充电口（充电枪插入 A 口选 A，插入 B 口选 B）。

e. 正在充电：充电电压在 220V 正负 20% 之间为正常，充电电流在 12A 左右为正常；此时充电卡自动弹出可以取回充电卡。

f. 充电完成：当电量充满时充电桩屏幕显示"充电已完成"，"插卡结算"，中途人为手动停止充电时，点击充电桩屏幕"插卡中止"，此时停止充电，再点击"插卡结算"，结束充电。

(3)断电方法：先断车身端充电枪，再断充电桩端充电插头。

(四十九)快充口和慢充口为什么要分开？充电分别需要多长时间？

快充是直流供电，半小时可到 80%；慢充为交流供电，充电时间 6~8 小时充满；在车辆实际使用时，根据磷酸铁锂电池特性，应防止电池过量放电，建议随用随充、浅充浅放，这样电池的使用效果更好。

(五十)为什么快充只有 20A？

由于电池温度特性造成低温环境下充放电效率有所下降，低温环境下，为了保护电池，将充电电流设定为较低值。

(五十一)为什么充电结束还有电流？

如是冬季充电，环境温度过低时保证电量可正常放出，在电量充满后对动力电池进行保温，所以充电结束后会有电流。

(五十二)车辆慢充电流电压分别是多少？

电压取决于电网电压，高于 200V 可以启动，电流在 8A 到 14A 之间，仪表有显示。

(五十三)充电桩上正常的电流和电压是多少？

电流：11.7~12A；电压 220~230V。

(五十四)到哪里充电？充电时间多长？

现在都在指定的地点充电，北汽的办公楼可以充电，如果买了车，国家电网免费安装充电桩。普通充电需要 6~7 个小时，超级充电站（采育）可以 1 小时充满。有使用家庭的空调插座的配件，需要 8~9 个小时左右，需要使用 20 安插座。

(五十五)EV200 可以用 E6 充电设备充电吗？

不可以，请用北汽新能源车辆指定充电设备。

(五十六)EV200 家里的电线能否承受?EV200 至少有 3000 瓦,会不会有安全隐患?

家里的电线横截面积必须达到 4 平方毫米,电源插座必须达到 16A 以上,低于上述数值会有安全隐患。

(五十七)EV200 轻快版充电充不满怎么办?

电池充电充到 95% 以上都属正常现象,这是动力电池的计算方式问题,后期会优化动力电池的电量计算方式,会显示 100%。如果充电到 90% 以下停止,则需要到授权服务站检修车辆。

(五十八)EV200 充满电是几伏?能否介绍下该车的充放电的注意事项?

EV200 充满电的额定电压是 332V,在车辆使用中尽量做到浅充浅放,在长时间不用时断掉低压蓄电池负极,动力电池电量保持 50%~-80% 之间,这样能有效地延长动力电池使用寿命。

(五十九)EV160 的电池额定电压是多少?

320V。

(六十)纯电动汽车百公里耗电通常是多少?

低廉的使用成本是消费者选择的基础。从消费者的角度来说,电动汽车相对于传统的汽车,运行成本更低。以奇瑞 QQ3 纯电动汽车为例,百公里耗电仅 12 度左右,按照我国城乡居民用电平均价格 0.6 元来计算,百公里只需要 7 元;而传统的燃油汽车,按汽油市场价每升 6 元来算,行驶 100 公里就需 50 元左右,相当于电动汽车充电费用的 7 倍。因此,纯电动汽车低廉的使用成本无疑是吸引私人消费者的有力保障。

(六十一)小区内怎么申请安装电动汽车充电桩?

小区有物业的分为两种情况:
(1)如果你有固定车位或者能提供租用车位一年以上证明的车主,可以拨打新能源汽车基础设施建设推进小组办公室电话索要申请表,然后让物业公司、车企、电力部门依次填写,最后交给电力部门审核;审核通过,在确定施工方案后由车企负责安装。
(2)如果你没有车位,要获得业主大会同意后才能安装。

小区没有物业的——车主可以找社区和街道出面,在小区内合适位置安装共用充电桩,不过这类充电桩以快速充电为主,快充快离,减少对小区其他车主的影响。

(六十二)普通居民如何申请安装充电桩?

(1)普通居民低压客户需提供居民身份证或户口簿、固定车位产权证明或产权单位许可证明、物业出具同意使用充换电设施的证明材料。
(2)居民在住宅小区内自有固定车位加装充电设施用电(如图 3-12 所示),由居民向供电部门申请用电报装手续,小区业委会、物业应该支持和配合建设,物业不得借机收取费用,个人在自有停车库、停车位,各居住区、单位在既有停车位安装充电设施的,无须办理建设用地规划许可证、建设工程规划许可证和施工许可证。

图 3-12　固定车位充电桩

（3）客户充换电设施受电及接入系统工程,产权分界点以下由客户投资建设,其设计、施工及设备材料供应单位由客户自主选择;供电公司在充换电设施用电申请受理、设计审查、装表接电等全过程服务中,不收取任何服务费用,并按照国家有关要求,投资建设因充换电设施接入引起的公共电网改造。

（4）居民家庭住宅、居民住宅小区、执行居民电价的非居民用户中设置的充电设施用电,执行居民用电价格中的合表用户电价即 0.487 元/千瓦时。

（六十三）充电桩安装费用由谁承担?

一般来说,这笔安装费用原则上由销售商承担,但并未做出硬性规定。车主在签订合同前最好问清楚这一点。除了自己装充电桩,其实我们更建议选择公共停车场安装充电装置。目前各个城市都在积极建设电动汽车充电站,高速公路沿线也已建成或在建多个电动汽车充电站,并且已投入使用。

（六十四）电动汽车电池坏了怎么办?

按照国家要求,目前生产厂商对电动汽车电池质保至少在 8 年或 12 万公里以上。在质保期内,电池存在质量问题,厂商将免费负责更换;超过质保期需要更换电池的,按照电池技术和科技的进步预测,电池的费用肯定是逐步下降的。

（六十五）我家没有充电桩,怎么给车充电呢?

电动汽车的充电方式包括 220V 家用充电、380V 快速充电、太阳能充电、无线充电等。其中 220V 家用充电几乎是新能源汽车的标配,因此充电不再依赖充电桩。

（六十六）电动汽车充满电要多久呢？

不同的充电方式、不同的电池容量，需要的充电时间也各不相同。目前220V家用充电方式比较方便，但速度相对较慢，充电速度约3度电/小时。

（六十七）电动汽车是否需要保养呢？

纯电动汽车较传统的燃油汽车，由于减少了发动机和变速箱等结构，车辆的保养项目大大减少。但是，由于新能源汽车还存在转向系统、刹车系统、传动系统等，建议每隔一段时间，对以上机械部分进行检查保养，以确保车辆处于健康状态。

（六十八）电动汽车是否有辐射呢？

根据联合国国际卫生组织关于电磁辐射电磁场的安全标准，其中电场辐射安全标准为5000V/m，磁场辐射安全标准为100μT。目前大部分主流电动汽车，磁场辐射大约在0.39μT～0.88μT之间，车内电场辐射几乎都小于5V/m，远比手机和手提电脑等日常设备的电磁辐射要低得多。

（六十九）未来可能普及的充电模式有几种？

汽车自普及以来，一直都是使用内燃机为其提供动力。而汽车内燃机主要的燃料为汽油与柴油，这两种燃料一是资源有限，二是燃烧的产物对于环境也会带来严重的污染。正因如此，更加环保的电动汽车应运而生。虽然经过几年的发展电动汽车已经逐渐普及汽车市场，但是续航和充电问题一直没有得到解决。就像之前有新闻报道的那样，国内现在并不是每个小区都允许安装电动汽车充电桩。这就导致了"买车容易充电难"的情况出现，那么究竟如何解决电动汽车最基本的充电问题呢？下面就为大家列出一些未来可能出现的"充电模式"。

(1)"快充"技术进一步发展。目前特斯拉的超级充电桩的充电功率为90千瓦，一辆搭载85千瓦电池组的电动汽车只需30分钟就能完成充电，其充电量可以让汽车续航250公里。虽然看似很快，但是还是需要你等待半个小时的时间充电，并且充完的电量只能让车多跑250公里。相比起来现在的汽油/柴油汽车只需要花1分钟左右就可以加满一箱油，而加满的油量能跑300～400公里。不过并不是说充电桩在电动车里就没有未来，目前国内已经在研发一种充电速度更快的充电桩技术。据称这种技术可以在15分钟内为电动汽车完成充电，其充电量可以让汽车续航430公里。

(2)替换电池技术。就像我们看F1比赛时的换胎一样，既然电动汽车充电费时间，那么我们何不把电池进行替换就行了呢？特斯拉在几年前就曾计划推出"换电技术"，而这种技术可以让电动汽车在90秒内完成电池更换，从而达到补充电力的效果。既然这个技术这么好，那么为什么特斯拉放弃了呢？原因有几个，第一就是成本问题。可拆卸的电池首先制造成本就高，而后替换下来的电池还需要专门的保养，这也会增加成本。第二就是续航问题，因为电池是可拆卸设计，所以容量会受到不小的影响。第三就是电池一下从私人物品变成了公用物品，我相信不是所有车主都能接受的。虽然缺点多多，但不可否认，换电池确实是解决电动汽车充电问题的好方法。

（3）无线充电技术（静止型）。如前所述，有时候并不是充电时间长短的问题，而是根本就不让安装充电桩。那么买了一辆电动汽车我要放哪充电呢？特斯拉表示从2016年4月开始，就会向特斯拉车主出售一款"免插充电系统"。据称这种充电模式，可以在温度为-18至50摄氏度的环境下为任何车型的特斯拉进行无线充电，而充电时间需要10～12小时。除了特斯拉，更早之前奥迪、奔驰、宝马、丰田及本田都曾各自推出自己的无线充电技术。其中本田的技术更能实现一对多的充电模式，可以让拥有多辆电动汽车的车主同时完成充电。

（4）无线充电技术（运动型）。其实电动汽车最理想的充电模式就是边走边充，有点类似我们平时坐的电车，而沃尔沃已经在研发相关的无线充电技术。早在2012年沃尔沃就启动了"电网道路系统"项目，并在瑞典的测试中心建设了一条长约400米的"无线充电道路"。当电动汽车行驶在这条道路上的时候，就可以通过加密信号激活充电功能，原理与我们的Wi-Fi相似。一旦这项技术正式使用，届时就可以在城市道路中对行驶的车辆进行充电。只是要实现这项技术的普及，可能会需要花费大量的费用来对城市街道进行改造。

总结：上述的几个方法虽然不错，但各自都存在这样那样的缺点。所以短期我们见到的电动汽车充电模式仍旧是充电桩＋静止的无线充电，而这些方法都不能解决电动汽车续航里程短的问题。这么看来在未来的一段时间内，电动汽车仍然是充当城市中的代步车辆，长途旅行什么的还是交给汽油/柴油汽车吧。

（七十）让公路给电动汽车无线充电，能够完美解决续航问题吗？

电动汽车发展的一大瓶颈，就是续航问题和充电难题。现在一个听起来完美的解决方案出现了：让公路给电动汽车无线充电。在不远的将来，给电动汽车无线充电的高速公路就会成为现实。"英格兰高速公路"是管理英国主要公路的国有公司，将启动一个18个月的实验，测试电动汽车的无线充电技术。这一计划的最终目标是将无线技术融入英格兰的高速公路上，让司机在驾驶途中就可以充电。英格兰高速公路已经进行了全面的可行性研究，不久就会启动实地实验。在即将到来的测试中，电动汽车将配备无线设备，用来捕获和储存安装在道路表面上的机器中的能源。最开始的测试将会在特别设计的公路路线上进行，测试的详细数据也会很快公布。

（七十一）电池出现20％的电容量缺失真的没问题吗？

随着电动汽车技术的不断发展，目前已经有越来越多的消费者开始认可并选择购买电动汽车。而影响电动汽车最为关键的因素就是电动汽车的电池寿命，传统观念一般会认为随着电动汽车的使用其电池会发生退化现象，其整个电池大约将会丢失20％的电容量。但是事实真正如此吗？

劳伦斯伯克利国家实验室的研究人员针对以上问题开展了一项实验研究，实验结果也是非常的出乎人意料之外。该研究结果指出对于一辆电动汽车用户而言，其电动汽车电池电容量（如图3-13所示）出现20％的缺失并不会对用户产生实质性的影响。

劳伦斯伯克利国家实验室针对以上问题进行的实验研究目前已经确认得出了明确的结果。其中，来自劳伦斯伯克利国家实验室动力总成研究小组的带头人Samveg Saxena针对以上实验结果给出了令人印象相当深刻的总结，Samveg Saxena总结道："通过以上实验结果我们发现电动汽车电池随着电动汽车的使用而发生的电容量缺失对绝大多数电动汽车用

图 3-13 电动汽车电池电容量显示

户不会造成影响,其中只有很少一部分的用户会因为该问题而无法满足自己的日常通勤驾驶需求。其中不会造成影响最关键的原因在于绝大多数的消费者日常通勤驾驶需求并不会超过 40 英里。即便是在电动汽车电池退化其电容量缺失 20% 情况下,绝大多数的电动汽车用户并不会因此影响到日常的通勤驾驶需求。"

一直以来,电动汽车倡导者就宣称电动汽车电池电容量出现 20% 的缺失并不会对用户产生实质性的影响这一观点。劳伦斯伯克利国家实验室的实验研究报告进一步验证了以上观点。劳伦斯伯克利国家实验室针对以上问题进行的实验研究主要是针对电动汽车真实的驾驶模式而进行的。

(七十二) 电池出现 20% 的电容量缺失会影响其使用寿命吗?

对于电动汽车的续航里程问题已经进行了相当多的讨论,那么是不是所有人都需要超大的续航里程呢?是不是所有人都需要续航里程超过 200 英里的电动汽车呢?

对于一辆电动汽车而言,其电池续航里程越大自然会带来更多的便利,其中越大的续航里程就意味着充电的频率就越低。但是续航里程超过 200 英里的电动汽车对于一般的消费者而言是用不到的,200 英里的续航里程就意味着长时间的不间断连续驾驶,这在大多数消费者的日常生活中并不常见。

对于电动汽车的充电便利性问题目前已经逐渐得到了解决。与传统加油站不同的是,充电设备并不像加油站一样需要特定的应用场合,人们在家里面、工作场所以及购物广场等公共场所都可以方便地接入到充电设备上,同时人们还可以在车库中将电动汽车连接到充电设备上。在人们的日常安排中,无论人们对于充电的需求多么频繁人们都可以方便地无缝接入到充电设备上。

而对于续航里程超大的电动汽车而言,其续航里程大也就意味着远距离的驾驶。而对于远距离的驾驶,用户的驾驶耐力也将成为一个重要的考量因素。相信大多数的消费者并不喜欢长时间驾驶。

如果消费者在进行远距离驾驶时愿意每隔几个小时休息一下,那么续航里程 200 英里的超级电动汽车将与一般的电动汽车没有什么差别。续航里程 200 英里的超级电动汽车的电池即便是在出现 20% 的电容量缺失时其仍可以实现超长的使用寿命。而此时影响电动汽车的最关键因素将成为沿路快速充电装置的多少。

因此,在消费者决定购买一辆电动汽车之前,请详细分析一下自己的驾驶需求找到适合自己日常驾驶习惯的电池容量(如图 3-14 所示)。在充分考虑以上之后,电动汽车的续航里程问题将不再是什么问题。

图 3-14　电池容量决定续航里程

第四篇　电动汽车使用与维护

电动汽车和传统汽车驱动方式有些差别,两者保养最大的区别就是,传统汽车主要针对的是发动机系统的保养,需要更换机油、机滤等。而电动汽车是靠电动机驱动,不需要机油、三滤、皮带等常规保养,主要是对电池组、电动机进行日常的养护,并保持清洁即可,由此可见电动汽车的保养确实比传统汽车省事不少。

一、电动汽车日常维护、一级维护、二级维护

电动汽车维护制度将车辆的维护分为日常维护、一级维护、二级维护。除此之外,还有走合期维护和季节性维护。电动汽车日常维护是日常性作业,由驾驶员负责执行。日常维护属于预防性维护作业,是各级维护的基础,驾驶在员出车前、行车中、收车后必须对车辆进行检视维护。日常维护的中心内容是清洁、补给和安全检视。电动汽车日常维护(如图4-1所示)的目的是发现隐患,确保电动汽车具有安全行驶的能力以及清洁美观。

电动汽车日常维护就是对电动汽车外观进行清洁,维持车身靓丽,保持车容整洁,以体现车主素质并美化环境。经常对发动机外表、蓄电池、电机进行清洁,保证电动汽车正常工作,延长电动汽车寿命。对电动汽车驾驶舱内仪表板进行清洁,确保驾驶人观看信息方便清晰,有利于安全行车。同时还要对电动汽车制动、转向、传动、悬架、灯光、信号等安全装置以及电动机运转状态进行检视、拧紧,调整至正常状态,确保行车安全。对电动汽车各部润滑油(脂)、电机、制动装置和轮胎气压进行检视,防止电动汽车行驶途中发生故障。

图4-1　电动汽车日常维护

电动汽车一级维护是由专业维修工负责执行。当电动汽车行驶达到一级维护周期时,对电动汽车应进行强制性的一级维护。一级维护的中心内容除日常维护作业外,以清洁、润

滑、紧固为主,并检查有关制动、操纵等安全部件,同时还应有严格的过程检验和竣工检验。电动汽车一级维护(如图4-2所示)的目的是使电动汽车继续保持良好的技术状况(尤其是安全性能),减少磨损,确保机件的正常运行。

图 4-2　电动汽车一级维护

电动汽车二级维护是由专业维修工负责执行。当电动汽车行驶达到二级维护周期时,对电动汽车应进行强制性的二级维护。二级维护前,对电动汽车要进行检测,其检测结果即可确定二级维护附加作业,也可作为签订维护合同的依据之一。二级维护的中心内容除一级维护作业外,以检查、调整为主,并拆检轮胎,进行轮胎换位,是需要进行一些附加作业,同时还应有严格的过程检验和竣工检验。电动汽车二级维护(如图4-3所示)的目的是维持车身各总成、部件具有良好的工作性能,确保电动汽车行驶的安全性、动力性和经济性。

图 4-3　电动汽车二级维护

走合期维护是指电动汽车在走合期内对其进行的维护,一般分为走合前、走合中和走合后的维护。走合后期的维护通常结合二级维护一并进行。季节性维护是指电动汽车进入夏、冬季运行,在季节变换之前对汽车进行的维护,使电动汽车很好地适应变化了的运行条件。季节性维护通常结合定期维护一并进行。

二、充电、充电时间、电池使用寿命

电动汽车在使用过程中发现电量不足时应及时补充充电,电动汽车充电方便快捷,凡有220V交流电源的地方均可充电。充电时,先将充电器的输出端插头与电池充电插孔连接,再将充电器输入端插头接通交流电源,充满后须先切断电源再拔下充电器。

然而,人们最关心的是电池充一次电,电耗量是多少、时间长短、电池使用寿命等问题。根据经验和统计,电池充满一次电,最多耗电(7~10)度电,费用极为低廉。电动汽车充一次电需要多长时间,要看您使用后余电量多少而定,一般为10~12小时。电池使用寿命,在正常使用和保养的条件下,电池的使用寿命通常在2年左右。

影响电池寿命的因素:
(1)行驶路程长短。
(2)路况。
(3)正确的充电方法。
(4)充电器的匹配及合理的使用。
(5)充电器和控制器充、放电性能好坏等。

三、正确使用车辆

(1)缓加速起步,避免猛加速、猛减速、猛转弯、急刹车等激烈驾驶方式;
(2)保持中低速行驶(60km/h,尽量保持在经济车速状态),避免超速、超载行驶;
(3)日常注意注意检查车轮、胎压及制动装置,并按规定进行定期保养;
(4)计划出行,尽量减少车辆载重,提高车辆的续航里程;
(5)当车辆电量接近30%时,应及时充电。
(6)每日收车后立刻充电:车辆经过一段路程行驶后电池温度会升高,此时及时充电,可以提高充电速度,并保证电池有效充满。
(7)每日出车前提前(提前1~2个小时)再次启动充电,可以改善车辆使用性能。因为再次启动充电,车辆充电系统将对电池进行加热升温,因此可以改善低温使用性能。
(8)当电池温度较低,充电时车辆充电系统将会先对电池进行加热升温,达到一定温度后,才能进行充电。如果您需要提高充电速度,可以先全开暖风10分钟,加速电池温度提高,然后再插枪进行充电,可以改善充电性能。

综上所述,缓慢起步的方式,中低速行驶,减少车辆载重能降低瞬间电流,能减少电池电极产生的硫酸铅结晶,降低对电池的损害,保证车辆和电池的使用寿命;日常检查的方式能保证安全出行;及时充电,能使电池处于潜循环的方式,延长电池的寿命。同时,电池电量的多少与续航里程密切相关。"续行里程"是指一次性充满电后,电动汽车正常状况下行驶的最长里程。电动汽车续行里程为100公里。影响续行里程的因素很多:电池的新旧、路面是否平坦、风速、风向、行驶中刹车、启动次数、轮胎气压、环境温度。

四、提高驾驶技巧,延长续航里程

续航里程(如图4-4所示)往往是人们在购买电动汽车时最先关注的技术指标,"里程焦虑"成为使用电动汽车过程中最令人头疼的问题。难道电动汽车的续航里程真的要无限增加才能从根本上消除"里程焦虑"么？答案当然是否定的。同样一部标定续航里程 200 公里的电动汽车，有的人可能只能跑上 160 公里，而有些驾驶技巧娴熟、用车习惯良好的司机可以跑出 230 公里的续航成绩。那么问题来了，如何能够更加有效的使用电池电量，延长有限的续航里程呢？下面就为大家介绍一些延长续航里程的电动汽车驾驶小技巧。

图 4-4　提高驾驶技术，延长续航里程

1. 尽量多的使用经济车速

电动汽车其实和汽油车一样，也有最经济的行驶速度。一般厂商配置表中给出的"最大续航里程"就是在相对经济的时速下，保持匀速跑出的。驾驶时让电动汽车尽量多的保持在经济时速的范围内，能够有效延长续航里程。根据我们的经验，大部分电动汽车的经济时速范围大约是在 40～90 公里/小时，相对于拥堵路况时低速行驶，高速度会大幅加快电量的消耗。因此，当路况良好时，记得不要将车子开得太快。

2. 除非必要不急加速和急刹车

当然，在城市路况中很难保持车子的匀速行驶，随着红绿灯的变换以及车流的状态频繁加减速才是常态。在这样的前提下，如何将车子开得顺畅平稳决定了你的平均电耗。除非十分必要，尽量不要大脚油门急加速，瞬间的速度提升将使电耗上升。同时，对于前车状态的准确预判能够帮助你将车子开得更加流畅，用不踩油门的方式滑行减速，绝对比猛地刹车来的经济，有限的电能应该尽量多的转化为车子的动能，而不是刹车系统的热量白白被浪费掉。与前车在纵向上保持一定的角度，做到能够观察到前面两三辆车的状态，能够帮助你做出更加合理的预判。

3. 合理使用能量回收系统

目前在售的主流电动车均装配有动能回收系统，通过它我们会将车辆滑行时的多余动能转化为电能回充到电池中。在该系统启动工作时，车辆会产生一定程度的拖拽感，不同品牌车型的动能回收力度不同，造成的减速力也不同。这就需要驾驶员尽快熟悉自身车辆动能回收系统的特性，在保证安全的情况下用动能回收系统的制动力来代替刹车将使经济性显著提高。

有的品牌车型,还为动能回收系统设置了不同层级的回收力度。比如腾势电动汽车就有回收力度较大的普通模式和力度较小的运动模式;EV200车型的E挡也有3级力度可调;特斯拉车型为动能回收制动力设置了"标准"和"低"两种模式。那么应该如何选择动能回收制动力的大小呢?可能有的朋友会认为将回收力度始终保持在最大状态能够带来更多的续航里程,但实际情况并不是如此。

我们需要根据不同路况选择相合适的回收力度,用以匹配车辆的行驶状态,只有这样才能更好地节约电量、提升续航。比如说路况畅通的环线公路上,应该将车开得尽量顺畅,此时需要将回收力调至最小;路况复杂需要频繁起步刹车时,将回收力度调整为最大,减小刹车负担并尽可能多的回收动能。

4. 减少不必要的车内物品

说到车重对于电耗的影响,其实并不十分明显。在车辆高速行驶时,能耗主要是克服空气阻力,由于车重增加带来的摩擦力增加并不会使电耗显著上升。但在起步加速过程中,如果负载较重确实会增加电耗,从而影响车辆的续航里程。有许多人把爱车当作自己第二个家,车里常备各种不常用到的物品,这不仅使车辆的载重增加,在突发情况来临时,车内的杂物还有可能会造成不必要的伤害。因此保持车内整齐,不携带多余物品才是用车的良好习惯。

5. 保持良好车况 轮胎胎压定期检查

抛开车辆故障对于电耗的影响不谈,从安全角度考虑我们也应该做到保持良好的车辆状态,因此定期的保养检查是在用车过程中必须要重视的事情。在这当中,轮胎的检查是常常被车主忽略的部分。其实一台车的行驶表现在很大程度上取决于轮胎状态是否良好,胎压是否正常也对电耗有着明显的影响,轮胎亏气会使电耗显著上升。

6. 正确使用空调系统

空调系统是电动汽车除行驶机构外最大的用电设备,因此能否正确地使用空调对续航里程有着直接的影响。有些车主为了省电,平时喜欢关闭空调开车窗驾驶,在低速行驶时确实省电,但当车速超过80公里/小时,开窗后增加的空气阻力所消耗的电能要比空调系统更多,完全是得不偿失的做法。

7. 控制承重量

对于电动汽车而言,自身的载重量越大,就越耗电,有的电动汽车载重量是4人的,却超载,这样的情况是非常耗电的。所以一定要在电动汽车载重量范围内,切勿超载,增加电动汽车负担避免电动汽车急行急停。由于电动汽车的主要动力源就是蓄电池,而短时间较大频率的进行刺激,不仅会加大电动汽车的蓄电池放电效率,降低蓄电池的容量,同时也会引起电动汽车控制器及制动衬件损坏。所以我们在日常驾驶电动汽车时,应当注意电动汽车汽车的急行急停。

8. 匀速行驶安全省电

对于所有电动汽车来说都一样,只要我们能够的把握好自己的驾驶习惯,在道路和交通条件许可的情况下,车辆应保持稳定的行驶速度。车辆起步,加速到一定速度后可适当将加速踏板放松一些维持当前车速行驶即可。

9. 让轮胎保持在一定的气压下

通过大量实验表明,当电动汽车的轮胎保持在一个较高的气压下,不仅会减少行驶途中的颠簸程度,去除因为石子等物体而引起的不便,同时也会减少轮胎与路面的摩擦系数,从而起到增加行驶里程的原因,所以不能过低。

10. 定期充电保养

对于使用铅酸蓄电池的电动汽车来说,为了保证它的蓄电池不出现地亏电及放电问题,我们就必须定期定时对其进行充电保养工作(如图 4-5 所示),减少因为亏电而引起蓄电池损坏。同时定期对其内部加注硫酸也会加大它的内部活跃程度,提高整个电动汽车的使用性能。在充电时,注意:充电时间一般在 8～10 小时。蓄电池长久不用,会慢慢自行放电,直至报废。长久不用时,每隔半个月对蓄电池进行一次充电维护。

图 4-5 定期定时对电动汽车进行充电

五、关注走合期

1. 重视新车的走合期

电动汽车与燃油汽车一样也有走合期,在电动汽车走合期内,各部运转机件内相互配合零件表面的不平部分会被磨去,逐渐形成比较光滑的工作面,改善了零件的表面质量和配合精度,以承受正常的工作负荷。所以走合期内各部机件的工作情况直接关系到整车的使用寿命。车辆在走合期内必须注意。

(1)严禁高速行驶。汽车在各挡行驶速度不得超过电动机最高转速的 70%。不允许长时间高速行驶。

(2)严禁超负荷运行,不允许超载。一旦电动机工作不平稳,立即换入低挡。

(3)电动机刚启动后,不允许猛踩电动加速踏板。

(4)不要在恶劣道路上行驶,减少振动和冲击。在行驶中应减少突然加速所引起的超负荷现象,例如紧急制动、长时间制动等。尽量选择良好路面匀速行驶,走合效果最佳。

2. 坚持先缓行、后加速

一些司机开惯了汽油车,在起动车后,往往爱紧踩几脚油门,让发动机急速运转。这样做会对对燃油发动机的零部件造成极大损害。因为发动机起动(尤其是冷起动)时,发动机工作湿度较低,内部机件表面也未达到充分润滑,若此时电动汽车电动机高负荷工作,会使相关转动机件的磨损加大,改变正常的配合间隙。所以,开电动汽车一定要克服开燃油汽车急速起步的坏习惯,应轻踩电动加速踏板平稳起步,切勿性急,坚持先缓行、后加速。

3. 定期保养

"三分修,七分养",再高级的轿车也需要良好的保养,才能发挥出色的性能。必须在汽车生产厂家指定的特约维修站,严格按照规定的里程项目,做定期检查保养,及时排除汽车的各种故障隐患,保证电动汽车工作状态完好。

所有车辆都要求有周期性的保养和维护,因为它直接关系到车辆的行驶质量及电池的使用寿命,用户一定不要轻视。正常保养所需要费用由用户自己支付。

作业前断开电源,拔出钥匙并拉上手刹。车底作业请使用千斤顶并用三角木塞紧前后轮,防止车辆在保养过程中滑动而造成意外事故。保养场所应干净、安全。请按照安全操作规程起动车辆。工作场所应避免火星,并有防火设备。切勿用明火检测蓄电池电解液面高度和泄漏与否,勿使用开盖燃料或易燃液体清洗零部件,以防火灾。保持工作场所适当通风。在安全的工作条件下进行例行检查和保养。作业内容包括刹车、转向机构、速度和方向控制系统、警示装置、车灯、控制器、安全保护装置等。按照正确的方法检修蓄电池盖。保持汽车清洁、避免火星,并便于检查松散和缺损零件。

要特别注意蓄电池的保养和维护。蓄电池组作为电动汽车的动力电源是电动汽车的重要部件对蓄电池的使用与维护是否正确直接关系到蓄电池寿命和电动汽车的续驶里程。电池的表面连接线及螺栓应保持清洁干燥,如有酸液,应用棉纱擦去再用清水冲洗擦干。

4. 特别提醒

(1)在清洗中严禁自来水进入电池。电池的连接必须保持良好。特别是新车,使用2~3天后,应对连接头进行一次全面加固。而后应每周对蓄电池的接头进行一次全面检查。对有松动、变色的铜锈接头进行处理。因接头接触不良产生高热,极柱损坏或火花,造成氢气爆炸。

(2)紧固用力过猛同样会造成电池极柱损坏。电池上不准堆放金属导电物,以免造成短路、烧坏电池。电池放电后,都必须当天充电,不允许隔天充电或超过24小时充电,否则电池使用寿命将会受到影响。电池在使用过程中,由于电解液水中的电解和蒸发会造成密度升高及液面下降,所以必须经常检查,加蒸馏水调整(缺水会严重影响电池使用寿命),电解液面应比极板上沿高10mm,比蓄电池容器上沿至少低15~20mm,以免在充电过程中电解液发热体积膨胀时从容器中溢出。

(3)电池添加液为纯净的蒸馏水,严禁将其他液体(电池添加液、矿泉水、自来水等)加入电池。

(4)加水应在充电末期进行,加水后应继续充电0.5~1小时,使内部均匀一致。

(5)电池的每一格电容器是互相独立的,应分别加注,不能遗漏。

(6)电解液是一定浓度的硫酸,有极大的腐蚀性。在操作过程中要防止电解液溅出,对操作人员的手与眼睛造成伤害。电池内不准落入任何有害杂质,补水用的器具应保持清洁,以免将杂质带入电池内。在驾驶过程中,应注意电量指示显示,估计电动车的行驶里程,以免车辆不能及时返回充电,造成电池过量放电,缩短使用的寿命。环境温度为0摄氏度到40摄氏度,充满电后,蓄电池电解液的密度为$1.28g/cm^3$,如果电解液充满电密度大于$1.30g/cm^3$,极有可能是电池添加液中带有稀硫酸,这种电解液密度异常偏高会导致蓄电池极板脱落,蓄电池迅速损坏,这种情况下应迅速用纯净的蒸馏水将电解液密度调至正常值,蓄电池放电达 80%（这时，蓄电池电解液的密度在 $1.13 g/cm^3 \sim 1.15 g/cm^3$）只能行走 3～5 公里，应立即充电，若继续使用造成电池过放电，经常在"亏电"状态下运行，电池很快会损坏。若车辆长时间不用，应将电池充满后存放，并且每月（30 天）至少要充电为 24 小时，有条件时可进行一次安全充放电，重新使用前进行一次均衡充电。

（7）蓄电池的更换。当电池的使用寿命接近完成时，电容量会急剧下降，车辆续驶里程不能满足需要，这时应更换新的蓄电池。更换方法可咨询厂家。

（8）蓄电池的维护保养。

电动汽车的电量来源于动力电池（如图 4-6 所示），而电池分布在汽车的底盘上面。

图 4-6　电动汽车的电量来源于动力电池

动力电池分布在汽车底盘上面（如图 4-7 所示），它不是一块电池，而是由好多节电池串并得来的。所以对电池组充放电，要求单体电池的电芯的一致性要求非常高。

图 4-7　动力电池分布在汽车底盘上

平时给新能源电动汽车充电的时候尽量选择标准充电（如图 4-8 所示），快充时产生的瞬间大能量快速输入密闭的空间内，容易缩短电池使用寿命，甚至是损坏电池或造成安全隐患。

电动汽车在路上行驶时尽量避开碰撞和颠簸路段（如图 4-9 所示），否则有可能容易引发热失控问题。

图 4-8　尽量选择标准充电

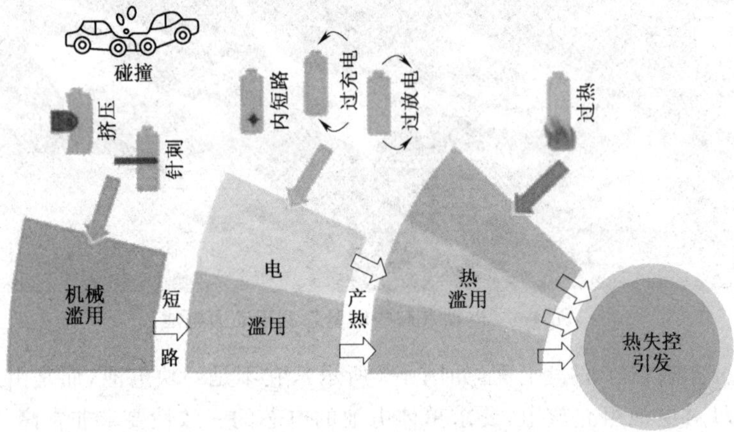

图 4-9　行驶时尽量避开碰撞和颠簸路段

需要提醒的是,动力电池锂电池的能量密度高,自放电率低,防止电池过放,平时汽车不用的时候一般也还需要至少半年充次电。应做到"勤充电"大电流放电是影响电池寿命的最主要的因素,保持电池的丰电状态,有条件的用户要做到随用随充,尤其是冬天。使电池处于"吃饱状态",不能用完了闲置几天再充,亏电存放易使电池极板硫化,容量下降。但是一次使用10公里以内,就没必要充电,因为经常这样勤充电,电池容易失水,也会造成容量下降。

纯电动汽车电池的保养具体说来应搞清楚以下几个问题:

一是,什么时候应该为汽车充电——电池的用量可以通过电压表盘来显示,当指针从"H"降到"L"附近时,就意味着我们要为汽车充电了。尽量不要用到没电位置,因为到了差不多的公里数,汽车就很明显的动力下降,再勉强行驶,会大幅度的降低电池寿命。一般来说,电动汽车每天都要充电,让电池浅循环,这样可以延长它的使用寿命。因此,定期对电池来一次完全放电和完全充电,也是很有必要性的,因为这样可以让电池更加耐用。

二是,充电时间多长为宜——充电器应如何保养?在充电的过程中,时间的把握很重要,充电时间的长短,有的车主并不以为然,但久而久之,就会影响到电池的使用寿命。合适的充电时间要根据自己汽车的实际剩余电量决定。如果电压表盘的指针已经在"L"的位置了,或者说车主本身已经感觉到汽车的电快要用完了,这时候慢充8~10个小时是没有问题的，最好是充到充电器变灯为止；如果汽车的电还没用完，充电时长不应超过8个小时。

三是，充电之后是否需要拔开插头——充电之后一定要拔开插头。有些丢三落四的车主，可以买一个充电定时器，提醒自己什么时候该拔开插头停止充电。这样可以便宜又安全地提供了保障。另外，电动汽车的电池是不能带电运行的，要修理充电部件的时候，必须要先拔开电源插头。

四是，电池应该如何存放——电池存放的时候，每个月都要为它充一次电，远离亏电的状态。当然也不应该把电池放在阳光下暴晒，任何电池都不可以，否则极板老化，电池就没用了。

五是，电池故障的检查和解决——通常，电池的损坏会直接导致汽车无法正常启动，这时，我们可以利用导线，并联上另外一台电源充足的汽车，让它来为我们的汽车提供电源。用一条跨接导线，连接着两个电池的正极，再用另一条跨接导线，连接电池的负极和没电的车的电池负极。接着，供电的车先启动，大概一两分钟之后再启动亏电的车，让两车的发动机先空转3分钟左右，然后把导线拆了。

除了以上需要了解的电池保养常识外，还有一些注意事项需要牢记：

一是要正确掌握充电时间。一般情况蓄电池充电时间在十小时左右，要避免过度充电。准备出行时要提前安排好途中充电，避免行驶中电量不足，使得电瓶过度放电严重缩短其寿命。

二是要保护好充电器，尽量避免充电器颠簸振动。为了降低成本，现在的充电器基本上都没有做高耐振动的设计，很多充电器经过振动后，其内部的电位器会漂移，导致整个参数漂移，致使充电不正常。所以建议如果一定要移动充电器，尽量用塑料泡沫包装好。另外，充电的时候要保证充电器的通风，否则不但影响充电器的寿命，还可能发生热漂移而影响充电状态。这样都会对电池形成损伤。

三是要每天都充电，就算平时行驶路程不多，还是建议每天都充电，这样使电池处于浅循环状态，电池的寿命会延长。

四是要定期对电池进行一次深放电，"活化电池"。

五是要严禁存放时亏电，在亏电状态下存放电池，很容易出现硫酸盐化，硫酸铅结晶物附着在极板上，会堵塞电离子通道，造成充电不足，电池容量下降。亏电状态闲置时间越长，电池损坏越重。因此，电池闲置不用时，应每月补充电一次，这样能较好地保持电池健康状态。

六是要避免大电流放电，电动汽车在起步、载人、上坡时，尽量避免猛踩加速，形成瞬间大电流放电。大电流放电容易导致产生硫酸铅结晶，从而损害电池极板的物理性能。

六、不忘平时养护

(1) 经常检查刹车是否灵活有效。

(2) 转向盘转向是否可靠。

(3) 轮胎是否气足。

(4) 检查各固件、螺母、螺栓、接插件是否松动。电源锁、喇叭、灯泡、按钮是否有效。

(5) 电动汽车虽然有良好的防雨功能。仍要避免长期日晒和雨淋，防止车体和机械传动部件生锈，防止电器件进水损坏。

(6)定期一个月充电一次。电池充满电后存放(如果长期不用时)。

(7)保持清洁。如不清洁电镀件,喷漆件容易生锈,影响电器散热,电池表面氧化物变为导体会自动放电。

七、电动汽车电机的养护

电动汽车电机是指以车载电源为动力,电动汽车用电机驱动车轮行驶,电动汽车电机符合道路交通、安全法规各项要求的车辆,由于对环境影响相对传统汽车较小,其前景被广泛看好,但当前技术尚不成熟。电源为电动汽车的驱动电动机提供电能,电动汽车电机将电源的电能转化为机械能,通过传动装置或直接驱动车轮和工作装置。目前,电动汽车上应用最广泛的电源是铅酸蓄电池,但随着电动汽车技术的发展,铅酸蓄电池由于比能量较低,充电速度较慢,寿命较短,逐渐被其他蓄电池所取代。

电机泛指能使机械能转化为电能、电能转化为机械能的一切机器。特指发电机、电能机、电动机。

由于电动汽车采用动力电池作为车载能源,其容量受到限制,为尽可能地延长续驶里程,大多数驱动系统都采用了能量回馈技术,即在汽车制动时,通过控制器将车轮损耗的动能反馈到电池中,并使电机处于发电状态,将发出的电输送到电池中。因此,电动汽车的驱动机应该称为电机,而不是我们习惯称呼的电动机。例如中大青山采用的双定子磁悬浮复合转子电机既能将电能转化为机械能,又能将机械能转化为电能。

1. 电机的分类

除了发电功能外,电动汽车的电机主要还是为车辆提供动力的电动机,所以我们以电动机来分类(只作简单分类)。

(1)按工作电源种类划分:可分为直流电机和交流电机。

直流电机按结构及工作原理可划分:无刷直流电机和有刷直流电机。

又可分为永磁直流电机和电磁直流电机。

永磁直流电机按材料又分为稀土、铁氧体、铝镍钴永磁直流电机。

电磁直流电机按励磁方式又分为串励、并励、他励和复励直流电机。

交流电机可分:单相电机和三相电机。

(2)按结构和工作原理划分:可分为直流电机、异步电机、同步电机。

异步电动机的转子转速总是略低于旋转磁场的同步转速。

同步电动机的转子转速与负载大小无关而始终保持为同步转速。

(3)按用途分,有驱动电机和控制用电机。

(4)按运转速度分,有高速电机、低速电机、恒速电机和调速电机。

低速电动机又分为齿轮减速电动机、电磁减速电动机、力矩电动机和爪极同步电动机等。

2. 电机的工作原理

(1)交流电机。单相异步电机通过电容移相作用,将单相交流电分离出另一相相位差90度的交流电。将这两相交流电分别送入两组或四组电机线圈绕组,就在电机内形成旋转的磁场,旋转磁场在电机转子内产生感应电流,感应电流产生的磁场与旋转磁场方向相反,被旋转磁场推拉进入旋转状态,由于转子必须切割磁力线才能产生感应电流,因此转子转速必须低于旋转磁转速,故称异步电机。

三相异步电机不必通过电容移相,本身就有相差120度的三相交流电,故产生的旋转磁场更均匀,效率更高。

永磁同步交流电动机的磁场由永久磁铁产生,转子线圈通过电刷供电,转速与交流电频率为整倍数(分数)关系(视转子线圈绕组数而定),故称同步电机。

转子线圈通过电刷供电,定子通过线圈绕组产生旋转磁场的电机,按转子线圈与定子线圈的串、并联关系分别称串励、并励电机。

(2)直流电机。直流电机有定子和转子两大部分组成,定子上有磁极(绕组式或永磁式),转子有绕组,通电后,转子上形成磁场(磁极),定子和转子的磁极之间有一个夹角,在定转子磁场(N极和S极之间)的相互吸引下,使电机旋转。改变电刷的位置,就可以改变定转子磁极夹角(假设以定子的磁极为夹角起始边,转子的磁极为另一边,由转子的磁极指向定子的磁极的方向就是电机的旋转方向)的方向,从而改变电机的旋转方向。

3. 电机的结构

(1)永磁式直流电机。由定子磁极、转子、电刷、外壳等组成。

定子磁极采用永磁体(永久磁钢),有铁氧体、铝镍钴、钕铁硼等材料。按其结构形式可分为圆筒型和瓦块型等几种。

转子一般采用硅钢片叠压而成,漆包线绕在转子铁心的两槽之间(三槽即有三个绕组),其各接头分别焊在换向器的金属片上。

电刷是连接电源与转子绕组的导电部件,具备导电与耐磨两种性能。永磁电机的电刷使用单性金属片或金属石墨电刷、电化石墨电刷。

(2)无刷直流电机。由永磁体转子、多极绕组定子、位置传感器等组成。

无刷直流电机的特点是无刷,采用半导体开关器件(如霍尔元件)来实现电子换向的,即用电子开关器件代替传统的接触式换向器和电刷。它具有可靠性高、无换向火花、机械噪声低等优点。

位置传感器按转子位置的变化,沿着一定次序对定子绕组的电流进行换流(即检测转子磁极相对定子绕组的位置,并在确定的位置处产生位置传感信号,经信号转换电路处理后去控制功率开关电路,按一定的逻辑关系进行绕组电流切换)。

位置传感器有磁敏式、光电式和电磁式三种类型。

采用磁敏式位置传感器的无刷直流电动机,其磁敏传感器件(例如霍尔元件、磁敏二极管、磁敏三极管、磁敏电阻器或专用集成电路等)装在定子组件上,用来检测永磁体、转子旋转时产生的磁场变化。电动汽车多用的是霍尔元件。

采用光电式位置传感器的无刷直流电动机,在定子组件上按一定位置配置了光电传感器件,转子上装有遮光板,光源为发光二极管或小灯泡。转子旋转时,由于遮光板的作用,定子上的光敏元器件将会按一定频率间歇生脉冲信号。

采用电磁式位置传感器的无刷直流电动机,是在定子组件上安装有电磁传感器部件(例如耦合变压器、接近开关、LC谐振电路等),当永磁体转子位置发生变化时,电磁效应将使电磁传感器产生高频调制信号(其幅值随转子位置而变化)。

定子绕组的工作电压由位置传感器输出控制的电子开关电路提供。

4. 电机的特性

用于电动汽车的驱动电机与常规的工业电机不同。电动汽车的驱动电机通常要求频繁的启动/停车、加速/减速，低速或爬坡时要求高转矩，高速行驶时要求低转矩，并要求变速范围大。而工业电机通常优化在额定的工作点。因此，电动汽车驱动电机比较独特，应单独归为一类。

5. 电机的要求

他们在负载要求、技术性能和工作环境等方面有着特殊的要求：

(1)电动汽车驱动电机需要有 4~5 倍的过载以满足短时加速或爬坡的要求；而工业电机只要求有 2 倍的过载就可以了。

(2)电动汽车的最高转速要求达到在公路上巡航时基本速度的 4~5 倍，而工业电机只需要达到恒功率是基本速度的 2 倍即可。

(3)电动汽车驱动电机需要根据车型和驾驶员的驾驶习惯设计，而工业电机只需根据典型的工作模式设计。

(4)电动汽车驱动电机要求有高度功率密度（一般要求达到 1kW/kg 以内）和好的效率图（在较宽的转速范围和转矩范围内都有较高的效率），从而能够降低车重，延长续驶里程；而工业电机通常对功率密度、效率和成本进行综合考虑，在额定工作点附近对效率进行优化。

(5)电动汽车驱动电机要求工作可控性高、稳态精度高、动态性能好；而工业电机只有某一种特定的性能要求。

(6)电动汽车驱动电机被装在机动车上，空间小，工作在高温、坏天气及频繁振动等等恶劣环境下。而工业电机通常在某一个固定位置工作。

6. 电机的命名标准

国标关于电动汽车电机的命名标准如下：派生代号，用大写汉语拼音字母表示。

性能参数代号，用二位阿拉伯数字表示。

产品名称代号，用大写汉语拼音字母表示机座号，以机壳外径(mm)表示。

产品名称代号：

SYT：铁氧体永磁式直流伺服电动机。

SYX：稀土永磁式直流伺服电动机。

SXPT：铁氧体永磁式线绕盘式直流电动机。

SXPX：稀土永磁式线绕盘式直流电动机。

SWT：铁氧体永磁式无刷直流伺服电动机。

SWX：稀土永磁式无刷直流伺服电动机。

7. 电机故障的检修

电机的故障有机械故障与电气故障两大类，机械故障比较容易发现，而电气故障就要通过测量其电压或电流进行分析判断了，以下介绍电机常见故障的检测与排除方法。

(1)电机的空载电流大。当电机的空载电流大于极限数据时，表明电机出现了故障。电机空载电流大的原因有，电机内部机械摩擦大，线圈局部短路，磁钢退磁。我们继续往下做有关的测试与检查项目，可以进一步判断出故障原因或故障部位。

电机的空载/负载转速比大于 1.5，打开电源，转动转把，使电机高速空载转动 10s 以上。等电机转速稳定以后,测量此时电机的空载最高转速 N1。在标准测试条件下,行驶 200m 距离以上,开始测量电机的负载最高转速 N2。空载/负载转比=N2÷N1。

当电机的空载/负载转速比大于 1.5 时,说明电机的磁钢退磁已经相当厉害了,应该更换电机里面整套的磁钢,在电动汽车的实际维修过程中一般是更换整个电机。

(2)电机发热。电机发热的直接原因是电流大引起的,电机电流 I,电机的输入电动势 E1,电机旋转的感生电动势(又叫反电动势)E2,与电机线圈电阻 R 之间的关系是:I=(E1-E2)÷R,I 增大,说明 R 变小或 E2 减少了。R 变小一般是线圈短路或开路引起的,E2 减少一般是磁钢退磁引起的或者是线圈短路,开路引起的。在电动车的整车的维修实践中,处理电机发热故障的方法,一般是更换电机。

(3)电机在运行时内部有机械碰撞或机械噪音。无论高速电机还是低速电机,在负载运行时都不应该出现机械碰撞或不连续不规则的机械噪音。不同形式的电机可运用不同的方法进行维修。

(4)整车行驶里程缩短、电机乏力。续航里程短与电机乏力(俗称电机没劲)的原因比较复杂。但是当我们排除了以上 4 种电机故障之后,一般说来,整车续行里程短的故障就不是电机引起的了,这和电池容量的衰减,充电器充不满电,控制器参数漂移(PWM 信号没有达到 100%)等有关。

(5)无刷电机缺相。无刷电机缺相一般是由于无刷电机的霍耳元件损坏引起的。我们可以通过测量霍耳元件输出引线相对霍耳地线和相对霍耳电源的引线的电阻,用比较法判断是哪只霍耳元件出现故障。

为保证电机换相位置的精确,一般建议同时更换所有的三个霍耳元件。更换霍耳元件之前,必须弄清楚电机的相位代数角是 120°还是 60°,一般 60°相角电机的三个霍耳元件的摆放位置是平行的。而 120°相角电机,三个霍耳元件中间的一个霍耳元件是呈翻转 180°位置摆放的。

8. 电机的拆装与保养

(1)电机的拆卸。电机转子与定子的径向间隙叫作气隙(空气间隙),一般电机的气隙在 0.25~0.8mm 之间,当拆卸完电机排除了电机故障之后,一定要对原来的端盖记号进行装配,这样可以防止二次装配后的扫膛现象。

(2)电机内齿轮的润滑。如果有刷有齿轮毂电机与无刷有齿轮毂电机运行的噪音开始变大,或者更换了电机内的齿轮,应将齿轮所有齿面涂满润滑脂,一般使用 3 号润滑脂或厂家指定的润滑油。

(3)电机的组装。在组装有刷电机之前,请检查刷握里面弹簧的弹性,检查炭刷与刷握是否有碰擦,检查炭刷在刷握里是否能达到最大行程,注意炭刷与换相器的正确定位,以免卡坏炭刷或刷握。

八、电动汽车的内部清洁

现代车辆非常注重车身内部的装饰,而电动汽车内饰部分平时受到灰尘、泥沙、烟尘、汗渍及空调循环等不良因素的影响,使电动汽车内空气受染,内饰中的地毯、真皮或丝绒座椅、空调风口等处,经常接触潮湿的空气和水渍,使丝绒发霉、真皮老化,甚至产生难闻的气味,这既会滋生细菌影响身心健康,又不利于驾驶心境。

电动汽车内部清洁是指用专用的设备和用剂,对电动汽车内部各部位进行清洁护理的操作过程。电动汽车内部清洁非常重要,一般每三个月应做一次全套室内专业护理。

1. 电动汽车内部的主要设备

(1)真空吸尘机。由于车身内经常有大量的灰尘积聚,特别是座椅上和一些角落部位的灰尘很难清除。真空吸尘机一般采用360°旋转吸口和多级过滤以及简单的过滤层更换,能十分方便地伸进各个角落部位,快速地吸去灰尘。为方便在不同空间中进行工作,常见的插接器有正方形、圆形、长方形。

(2)桑拿机。因为车身内饰和地毯等纤维绒布织品容易积聚污垢,使细菌容易繁殖,除尘机只能除尘,无法清除细菌。而桑拿机能在很短的时间内产生大量的高温蒸汽,压力可达0.40MPa,温度可达120℃,蒸汽喷射于需要清洁的内饰表面上,起到快速灭菌作用。

2. 电动汽车内部清洁需要用到的材料

电动汽车内部设备多,结构复杂,材料又各不相同,因此必须采用不同的清洁方法和清洁用剂。电动汽车内部清洁用剂主要分为以下几类:

(1)强力顽渍去除剂。强力顽渍去除剂适用于布质、丝绒和尼龙内饰物的清洁,使物体达到最高清洁度,并恢复其原有本色。强力顽渍去除剂的使用方法如下:

①用前摇匀。

②距离污渍表面15~25cm处喷射。

③让泡沫停留20~30s以浸透污渍。

④用干净的湿布或海绵在脏处呈圈状反复擦洗。

⑤再用湿布和海绵擦干净。

⑥待干后,将有污渍的地方用干布擦一下或用吸尘器吸干。

提示:强力顽渍去除剂有毒,应避免与皮肤、眼睛接触,儿童勿近。

(2)皮革清洁剂。皮革清洁剂可清洁所有真皮装饰件,去除表面污渍,清洁并恢复皮革的原有本色,并可以增加对皮革制品的保护。皮革清洗剂的使用方法如下:

①先将皮革清洁剂摇晃均匀。

②在沾有污物或污渍的部位均匀地喷洒在皮革表面。

③停留3min后,用干净毛巾反复擦拭至恢复原有的清洁表面。

④过几分钟后,用干净的软布反复擦拭,即可恢复原有光泽,对污垢比较严重的地方,可以重复擦拭数遍。

九、电动汽车车身养护

电动汽车车身在长期使用过程中,由于风沙尘土的吹打,雨滴泥水的冲击,树胶、虫屎、鸟粪和油污的侵害,大气中各种工业排放物、酸、碱及阳光中紫外线的侵蚀,以及人为护理操作方法的不当等诸多因素的影响,车身表面的喷涂层将会出现老化、失光和损坏。另外,车身中像铰链、玻璃升降器等附件在频繁使用过程中造成的变形、磨损;车门、发动机舱盖等部件的运行轨迹偏移;车身密封件的磨损、变形、老化;防腐与装饰涂层脱落、褪色等诸多现象,都会不同程度地导致车身部件机能下降、定位失准、密封状况劣化、金属材料锈蚀和车身的外观感变差等。

车身的养护主要是为了防止喷涂层早期老化和损坏,消除车身表面的损伤,保持车身应有的机能,将车身以最美的形象展现在世人面前。车身外表美观、靓丽,让人赏心悦目,使拥有者倍感自信和洒脱,这正是车身养护的魅力所在。另外,做好车身的养护,经常保持车身清洁,有利于随时发现车身钣金件的损伤,以便及时加以修理,延长电动汽车的使用寿命。

1. 电动汽车清洗剂的选用

根据现代电动汽车车身漆面的特点,车身表面清洗时,不能用洗衣粉、洗洁精等含碱性成分较大的普通洗涤用品。长期使用这些洗涤用品进行洗车会使车身漆面失去光泽,严重的会使车漆干裂,造成不可挽回的损失。因此,一定要使用专用的清洁液或清洁香波。专业的洗车香波均含有界面活性剂、功能性高分子材料等,具有较强的渗透能力和增溶能力,可大大降低界面间的张力,既能有效去除车体表面的各类顽固污垢,同时具有除雾、防锈功能,并且不含有害物质。

长期使用不会损伤车体表面及皮肤。在进口电动汽车美容用品中有电动汽车清洗香波、清洗及上蜡香波,其 pH 均为 7.0,属专业电动汽车美容用品。电动汽车各部位的清洗按材质的不同使用不同的专业清洗剂。这些清洗剂都是根据现代电动汽车技术的要求,按照独特的配方和生产工艺制造出来的,是一般民用清洗剂所不能替代的专用清洗剂。越高档的电动汽车越应注意清洗剂的选择,以免清洗剂损伤漆面。

2. 车身清洗剂主要品种、特点

车身清洗剂主要用于清洗电动汽车表面灰尘、油污等,且在清洗的同时进行漆面护理。

(1)水系清洗剂。水系清洗剂一般由多种表面活性剂配制而成。它不同于除油脱脂剂,其配方中不含碱性盐类,但具有很强的浸润和分散能力,能够有效地去除车身表面的尘埃、油污。目前,国内外电动汽车专业美容行业中广泛采用水系清洗剂,如不脱蜡洗车液,这种洗车液是近年来国内外在推广使用的水系清洁剂,它具有操作简便、挥发慢、不易燃、对环境无污染等特点而倍受客户的欢迎。常用的水系清洗剂有英特使 M-2000 洗车液。

(2)二合一清洗剂。二合一清洗剂亦称二合一香波,是一种高级表面清洁剂,主要由多种表面活性剂配制而成。它将清洁、护理合二为一,既有清洗功能,又有上蜡功能,可以满足快速清洗兼打蜡的要求。例如,上光洗车液,上蜡成分是一种具有独特配方的水蜡,在清洗作业中,它可以在漆面形成一层蜡膜,增加车身鲜艳程度,有效保护车漆,可以作为汽车的日常护理用品。常用的二合一清洗剂有英特使 M-2001 香波。

(3)增光型清洗剂。增光型清洗剂是一种集清洁、增光、保护于一身的洗车液,使用时能够产生丰富的泡沫,具有良好的清洁效果,其独特的增光配方可以在车漆表面形成一层高透明的蜡质保护膜,令漆面光洁亮丽,给人焕然一新的感觉。常用的增光型清洗剂有增光洗车液。

(3)脱蜡清洗剂。脱蜡清洗剂含有柔和性溶剂,具有较强的溶解功能。它不仅可去除车身油垢,而且能把原有车蜡洗掉。脱蜡清洗剂主要适用于重新打蜡前的车身清洗。

3. 利用清洗剂除垢

熟悉清洗剂的除垢机理,有利于正确使用清洗剂清洗电动汽车表面。清洗剂除垢包括润湿、吸附、溶解、悬浮、去污 5 个过程,具体如下。

(1)湿润。当清洗剂与电动汽车表面上的污垢质点接触后,由于清洗剂溶液对污垢质点有很强的润湿力,使被清洗物的表面很容易被清洗溶液所润湿,并促进它们之间有充分的接触。清洗溶液不仅能润湿污垢质点表面,而且能深入到污垢聚集体的细小空隙中,使污垢与被清洗表面结合力减弱、松动。

（2）吸附。清洗剂中的电解质形成的无机离子吸附在污垢质点上，能改变对污垢质点的静电吸引力，便于清洗，并可防止污垢再沉积。

（3）溶解。清洗剂将污垢溶解在清洗剂溶液中，增加了去污作用。

（4）悬浮。清洗剂中的表面活性物质能在溶解的污垢质点表面形成定向排列的分子层，使污垢质点和周围的水溶液牢固地联结在一起，清洗时容易使表面上的污垢脱落，然后悬浮于清洗剂中。

（5）去污。最后用高压水枪将污垢冲掉。

十、电动汽车美容

根据电动汽车的实际美容程度，电动汽车美容可分为一般美容、修复美容和专业美容。

一般美容就是人们普通所说的电动汽车美容，即洗车、打蜡。这种美容是将电动汽车表面上的污物、尘土洗去，然后打蜡，增加车身表面的光亮度，起到粗浅的"美容"作用。

电动汽车修复美容是对车身漆膜有损伤的部位，先进行漆膜修复，然后再进行美容。这种美容的工艺过程为砂平划痕→涂快干原子灰→研磨→涂快干底漆→涂底色漆→涂罩光漆→清除接口。电动汽车修复美容必须在比较正规的汽车美容中心进行，它需要必要的设备和工具，必须有一定的修复美容工艺，才能满足电动汽车美容的基本要求。但是，这种美容并非很完善，对整车而言，只是对车身的漆膜部分进行保养护理。

专业电动汽车美容不仅仅包括对电动汽车的清洗、打蜡，更主要的是根据汽车实际需要进行维护。它包括对汽车护理用品的正确选择与使用、电动汽车漆膜的护理（如对各类漆膜缺陷的处理、划痕的修复美容等）、汽车装饰、汽车防护及精品的选装等内容。

1. 电动汽车美容的主要内容

现代电动汽车美容的主要内容有车身美容、内饰美容和漆面美容。

（1）车身美容。车身美容项目有高压洗车，去除沥青、焦油等污物，上蜡增艳与镜面处理，新车开蜡、钢圈、轮胎、保险杠翻新与底盘防腐涂胶处理等。

（2）内饰美容。内饰美容项目有车室美容、发动机美容及行李舱清洁等。其中，车室美容包括仪表台、顶棚、地毯、脚垫、座椅、座套、车门内饰的吸尘清洁保护，以及蒸汽杀菌、冷暖风口除臭、室内空气净化等项目。发动机美容包括发动机冲洗清洁、喷上光保护剂、做翻新处理及三滤、散热器、蓄电池等清洁、检查、维护项目。

（3）漆面美容。漆面美容项目有氧化膜、飞漆、酸雨处理，漆面深浅划痕处理，漆面部分板面破损处理及整车喷漆等。

十一、电动汽车自主保养

电动汽车需要定期做保养已经是常识。一般来说，电动汽车在正常使用的情况下五千公里或者半年左右就需要保养了。在电动汽车保养的问题上，有些车主动手能力较强，不想去4S店或者汽修厂做保养，而是选择自己动手自主保养电动汽车，然而电动汽车自主保养（如图4-10所示）真的能达到保养效果吗？

首先，电动汽车保养最好去正规汽修店做无损保养。无损保养最大的特点就是先检测后保养，根据检测结果进行保养更省钱更安全。通常4S店保养内容是根据电动汽车保养手

图 4-10　电动汽车自主保养

册上的项目进行，保养手册上写明保养什么就保养什么，让换什么就换什么。事实上由于电动汽车行驶环境，驾驶员开车习惯不同等，电动汽车保养的内容也会造成不一样。单纯按照保养手册进行保养的后果就是有些配件根本不需要更换结果换了，浪费！有些配件需要更换但由于保养手册上没有写明要换，结果又没换，造成安全隐患。这都是减损电动汽车寿命的重要因素！

其次，车主自主保养一般是没有专业设备的。在自家附近或者小区内随便找个地方，最好还要有个坡或者垫两砖头，但保养真的就这么简单吗？那为什么 4S 店和汽修店还要花大价钱购买举升机和其他设备，还要请那么多保养工程师呢？事实上，电动汽车开去 4S 店或者维修厂做保养的时候，除了我们表面看到的一些项目，还会有一系列的专业检测，以排除电动汽车存在隐患，这些检测需要专业的检测设备才可进行，而自主保养根本就不会有这样一个流程，那么电动汽车存在的隐患依然还存在，很容易造成大事故！

总之一句话，不管您电动汽车去哪里做保养，或者自主保养电动汽车，首先要睁大双眼避免被假货蒙蔽，其次，保养时最好对电动汽车其他部位进行常规检查，以免留下隐患。这也是延长电动汽车使用寿命、保障安全行驶的必要手段。另外需要提醒的也必须要做到的是：自主保养车辆前要断开电源，拔出钥匙并拉好手刹。车底作业前请使用千斤顶并用三角木塞紧前后车轮，防止在保养车辆过程中车辆溜动引起事故，应按照操作规程启动车辆。保养场所应保持干净、无易燃物，避免火星，有消防设备。切勿明火照明检测蓄电池液面高度或是否泄漏，勿使用开盖燃料或易燃清洗剂清洗零部件，以防火灾。保养场所应通风、进出方便。

十二、电动汽车在雨季过后应该进行哪些维护保养工作

车身的维护保养，一般城市中下的雨含有酸性物质，而这些雨水会对漆面造成腐蚀，所以建议在雨后应应及时对汽车进行冲洗，还可以选择打蜡、镀膜、封釉、镀晶等对漆面具有保护作用的保养项目，这样可以防止酸雨对车身的腐蚀。

同时建议对门锁、门铰链等进行润滑除湿处理，检查并视情更换雨刷片。电气系统的维护保养，雨季由于涉水、淋雨和空气温度较大等原因的影响，容易导致汽车的整车电气系统受潮，应该及时对整车电路进行检查，特别是各插接头和裸露在外的电气部件接头，即便是高压线束的各接头，都要进行相应的除湿作业。

由于涉水等原因，要重视底盘系统的维护保养，应对转向、制动等系统进行检查，同时做

好润滑、除湿、防锈工作。

十三、电动汽车使用维护有关问题解答

1. 电动汽车保养费用

电动汽车的保养内容较少,小保养基本就是常规检查,大保养有刹车、助力油检查更换等。总的来说电动车保养的费用要比一般的燃油车便宜得多,也不涉及那么复杂的项目和技术要求,因此在保养方面,电动车划算的很。

2. 电动汽车保养保修年限

现阶段新能源汽车还算是新鲜事物,厂商也在积极推广让消费者能够更快接受的新能源车,因此市场上在售的新能源产品一般都有较长的保修保养政策。同时像电池这种核心部件,还有更长的保修保养期。比如提供免费保养 6 年 15 万公里的优惠政策(数据有上下浮动,部分车型会针对不同活动有不同政策)。

3. 维修保养与售后维修地点

首保规定是需要在购车的 4S 店,其余的维修保养其他 4S 店均可。反正大部分都是免费保养,所以还是推荐购车的车友都去 4S 店保养,一是心里踏实,二是万一车子有什么问题保修时,也不会因为不在店里保养扯皮。

4. 电动汽车二手折旧率,置换价格

由于电动汽车目前依旧算是比较小众的产品,真正开卖也就是这两年的事儿。因此二手车残值这方面并没有什么现成的数据可查。但是从现实的情况分析,电动车的折旧按照市场规律来说肯定是要大于同类型同档次的汽油车的。原因有二:一是电动车的技术进步非常快,有可能 5 年之后续航里程都是 300 公里了,那你想还会有人花钱买一辆续航 150 公里的电动汽车么?二是随着电动汽车的不断普及和销量的增加,对于厂商来说成本也在不断下降,可以预想在五年之后和现在相同品质的电动汽车新车价格应该会有所下降,这样加上本身的折旧,二手车的残值就会更低。不过有意电动汽车的各位车友也不用担心,现在有些厂家在出售新车的时候也会有二手车回购的政策,比如某车使用五年之后,厂商会以 5 万左右的价格回购该车(具体价格视车况),虽然貌似依然大于燃油车的折旧率,但是如果算上电动汽车在使用过程中省下的油费,还是挺划算的。

5. 电动汽车洗车时是否安全

这个问题得两面看待,没有百分之百的安全。正常的洗车肯定是一点问题没有。电动汽车的电池相对密闭,处于底盘中央位置或是行李厢地板下,或后座之下,都是比较隐秘的位置且四周都有其他部件覆盖,加上本身的电池组外壳也具备防水功能,能进水的可能可以忽略不计(充电口也是防水、防漏电、防击穿、防盗设计)。当然,万事没有绝对,电动汽车的电池为了方便检修,还是会留有检修口的,如果您突然神经错乱拿水枪直接往检修口内灌水,违反常规也会触电身亡的,我们相信任何一个尚存理智的人都不会这么干的。

6. 物业不给安装充电桩

通过与电动车车主的交流,了解到这种现象或多或少都会存在。其实也很好理解,多一事不如少一事,你这里动工安充电桩肯定会无形中增加物业的工作量,他们又得不到好处,当然从情绪上就会抵触。而给出的原因往往是不安全、不具备条件等等。遇到这种完全可以用沟通的方式解决,比如可以和物业签署免责声明,声明由充电桩安装或者使用造成的事

故均由车主承担,与物业无关。对于想要钱的这种事,可以适当支付一些管理费。实在不行,还可以到市建委投诉,反映具体情况,购车用户可让经销店人员上门协调(告诉物业扣分,就好办一些)。另外,真正麻烦的是小区第一个安装充电桩的车主,遇到的阻力也最大,如果成功,后面的车主就会容易得多,在这里也要为那些开拓无桩小区的车主们点个赞。

7. 夏天、冬天开空调对续航里程的影响

影响肯定会有,这与燃油车是一样的道理,开空调必然油耗增加。但是与燃油车不同的是,电动汽车夏天开冷风空调对能耗影响相对较小,冬天热风对续航的影响更大。冬天气温低,本身电池的活性就不够,且在低温环境中,电池的自加温也会消耗一定的电量,因此在冬天电动汽车续航里程在不使用空调的情况下相比夏天就会减少10%～15%左右。如果再开暖风,影响更大,续航里程甚至会下降30%。因此,在冬天驾驶时尽量不要长时间使用空调取暖,如果车上带有座椅加热,尽量用座椅加热功能,相对空调而言效率更高。如果没有这样的功能,那就隔段时间开一会空调,要不还是多穿点吧。

8. 电动汽车电池在放置一段时间后电池电量会不会流失

不是特别长时间,基本上不会有能观测到的电量流失,经验之谈每天最多的情况可能缩减1%,还是气温比较低的情况,有些电动汽车的电池有自动加温的功能,在冬天时会消耗极少的电量加温电池,使其处在能够正常工作的温度区间。

9. 气温对电动汽车续航的影响

也是同样的答案,低温一定会对续航有影响,电池的活性在低温状况下较差,且电量有一部分需要给电池加温,但如果不开空调,续航里程降低不会特别多。

10. 电动汽车的爬坡能力

其实这个问题与是不是电动汽车没有太大关系,燃油车一样有爬坡不行的例子,关键是坡的角度,路面附着力条件,爬坡车辆的载重和马力的关系。虽然目前市面上大部分电动汽车所使用的电动机普遍输出功率和扭矩都不大,但基本上应对路面上的正常上下坡是没有问题的,不要担心下了地库上不来,都踏踏实实的吧。

11. 电动汽车半路没电了,如何解决

叫救援啊!这也算是个问题么?再说你怎么会真的开到没电呢?我认识的电动汽车主都十分关注自己的续航里程管理,一般剩个30公里左右的续航时,有什么急事都会先去充电,毕竟公共充电设施还不完备,到了充电站遇到电桩有故障的情况也不少见,因此你需要一个备用里程来"保命"。如果续航剩下30公里就必须去找充电设备了,当然回家的情况例外(有家用充电桩)。另外,有很多电动汽车厂家都提供一定范围内的免费救援服务,选择带这种服务的品牌电动汽车,也能令你踏实不少。

12. 想买电动汽车但不方便安装充电桩如何充电

这个问题应属于是家里或小区不方便安装充电桩应该如何充电,建议解决方案是----摇号买汽油车。其实,家中能否安装充电桩几乎是你购车后用车生活是在天堂还是地狱的唯一决定性因素!好吧,有点夸张了!但没有固定且可靠的充电点确实会令电动汽车的使用变得极为不方便。如果家里和小区真的都不能安装充电桩你还有如下两个办法:一是飞线充电,用应急充连接家用220V电源充电,但充电效率低速度慢,且有安全隐患。二是将车停在离家距离不远的公共充电站充电,前提是家或者公司附近要有这种比较靠谱的公共充电站。

13. 电动汽车撞击后电池安全问题

盈利是车厂在推出一款产品后最重视的点,一般来说,安全是紧随其后第二重视的问题,因此一般电动汽车的电池安全还是有保证的。目前,比较主流的电池安放位置是车辆中间的地板之下,这个位置前后左右都有退缩吸能的区域。因此在撞击中不会受到特别严重的损伤。当然,如果事故足够严重,电池被严重撞击损毁,它也确实有可能出现危险,不过那和车内的驾驶员和乘客应该已经没有任何关系了,因为他们肯定都死了,这是最好不要出现的情况。

14. 电动汽车日常保养关注点

电动汽车主要是针对电池组和电动机进行日常的养护。纯电动汽车的电池组与电机代替了普通汽车的发动机来驱动汽车行驶,变速箱与普通汽车的变速箱也略有不同,但底盘和电器部分与普通汽车基本一致。车辆的正确维护保养对于安全驾驶和减少车辆的维修成本是必不可少的。为了确保车辆保持最佳的状态,请您接到电动汽车后,务必查看该车的保养手册,并按照手册中的规定进行保养。以下是一般电动汽车和传统汽车类似的保养项目:

(1)每年或2万公里更换变速箱油和空调滤芯。

(2)每两年或4万公里更换刹车油。

(3)每次保养检查底盘、灯光、轮胎等常规部位。

由于电动汽车是靠电机驱动,所以电动汽车不需要机油、三滤、皮带、涨紧轮等,也不用担心会出现漏油的情况。电动汽车只需要对驱动电池组和电机进行一些常规的检查,并保持其清洁即可,可见电动汽车在保养方面比传统汽车也是有很大优势的。针对现在混合动力和插电混合动力车型,发动机保养和普通汽油车一样,但电机保养更为重要,要定期加润滑油,去售后做做检查。

15. 电动汽车日常使用重要提示

(1)正确掌握充电时间。在使用过程中,应根据实际情况准确把握充电时间,参考平时使用频率及行驶里程情况把握充电频次。

(2)蓄电池在存放时严禁处于亏电状态。

(3)在使用过程中,如果电动汽车的续行里程在短时间内突然大幅度下降十几公里,则很有可能是电池组中最少有一块电池出现问题。

(4)电动汽车严禁在阳光下暴晒,尽量选阴凉处放置。

(5)经常测测胎压,防止漏气和爆胎。

(6)使用之前检查刹车是否灵敏,电池电量是否充足。

(7)要经常清除电机舱体内灰尘、污物,注意保持电池干燥、清洁,以防电池自行放电。清洗整车时要待汽车降温后再冲洗,水流避开充电插口。

第五篇　电动汽车常见故障排除

随着国家经济水平与科技水平的不断提升,纯电动汽车技术正在不断成熟和发展,逐渐步入产业化进程。目前汽车故障诊断技术探索大多数是针对传统发动机汽车而进行的,对于纯电动汽车的故障诊断研究少之又少。我国与国际上汽车故障诊断水平先进的国家来说,仍处在起步阶段,因此对于纯电动汽车的故障诊断发展需要不懈的努力。

一、纯电动汽车故障指示灯解读

在车辆启动时或使用过程中时常会遇到故障灯点亮的情形,但每一种故障灯点亮时都预示着纯电动汽车某个部位有故障。现在我们就来认识一下纯电动汽车的故障灯。

1. 纯电动汽车故障灯的分类

纯电动汽车故障灯大多数都是与普通汽车故障灯一样的,其也是分为指示灯、警告灯、指示/警告灯三类。纯电动汽车故障灯同样用颜色代表故障程度:红色=危险/重要提醒;黄色=警告/故障;绿色/蓝色/白色=指示/确认启用。

2. 系统故障警告灯

这个故障灯出现频率较高,大多数情况会与其他故障灯一同亮起,如图 5-1 所示,表示动力系统故障。如果是这个故障灯单独亮起,则代表系统总线通讯出现故障,需及时维修。

3. 动力蓄电池电量不足指示灯

当动力蓄电池电量低于 30% 时候,该指示灯亮起,如图 5-2 所示。表示动力蓄电池电量不足,可能不能满足驾驶里程的需求。这个时候,就需要及时充电了,当动力蓄电池电量高于 35% 时,故障灯就会熄灭。

图 5-1　系统故障警告灯

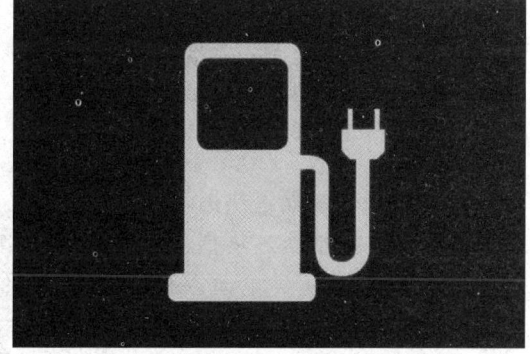
图 5-2　动力蓄电池电量不足指示灯

4. 动力蓄电池切断故障指示灯

当动力蓄电池切断故障指示灯亮起时,如图 5-3 所示,表示动力蓄电池不能提供动力来源,蓄电池动力已切断,需及时维修。

5. 动力蓄电池故障指示灯

当动力蓄电池故障指示灯亮起时,如图 5-4 所示,表示动力蓄电池可能存在故障,需要慢速行驶并及时维修,如果能够感觉到明显的故障最好不要在驾驶车辆,直接申请救援即可。

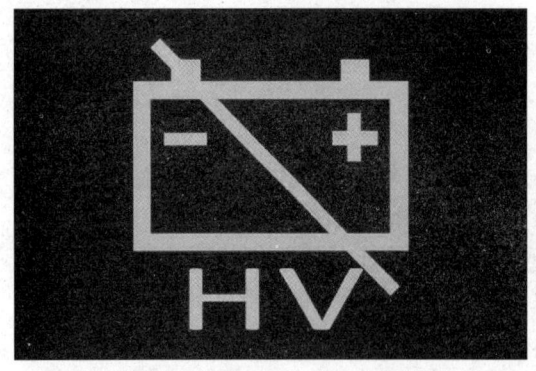

图 5-3 动力蓄电池切断故障指示灯

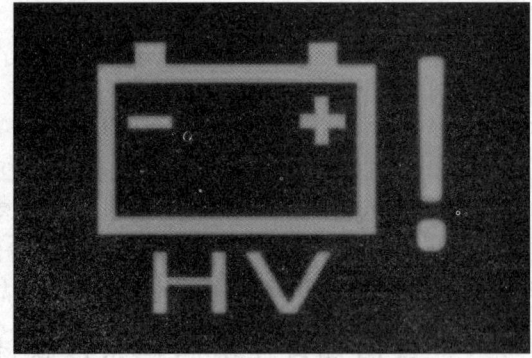

图 5-4 动力蓄电池故障指示灯

6. 动力蓄电池绝缘电阻低指示灯

当动力蓄电池绝缘电阻低指示灯亮起时,如图 5-5 所示,表示动力蓄电池绝缘性能降低,很多时候都是长时间淋雨造成的,静放几天等车辆干燥或许可以恢复。但如果不能恢复,则需要及时进行维修。

7. 动力蓄电池过热警告灯

当动力蓄电池过热警告灯亮起时,如图 5-6 所示,说明动力蓄电池过热,此时最好不要继续行驶,应该靠边停车,等待蓄电池冷却。等蓄电池冷却,故障灯熄灭后才可再行驶。

图 5-5 动力蓄电池绝缘电阻低指示灯

图 5-6 动力蓄电池过热警告灯

8. 电机及控制器过热指示灯

当电机及控制器过热指示灯亮起时,如图 5-7 所示,表示纯电动汽车的电机及控制器过热,需要靠边停车,自然冷却。如果故障灯熄灭可继续行驶,如故障灯不熄灭或者频繁亮起,则马上需要对车辆进行维修。

在车辆仪表盘自检过程中显示出的故障灯其实就像是医生的诊断报告,可以说是汽车发生故障的第一线索,因此正确识

图 5-7 电机及控制器过热指示灯

别这些故障灯及其含义非常必要。

二、常见问题处置

纯电动汽车最常见的问题有以下几点：第一点，纯电动汽车会发生全车没有电的情况，这时我们就要检查保险丝是不是完好，接线插头是不是松动了，电源开关是不是损坏，如果出现上述情况请立即更换，确保能够正常行驶。第二点，在需要充电的时候，会出现充不上电的情况，这时要检查充电电机保险丝是不是熔断，如果保险丝熔断更换以后就会正常，还有就是电池组的连接线是不是松动发虚或是已经掉落，拧紧或是连接好后就能恢复正常，再有就是看充电机插头和接线板是不是没有插紧，在一个就是用万能表测一测充电机是不是已经损坏，如损坏请及时更换。第三点，电动汽车在行驶过程中产生大量火花，局部发热，车身出现抖动的情况，出现上述问题后请检查，是不是因为涉水后电动机进水造成短路已经烧坏，还有就是电动机超负荷运行，形成短路将换向器烧坏，如果出现上述情况到专业修理厂进行维修和更换。第四点，电动车在行驶过程中如果出现电动机异响，应该检查电动机和后桥连接是不是不同心、电刷和换向器的接合是不是出现问题、电动机转子轴承是不是损坏。

三、故障检测方法

汽车故障检测是通过观察、检测、分析及判断等一系列工作完成的，其基本方法主要分为两类：直观检测法与现代仪器设备检测法。

（1）直观检测法 直观检测法又称人工经验检测法，是指检测人员借助丰富的实践经验和一定的理论知识，在汽车不解体或局部解体的情况下，依据直观的感觉，借助简单工具，采用眼观、耳听、手摸和鼻闻等手段对汽车进行检查、试验和分析，查明故障原因和故障部位。

（2）现代仪器设—备检测法 现代仪器设备检测法是在人工经验检测法的基础上发展起来的一种检测方法，是指在汽车不解体的情况下，使用测试仪器、检测设备或工具，检测整车、总成或机构的参数、曲线和波形，为分析、判断汽车故障原因提供定量依据。

实际上，上述两种方法经常会同时使用，称为综合检测法。电动汽车的故障处理同传统汽车故障处理的含义相似，而因为电动汽车构造的特殊性又在细节上与传统内燃机汽车存在着差异。基本流程首先应找到故障产生的部位；之后用相应的仪器进行测试，分析、研究故障产生的原因，推理验证故障的产生情况；然后进行维修，确认故障已经修复；最后驾驶人试车，以检验故障修复的效果。

四、动力系统常见故障及处理方法

1. 动力电池系统

电动汽车中高压系统的功能是确保整车系统动力电能的传输，并随时检测整个高压系统的绝缘故障、断路故障、接地故障和高压故障等，是确保整车设备和人员安全的首要任务，也是电动汽车产业化的关键技术之一。

电动汽车的主要部件——动力电池系统属于高压部件，其设计的好坏直接影响着整车安全性及可靠性。在动力电池系统中，从故障发生的部位看，分为传感器故障、执行器故障（接触器故障）和部件故障（电芯故障）等，动力电池系统故障诊断及处理十分必要。

动力电池系统故障按照故障发生的部位可以分为三类，即单体电池故障、电池管理系统故障、线路或连接件故障。

(1) 单体电池故障 单体电池的故障包括三种。

① 第一种故障 电池性能正常，无须更换，对应故障有单体电池 SOC 偏低和单体电池 SOC 偏高。如果单体电池 SOC 偏低，则该电池在汽车行驶过程中，电压最先达到放电截止电压，使得电池组实际容量降低，应对该单体电池进行补充充电。如果单体电池 SOC 偏高，则该电池在充电末期最先达到充电截止电压，影响充电容量，需对该单体电池进行单独补充放电。

② 第二种故障 电池性能衰退严重，应立即更换，对应故障有单体电池容量不足和单体电池内阻偏大。在电池组中，最小的单体电池容量也限制了整个电池组的容量，因此发生单体电池容量不足故障会影响车辆续驶里程。锂离子电池内阻如果过大，会严重影响电池的电化学性能，如充放电过程中的极化严重、活性物质利用率低、循环性能差等。

③ 第三种故障 电池影响行车安全，对应故障包括单体电池内部短路；单体电池外部短路；单体电池极性装反，在强振动下锂离子电池的极耳、极片上的活性物质、接线柱、外部连线和焊点可能会折断或脱落，造成单体电池内部短路或者外部短路故障。

通常情况下，造成单体电池前两种故障的原因可能包括两个：一是动力电池成组时单体电池一致性问题，单体电池的 SOC、容量、内阻本身就存在差异；二是单体电池在成组应用过程中因为应用环境差异（如温度、充放电电流）造成的一致性差异增加，加剧单体电池的不一致性。

(2) 电池管理系统故障 电池管理系统对于保障电池组的安全及使用寿命，最大限度发挥电池系统效能具有重要作用。电池管理系统通常对单体电压、总电压、总电流和温度等进行实时监控采样，并将实时参数反馈给整车控制器。电池管理系统除了对电池性能参数进行监控、实施电性能管理以外，还具有热管理为主的应用环境管理，实施对电池的加热和冷却，确保电池的良好应用环境温度以及温度场的一致性。若电池管理系统发生故障，就失去了对电池的监控，不能估计电池的 SOC，容易造成电池的过充、过放、过载、过热以及不一致性问题的增加，影响电池的性能、使用寿命和行车安全。

电池管理系统故障包括 CAN 通信故障、总电压测量故障、单体电压测量故障、温度测量故障、电流测量故障、继电器故障、加热器故障和冷却系统故障等。

(3) 线路或连接件故障 线路或连接件故障的诊断对于确保行车安全和整车的可靠性同样重要。例如，因为车辆的振动，电池间的连接螺栓可能会出现松动，电池间接触电阻增大，发生电池间虚接故障，以致电池组内部能量损耗增加，造成车辆动力不足和续驶里程短，在极端情况下还能引起高温，产生电弧，熔化电池电极和连接片，甚至造成电池着火等极端电池安全事故。

在电动汽车运行过程中，单体电池之间可能发生相对跳动，造成两电池间的连接片折断。电池箱和电动汽车的电气连接也是故障的高发点，电插接器在经历长时间振动后容易产生虚接，出现易烧蚀、接触不良等故障。

动力电池系统常见故障及处理方法见表 5-1。

表 5-1 动力电池系统常见故障及处理方法

项目	故障现象	故障后果	处理方法
单体电池	单体电池 SOC 偏低	电池组容量降低,电动汽车续驶里程短	对单体电池单独充电
	单体电池 SOC 偏高		对单体电池单独放电
	单体电池容量不足	电池组充电不足、使用寿命减少,电动汽车续驶里程短	更换单体电池
	单体电池内阻偏大	电池组充电不足、使用寿命减少,电动汽车动力不足,续驶里程短	
	单体电池过充电	电池内部短路,电池热失控,严重时会起火、爆炸	检查电池管理系统
	单体电池过放电		
	单体电池内部短路		更换单体电池
	单体电池外部短路	电池热失控,严重时会起火、爆炸	排除短路故障、更换单体电池
	单体电池极性装反		更换单体电池
电池管理系统	CAN 通信故障	无法监控电动汽车	检查 CAN 网络
	总电压测量故障	无法监控总电压	检查总电压测量模块
	单体电压测量故障	无法监控单体电压	检查单体电压测量模块
	温度测量故障	无法监控电池温度	检查温度测量模块
	电池测量故障	无法监控电池电流	检查电流测量模块
	冷却系统故障	电池温度偏高	检查冷却风扇控制线路
线路或连接件	电池间虚接	电动汽车动力不足,续驶里程短	紧固电池连接
	电池间断路		检查电池连接
	快速熔断器断开	电动汽车无法启动	检查快速熔断器
	动力电插接器断开		检查动力电插接器
	动力电插接器虚接	插接器易烧蚀,电动汽车动力不足	
	信号电插接器故障	无法监控电动汽车	检查信号电插接器
	正极接触器故障	电动汽车无法启动	检查接触器
	铅极接触器故障		
	电源线短路	电池热失控,严重时会起火、爆炸	检查电源线

2. 电动机驱动系统

电动机驱动系统的故障主要分为电动机故障与电动机控制器故障。

电动机是电能和机械能转换,实现车辆驱动的关键部件,是典型的机电混合体。电动机故障涉及因素较多,如电路系统、磁路系统、绝缘系统、机械系统以及通风散热系统等。任何一个系统工作不良或其相互之间配合不好均会导致电动机出现故障,所以,电动机故障要比其他设备的故障更复杂,电动机故障诊断所涉及的技术范围更广。此外,电动机的运行还与其负载情况、环境因素有关。电动机在不同的状态下运行,表现出的故障状态各不相同,这进一步增加了电动机故障诊断难度。通常而言,电动机的故障可分为机械故障与电气故障。机械方面的主要故障有定子铁芯损坏、转子铁芯损坏、轴承损坏和转轴损坏,其故障原因为由振动、润滑不充分、转速过高、静载过大、过热而引起的磨损、压痕、腐蚀、电蚀和开裂等;电气方面的故障则主要是定子绕组故障与转子绕组故障，故障原因包括电动机绕组接地、短路、断路、接触不良和鼠笼断条等。

因为器件本身的结构和物理特性以及相互间的电磁兼容性问题，电动机控制器故障也成为电动机驱动系统发生故障的主要原因。电动机控制器的故障主要包括以下几类：IGBT故障、输入电源线和接地线故障、整流二极管短路、直流母线接地错误、直流侧电容短路、晶闸管短路、温度超限报警、相电流过大、过电压以及欠电压等高压电气系统故障。

电动机常见故障及处理方法见表5-2。主电动机控制器常见故障及处理方法见表5-3。

表 5-2 电动机常见故障及处理方法

序号	故障现象	故障原因	处理方法
1	电动机在空载时不能启动	①电源未接通 ②逆变器控制原因 ③定子绕组故障（断路、短路、接地和连接错误等） ④电源电压太低	①检查开关，该触器触点及电机引出线头，查出后修复 ②检查逆变器 ③检查定子绕组，找出故障并修复 ④检查电源电压和每个连接处
2	电动机通电后，电动机不启动，"嗡嗡"响	①定子、转子绕组断路 ②绕组引出线始末端接错或绕组内部接反 ③电动机负载过大或被卡住 ④电源未能全部接通	①查明断路点进行修复 ②定子绕组中通入直流电，检查绕组极性（用指南针）；判定绕组首末端是否正确 ③检查设备，排除故障 ④紧固接线柱松动的螺钉，用万用表检查电源线某相断线或假接故障，然后修复
3	定子过热	①输电线一相断线或定子绕组一相断路，造成走单相 ②过载 ③绕组匝数不对 ④通风不良	①按序号1号处理方法①和③进行检查 ②减少负载或增加容量 ③检查绕组电阻 ④检查风机是否正常
4	绝缘电阻低	①绕组受潮或被水淋湿 ②绕组绝缘粘满粉尘、油垢 ③引出线绝缘老化破裂 ④绕组绝缘老化	①进行加热烘干处理 ②清洗绕组油垢，并经干燥，浸漆处理 ③重包引线绝缘 ④经鉴定可以继续使用时，可经清洗干净，重新涂漆处理；若绝缘老化，不能安全运行时，需要更换绝缘
5	电动机振动	①轴承磨损，间隙不合格 ②气隙不均匀 ③转子不平衡 ④笼型转子导条断条 ⑤定子绕组故障（短路、断路、接地和连接错误等） ⑥转轴弯曲 ⑦铁芯变形或松动	①检查轴承间隙，应符合设计要求 ②调整气隙 ③重新校对平衡 ④更换转子 ⑤查出绕组故障点并进行处理 ⑥校直转轴 ⑦校正铁芯，或重新叠装铁芯

续表 5-2

序号	故障现象	故障原因	处理方法
6	电动机空载运行时空载电流不平衡,且相差很大	①绕组首端接错 ②电源电压不平衡 ③绕组有故障(匝间短路,某线圈组成反等)	①查明首末端,改正后再启动电机试验 ②测量电源电压,找出原因并消除 ③拆开电机检查绕组极性和故障,并改正和消除故障
7	电动机运行时有杂音,不正常	①轴承磨损,有故障 ②定子、转子铁芯松动 ③电压不平衡 ④绕组有故障(如短路,接错等) ⑤轴承缺少润滑脂 ⑥气隙不均匀,定子、转子相擦	①检修并更换轴承 ②检查振动原因,重新压装铁芯 ③测量电源电压,检查电压不平衡原因并处理 ④检查绕组故障并处理 ⑤清洗轴承,添加规定量的润滑脂 ⑥调整气隙,提高装配质量
8	轴承发热超过规定	①润滑脂过多或过少 ②脂质不好,含有杂质 ③轴承与轴配合过松或过紧 ④轴承与端盖配合过松或过紧 ⑤油封间隙配合太紧 ⑥轴承内盖偏心与轴相擦 ⑦电机两侧端盖或轴承盖未装平 ⑧轴承有故障,磨损,有杂物等 ⑨轴承间隙过大或过小	①拆开轴承盖,检查油量,按规定增减润滑脂量 ②检查油脂内有无杂质,更换洁净的润滑脂 ③采取措施,使轴承与轴配合符合要求 ④采取措施,使轴承与端盖配合符合要求 ⑤更换或修理油封 ⑥修理轴承内盖,使其与轴的间隙合适 ⑦按正确工艺将端盖或轴承盖装入正口内,然后均匀紧固螺钉 ⑧更换损坏的轴承,对含有杂质的轴承要彻底清洗,换油 ⑨更换新轴承

表 5-3 主电机控制器常见故障及处理方法

故障码	故障说明	排除方法
1	W 相 IGBT 饱和保护	重新启动系统,如不能消除或经常发生需专业维修
2	U 相 IGBT 饱和保护	重新启动系统,如不能消除或经常发生需专业维修
3	V 相 IGBT 饱和保护	重新启动系统,如不能消除或经常发生需专业维修
100	高压欠压(预充电状态)	表示系统高压未接通,如高压已接通,而长时间没有消除需专业维修
171	系统上电自检异常	需专业维修
190	高压过低	重新启动系统,如不能消除或经常发生需专业维修
191	旋变检测异常	检查旋变信号线,重新启动系统,如不能消除或经常发生需专业维修
192	瞬间超速保护	检查旋变信号线,如不能消除或经常发生需专业维修
193	超速保护	检查旋变信号线,如不能消除或经常发生需专业维修
194	过流保护	重新启动系统,如不能消除或经常发生需专业维修

续表 5-3

故障码	故障说明	排除方法
196	24V 瞬间断路	检查供电系统是否断路或接触不良
199	15V 驱动电源工作异常	重新启动系统,如不能消除或经常发生需专业维修
203	15V 驱动电源启动异常	重新启动系统,如不能消除或经常发生需专业维修

五、汽车底盘常见故障及处理方法

1. 变速器

变速器担负着变速、变转矩、实现倒车并利用空挡暂时切断动力等任务,使得汽车适应各种条件下的行驶,并能满足"不跳挡、不乱挡、不漏油、无异响、传动平稳、变换挡位自如"的技术要求。因为汽车在行驶过程中,变速器各运动部件经常处于高转速、大负荷的工作条件下,当行驶道路复杂时,挡位变换频繁,在换挡过程中,变速器内部齿轮之间、齿轮和轴之间因相对运动的变化而发生冲击,使各部件产生磨损,特别是装配调整不当或驾驶人操作不当,则会加剧磨损,甚至造成机件的损坏,从而使变速器发生故障。

变速器常见故障及处理方法见表 5-4。

表 5-4 变速器常见故障及处理方法

故障现象	故障原因	处理方法
挂挡困难	拨叉变形或损坏	检查校正或更换
	换挡控制单元(TCU)故障	更换 TCU
掉挡	接合齿或齿套倒锥失效	检查、更换
	操纵机构安装不当或损坏	检查、调整
变速器漏油	油封老化,磨损	检查、及时更换
	通气阀堵塞	疏通或更换
	齿轮油加注过多	检查
噪声或异响	润滑油黏度过低或使用不合乎质量要求的劣质润滑油	更换适合等级的润滑油
	润滑油量不足	加注指定的润滑油
	轴承损坏或有裂纹	更换轴承

2. 转向系统

转向装置主要由转向器与传动机构两部分组成,转向装置技术状况的好坏,直接影响到汽车行驶的平顺性、操纵稳定性、安全可靠性以及轮胎的磨损等。随着汽车行驶里程的增加,转向装置中的某些机件将由于磨损而失去正确的几何形状,配合间隙也不断增大,转向装置的技术状况不断变差,最终产生种种故障。

(1)转向盘自由行程过大。

①故障现象汽车实施转向或接收路面感觉不灵敏,转向盘游动间隙大于规定标准,转向盘虽然转动了很多,但转向轮没有发生偏转,或转向盘不动而转向轮却自动偏转。

②故障原因转向盘和转向轴固定螺母松动;转向器主、从动部分啮合间隙过大;摇臂轴与衬套间松旷;转向器内主、从动轴承松旷;横、直拉杆球节调节不当或磨损松旷;转向节主

销与衬套磨损严重等。

③处理方法 两人配合,一人在车上转动转向盘,另一人在车下观察摇臂和转向轮。如果转向盘已转动很多而摇臂并不摆动,说明故障在转向器部分;如果摇臂已转动很多而前轮不偏转,则故障在传动机构。

(2)转向沉重。

①故障现象 汽车在运行中,驾驶人向左或右转动转向盘时,感觉沉重吃力而且无回正感。当汽车以低速转弯行驶时,转动转向盘非常吃力,甚至打不动转向盘。

②故障原因 转向轴弯曲变形;转向器内主动部分的轴承预紧力过大;转向器内缺油;摇臂轴和衬套装配过紧;主销内倾、后倾角度变大或前束不符合要求;前钢板弹簧挠度尺寸不满足要求;轮胎气压不足。

③处理方法 支起前桥,如果转向轻便,则故障在前轴、轮胎等部位;如果转向沉重,则故障在转向器或传动机构。

(3)前轮摇摆。

①故障现象 汽车在一定速度下行驶时,两前轮各自绕主销产生角振动,一般为前轮摆动。前轮左右摆动严重时,转向盘抖振强烈,手感发麻,甚至在驾驶室内都可以看到车头晃动,此时,前轮沿着一条弯曲的波形轨迹向前滚动。

②故障原因 前轮定位失常;转向机构松旷;前轮质量不平衡;转向系统刚度低,U形螺栓或钢板销和衬套松旷,前悬架运动干涉,道路不平等。

③处理方法 检查并调整前轮定位参数、转向机构、前轮的动平衡等。

(4)行驶跑偏。

①故障现象 汽车在平直路面上行驶时,无法保持直线行驶,总是自动偏向道路某一边,必须用力把住方向盘,才能直线行驶。

②故障原因 前桥或车架变形,前轮轮毂轴承与主销松旷,定位参数改变;前轮轮胎新旧程度不同或气压不一致;减振器失效等。

③处理方法 在平坦地段检查轮胎磨损与气压;检查前桥、车架有无变形及钢板弹簧的片数;路试检查制动鼓上轮毂的温度。

3. 制动系统

制动系统是汽车最重要的安全部位之一,一旦发生故障,后果将不堪设想。汽车制动系统常见故障及其处理方法如下。

(1)制动不良或失灵。

①制动管(如接头处)渗漏或阻塞,制动液不足,制动油压下降而失灵。需定期检查制动管路,排除渗漏、添加制动液、疏通管路。

②制动管内进入空气使制动迟缓,制动管路受热,管内残余压力太小,导致制动液气化,管路内出现气泡。因为气体可压缩,所以在制动时导致制动力矩下降。维护时,可将制动轮缸及管内空气排净并加足制动液。

③制动间隙不当。制动摩擦片工作面和制动鼓内壁工作面的间隙过大,制动时轮缸活塞行程过大,导致制动迟缓、制动力矩下降。维修时,按照规范全面调校制动间隙,即用平头螺钉旋具从检查孔拨动棘轮,将制动蹄完全张开,使间隙消除,再将棘轮退回3~6齿,以得到所要求的间隙。

④制动鼓与摩擦衬片接触不良,以致摩擦衬片与制动鼓接触不良,制动摩擦力矩下降。如果发现此现象,必须镗削或校正修复。需要的话可以更换新件。

⑤制动摩擦片被油垢污染或浸水受潮,摩擦系数快速降低,引起制动失灵。维护时,拆下摩擦片用汽油清洗,并用喷灯加热烘烤,使得渗入片中的油渗出来,渗油严重时必须更换新片。对于浸水的摩擦片,可用连续制动来产生热能使水蒸发,恢复其摩擦系数即可。

⑥制动主缸、轮缸皮碗(或其他件)损坏,制动管路无法产生必要的内压,油液渗漏,致使制动不良。应及时拆检制动主缸、轮缸皮碗,更换磨蚀损坏部件。

(2)制动单边。

①同轴左右两边制动器制动时间不一致,通常是两边制动器制动间隙不均或接触面积差异所引起的。制动时,一边儿摩擦片先接触制动鼓进行制动,而另一边儿由于间隙大、摩擦片与制动鼓接触滞后,制动不同步。遇此现象,可重新校对左右轮制动间隙。

②同轴两边制动器的制动力矩不同,使得车轮转速不同,直线行驶的距离就不相等,从而造成制动单边。这一般是因为某边制动轮缸漏油、制动摩擦片油污严重、摩擦系数出现差异或左右轮胎气压不等所造成的。可用汽油清洗摩擦片、检查轮胎气压、修复渗漏处,分别进行排除。

③不踩制动踏板汽车就自动滑行到一侧。这通常为一侧前悬架变形、前悬架车身底板变形、前悬架螺旋弹簧弹力严重下降以及车架等相关部位在汽车制动时相互干涉或不协调所致。遇上述情况,查明原因后加以修复。

④制动时车轮自动向一边儿转弯而跑偏。这主要是两边制动鼓和摩擦片工作表面粗糙度不同,或一侧制动管路接头堵塞等引起的。应分别查找根源,加以修复。

⑤左右轮胎气压不均造成跑偏。左右轮胎充气气压必须一致,否则因两边车轮的实际转动半径不同、行驶的直线距离不等而出现侧滑。必须给各轮胎按规定充气。

⑥除上述原因以外,还有车轮定位失准及左右轮胎磨损不同,由此路面对左右车轮的阻力差也会引起跑偏侧滑。遇此情况,找准原因之后分别进行调校或更换部件。

(3)制动噪声。

①制动鼓失圆,其圆度误差较大,制动鼓工作面变形,制动时摩擦片和制动鼓贴合瞬间发生碰撞,同时发出尖锐的撞击响声。维护时,拆下制动鼓进行镗削,并需进行平衡性能校验。

②制动摩擦片表面太光滑、摩擦系数小而制动压力大时,光滑的表面滑摩就会产生摩擦噪声,或在摩擦副之间塞进了异物挤压摩擦表面,由此也会发出摩擦噪声。维修时可拆下制动鼓,清除异物并用粗砂纸打磨摩擦片,并使其配合摩擦副接触面积达到70%以上即可。

③制动摩擦片严重磨损,表面出现沟槽和不规则形状,制动时无法完全有效地和制动鼓贴合,或制动支撑板变形,破坏了鼓和片的同轴度,局部摩擦、碰撞而出现噪声。维修时,应更换摩擦片,校正制动支撑板。

④前轮轴承损坏、滚道和滚珠表面出现麻坑、沟槽甚至碎裂,行驶中制动就会发出异响。可更换前轴头轴承,即可消除此噪声。

(4)制动鼓发热。

①当放松制动踏板时,制动力未完全解除,使得摩擦副长时间处于摩擦状态,引起起步困难、行驶无力,用手触摸轮毂表面感到烫手。遇此情况,需重新调节制动间隙。

②驻车制动手柄没完全放开,其原因是操作上的疏忽,导致摩擦副长时间处于摩擦状态而发热,必要时按规范进行调整手柄。

③制动产生的热量使回位弹簧受热变形、弹力下降或消失,不能确保制动摩擦片总成及时回位,便无法及时彻底解除制动而使制动鼓发热。应及时检修或更换回位弹簧,即可消除故障。

(5)驻车制动失灵常见故障包括拉索或外套锈蚀、牵引弹簧折断、脱落等,导致驻车制动操纵拉索或制动拉索在其外套内拉动不灵活,由此造成驻车制动松不开而工作失效。需检查制动操纵拉索和制动系统部件表面有无损伤,手柄操纵动作是否灵活,有无卡滞现象,拉索连接头及固定部位是否松动、损坏。检修时,对拉索加注润滑脂进行润滑,或更换。

4. 行驶系统

汽车行驶系统技术状况的好坏直接影响到汽车行驶的平顺性和操作稳定性,所以,对行驶装置的常见故障应及时处理。

(1)悬架发生刚性碰撞或异响。

①故障现象汽车行驶中悬架发生撞击,发出异响,振动强烈。

②故障原因钢板弹簧销或螺旋弹簧产生塑性变形;减振垫、限位块损坏;润滑不良;减振器失效等。

③处理方法检查悬架是否变形、松动,减振垫的润滑情况,必要时添加润滑脂;检查减振器是否损坏。

(2)轮胎异常磨损。

①故障现象轮胎出现两肩磨损、胎冠中部磨损、内(外)侧磨损、锯齿形磨损或波浪形磨损。

②故障原因前车轮外倾角和前束不符合要求;车轮轮毂轴承磨损、松旷;轮胎不平衡量过大,轮胎气压不正常;减振器失效,轮毂变形。

③处理方法检查减振器是否失效,轮毂是否变形,必要时更换;检查车轮轮毂轴承是否磨损、松旷,轮胎气压是否正常,必要时调整、补气、做轮胎动平衡。

六、电气设备常见故障及处理方法

(1)灯光设备汽车灯光设备的常见故障包括灯不亮、灯光暗淡、忽明忽暗及熔断器发响等。造成上述故障的原因通常是灯丝烧断、导线松脱、接地不良、断路或短路;充电电压调整过高以及各种开关失效等。一般采用试灯法、试火法和电源短接法检测。

灯光设备常见故障及处理方法见表5-5。

表5-5 灯光设备常见故障及处理方法

故障原因	处理方法
①线路断路或插头松动	①检查线路或接好插头
②接触不良	②检查、调整
③灯泡不良	③更换
④开关触点烧蚀	④消除烧蚀物或更换
⑤熔丝烧断	⑤更换
⑥继电器工作不良或损坏	⑥检修或更换
⑦闪光器工作不良或损坏	⑦检修或更换
⑧变光器工作不良或损坏	⑧检修或更换

(2)组合仪表 汽车电子组合仪表的故障诊断,除了可以由车载微机自诊断系统进行处理之外,还可以使用专门的检测设备对其进行检测及诊断。检测时,应首先将传感器电路断开或拆下,用检测设备对它们逐个进行检查。汽车电子仪表显示系统的故障通常都出现在传感器、针状插接器和导线、个别仪表及显示器上。

①里程表不工作可能原因包括组合仪表故障、里程表传感器损坏及相关线路故障。首先检查仪表本身,再对里程表传感器进行检测,判断出传感器损坏,更换新传感器,排除故障。

②仪表板上电源指示灯不亮而电动机运转正常

a.仪表板正负极引线间无电压接插件接触不良或引线断路,重新插接或换线。

b.发光管损坏更换或修复发光管。

c.仪表板线路板有断路更换或修复仪表板线路板。

③主控制器功能一切正常(包括灯光夜间照明功能与仪表的通信功能等),但其他所有控制器工作均不正常。检查 CAN 通信线是否存在短路或是断路故障,系统断电后直接用万用表测量 CAN 线是否短路或断路。

七、空调系统常见故障及处理方法

空调系统出现故障时,需先检查冷却系统、压缩机与发动机风扇传动带、风扇离合器、冷凝器散热片、冷凝器、空调真空管以及真空电动机等的工作情况。冷却系统的工作状况,可使用歧管压力表测量其高、低压侧的压力进行检测。

空调系统常见故障及处理方法见表 5-6。

表 5-6 空调系统常见故障及处理方法

故障内容	故障原因		故障分析方法	处理方法
不冷	压缩机不转	电动机断线、烧损	测定线圈电阻	更换压缩机
		高压压力开关故障	检查冷凝风机是否正常	修理
		低压压力开关故障	检查制冷剂是否泄漏	更换制冷剂
		温度开关故障	查看接通情况	修理
		接线端子固定螺钉松动	检查	拧紧
	电气控制元件不良	过、欠电压继电器故障	电源电压过高或过低	调整供电电压
		接触器、中间继电器线圈烧毁或触点故障	检查元件	修理或更换
		压缩机故障	检查压缩机	修理或更换
		冷凝风机电动机的热继电器故障	检查电动机电流	修理或更换
	压缩机运转故障	制冷剂泄漏	①室内吸入和排出空气温度相同 ②蒸发器回气管温度过高 ③压缩机电流小	修理制冷系统
		涡旋压缩机反转	压缩机声音异常	调换相序

续表 5-6

故障内容	故障原因		故障分析方法	处理方法
冷量不足	蒸发器、冷凝器积满脏物		检查	清扫
	蒸发器结冰		检查（目视）	送风化冰
	设定温度过高或低温传感器接线接触不良		检查	调整或修理
	少量制冷剂泄漏		测定运转电流，进行判定	修理制冷系统
	制冷剂充注过多		电流过大	少量排出制冷剂
	风量不足		见"风量小"项	见"风量小"项
	单循环运行不良		测定运转电流	修理不良循环
不出风	离心风机的配线	插接器处断线	查看电路接通情况	修理
		配线螺钉松动	查看电路接通情况	拧紧
	电动机烧损或断路		测量线圈电阻是否平衡及是否断线	更换电动机
	控制线路及电器故障		检查电路及电器元件	修理或更换
风量小	风机电动机反转		检查风机转向	调换相线
	蒸发器结霜或结冰		检查（目视）	送风运转化冰、霜
	蒸发器翅片脏堵		检查（目视）	清洗
	风道处泄漏		检查	修理
	空气过滤网堵塞		检查过滤网	清除网眼堵塞物
振动噪声大	通风机电动机球轴承异常		检查风机的平衡性	修理风机
	通风机不平衡		检查风机的平衡性	修理风机
	紧固部位松弛		检查各紧紧固部位	拧紧
	涡旋压缩机反转		检查压缩机	调换相序
低压压力过低	制冷剂泄漏		压缩机电流小	修理制冷系统
	吸入空气温度太低		蒸发器结霜	充入制冷剂
	风量不足		见"风量小"项	见"风量小"项
	低压管路堵塞		检查	排除
	蒸发器翅片积满灰尘		检查	清扫
高压压力过高	冷凝器脏		检查冷凝器	清扫
	制冷剂充注过多		电源过大	少量排放制冷剂
	冷凝风机反转		检查	调整相序
	排气管段堵塞		检查	排除
	冷凝风机不转	电动机烧损	检查	更换电动机
		电动机的球轴承损伤	测定线圈电阻	更换电动机球轴承
	空气或不凝性气体混入系统中		检查	排除
漏水	回风口漏水	排水口堵塞	检查	清扫
		安装不良导致风口密封垫处渗水	检查	正确安装
		机组顶部密封胶条破损或保温材料破损	检查	更换易损件
	出风口漏水		滴水盘脏堵	清洗蒸发器及滴水盘水道，排清积水
	风道内凝露形成水珠，从出风口吹出		检查	清扫

八、典型车辆故障表

(1)纯电动乘用车纯电动乘用车故障对照表见表 5-7。

表 5-7 纯电动乘用车故障对照表

故障现象	可能原因	处理方法
充电机故障	输入欠压	需要维修站维修或进行更换
	输入过压	
	输出欠压	
	输出过压	
	输出未接电池	
	过温	
	短路	
	正负极反接	
DC/DC 故障	输入欠压	需到维修站维修或进行更换
	输入过压	
	输出欠压	
	输出过压	
	过温	
	短路	
动力电池异常断开	绝缘监测电路故障	更换 BMS 主控盒
	绝缘阻抗过低	检查高压线束绝缘状况 检查中控盒绝缘状况
	动力电缆母线析断	更换动力电缆
	高压继电器不吸合	更换高压继电器
	熔断器熔断	更换熔断器
	BMS 故障	更换 BMS 主控盒
动力电池不能正常断开	高压继电器粘连	更换高压继电器
单体电池电压过高	单体电池损坏	需要维修站维修或进行更换
	单体电池连接条松接	紧固单体间连接
单体电池电压过低	单体电池损坏	需经维修站维修或进行更换
	单体电池连接条松接	紧固单体间连接
单体电池电压不均衡	单体电池损坏	需到维修站维修或进行更换
	单本电池连接条松脱	紧固单体同连接
电池包温度过高	冷却风扇故障	检查车辆后部风扇并更换
	温度传感器故障	更换温度传感器
电池包温度过低	气温过低	开启电池加热装置进行加热
	温度传感器故障	更换温度传感器
电池包温度不均衡	电池箱间连接风管松脱	紧固连接风管

续表 5-7

故障现象	可能原因	处理方法
SOC 过高	SOC 显示异常	更换显示屏或 BMS 主控盒
	电池充电饱和	使车辆行驶,对电池放电
SOC 过低	SOC 显示异常	更换显示屏或 BMS 主控盒
	电池需要充电	对动力电池进行充电
电流显示异常	电流传感器故障	更换电流传感器
	显示屏故障	更换显示屏
	BMS 发送数据故障	检查并维修 BMS 主控盒
空调	高压继电器不能吸合	同"动力电池异常断开"
车辆不能启动	高压继电器不能吸合造成 DC,DC 不能正常工作	同"动力电池异常断开"
暖风不能启动	高压继电器不能吸合造成 DC/DC 不能正常工作	同"动力电池异常断开"
	暖风继电器不能吸合	更换暖风继电器

(2)纯电动客车故障对照表见表 5-8 和表 5-9。

表 5-8 纯电动客车故障对照表(动力系统部分)

故障码	名 称	故障处理措施
001	电池温度大于 65℃	此时汽车处于强制停车模式:①运用强制挡位模式将汽车移动到不妨碍交通的地方;②通过仪表查看温度高于 65℃ 的点所在的电池箱号;③在不妨碍交通的情况下打开电池箱盖,运用散热风扇散热;④待温度降到 50℃ 以下时,运用自动挡模式将汽车低速开回充电站,通知技术人员检查电池箱
002	电池能量小于 10%	主法 1:运用强制挡位模式将汽车开回充电站充电(对电池损害较大)
003	单体电池电压太低	方法 2:用拖车拖回(对电池损害较小)
004	电池箱甩脱,停车	将车缓慢移动到路边,然后检查电池箱
010	单体电池电压低	尽快返回充电站充电
011	电池温度高,请检查	在不妨碍交通的情况下检查电池箱,然后尽量保持低速、匀速行驶,返回充电站后彻底检查电池箱
012	电池能量小于 20%	尽快返回充电站充电
013	总电压小于 360V	尽快返回充电站充电
014	电机控制器温度高	在不妨碍交通的情况下,打开后备厢盖散热
015	电池管理通信异常	返回充电站后通知相关技术人员检查
016	整车系统故障	返回充电站后通知相关技术人员检查
017	变速器通信异常	返回充电站后通知相关技术人员检查
018	IGBT 故障	返回充电站后通知相关技术人员检查
019	通信异常	返回充电站后通知相关技术人员检查
020	电机控制器故障	返回充电站后通知相关技术人员检查
021	自动变速器故障	返回充电站后通知相关技术人员检查

续表 5-8

故障码	名称	故障处理措施
022	电机通信异常	返回充电站后通知相关技术人员检查
023	绝缘报警	返回充电站后通知相关技术人员检查
024	电池能量低	尽快返回充电站充电
050	PVCU通信叫断(根据整车控制器 LIFE 判断)	返回充电站后通知相关技术人员检查
051	电池不匹配	通过仪表检查电池电压过低的电池箱号,并更换
056	车身通信异常	返回充电站后通知相关技术人员检查
057	ECAS 故障	返回充电站后通知相关技术人员检查
058	电池能量低	尽快返回充电站充电
059	电池过电流	降低电池电流
060	电池能量过高	停止充电
061	电池电压过低	尽快返回充电站充电
062	电池电压过高	停止充电
063	电机超速	记录现象,返回充电站后通知相关技术人员检查
064	相电流过高	
065	自检错误	
066	直流电压过高	
067	电池均衡故障	返回充电站后通知相关技术人员检查

表 5-9 纯电动客车故障对照表(车身部分)

故障码	名称	故障处理措施
100	左前转向灯故障	①检查灯泡是否损坏,若是,更换新灯泡 ②检查电线是否有断开的地方
101	左侧转向灯故障	
102	左前雾灯故障	
103	左前近光灯故障	
104	左前远光灯故障	
105	左前小灯故障	
106	左前侧位灯故障	
107	右前转向灯故障	
108	右侧转向灯故障	
109	右前雾灯故障	
110	右前近光灯故障	
111	右前远光灯故障	
112	右前小灯故障	
113	右前侧位灯故障	
114	前门线圈 1 故障	更换新的电磁阀线圈
115	前门线圈 2 故障	

续表 5-9

故障码	名 称	故障处理措施
116	电闸继电器故障	更换新的继电器
117	除霜器故障	返回充电站后通知相关技术人员检查
118	左厢灯1故障	①检查灯泡是否损坏,更换新灯泡 ②检查电线是否有断开的地方
119	右厢灯1故障	
120	左厢灯2故障	
121	右厢灯2故障	
122	左前示廓灯故障	
123	右前示廓灯故障	
124	驾驶人照明灯故障	
125	前换气扇电动机故障	返回充电站后通知相关技术人员检查
126	左后转向灯故障	①检查灯泡是否损坏,若是,更换新灯泡 ②检查电线是否有断开的地方
127	右后转向灯故障	
128	牌照灯故障	
129	左后行车灯故障	
130	右后行车灯故障	
131	左后雾灯故障	
132	右后雾灯故障	
133	左倒车灯故障	
134	右倒车灯故障	
135	左制动灯故障	
136	右制动灯故障	
137	后示廓灯故障	
138	左后侧位灯故障	
139	右后侧位灯故障	
140	倒车蜂鸣器故障	检查是否线路有问题,如不是更换蜂鸣器
141	电暖气继电器故障	更换继电器
142	后换气扇电动机故障	返回充电站后通知相关技术人员检查
143	电闸控制状态故障	返回充电站后通知相关技术人员检查
144	跳板电路故障	返回充电站后通知相关技术人员检查
145	前门行程开关故障	返回充电站后通知相关技术人员检查
146	后门线圈1故障	更换电磁阀线圈
147	后门线圈2故障	
148	高位制动灯故障	①检查灯泡是否损坏,若是,更换新灯泡 ②检查电线是否有断开的地方
149	干燥器线圈故障	更换电磁阀线圈
150	报警蜂鸣器故障	检查是否线路有问题,如不是更换蜂鸣器
151	控制电源故障	返回充电站后通知相关技术人员检查

续表 5-9

故障码	名　称	故障处理措施
152	高压功率输出故障	返回充电站后通知相关技术人员检查
153	复位继电器故障	更换继电器
154	左前灯节点掉线	返回充电站后通知相关技术人员检查 检查 CAN 线是否正常连接 检查熔丝有无断路
155	右前灯节点掉线	
156	前顶节点掉线	
157	后顶节点掉线	
158	后门节点掉线	
159	后灯节点掉线	
160	ECAS 节点掉线	

九、动力电池常见故障

(一)电压类故障

(1)电池电压高:满电静置后,电池单串或几串电压明显偏高,其他单体正常。

★故障原因:①采集误差;②LMU 均衡功能差或失效;③电芯容量低,充电时电压上升较快。

★处理方法:①单体电压显示值较其余单体偏高,测量单体实际电压值进行比对,若实际值较显示值低,且与其他单体电压相同,则以实际值为标准对 LMU 单体电压进行校准;若测量值与显示值相符,则人工对单体电池进行放电均衡。②检查电压采样线是否断裂,虚接;③更换 LMU。

(2)电池电压低:满电静置后,电池单只或几只单体电压明显偏低,其他单体正常。

★故障原因:①采集误差;②LMU 均衡功能差或失效;③电芯自放电率大;④电芯容量低,放电时电压下降较快。

★处理方法:①单体电压显示值较其余单体偏低,测量单体实际电压值进行比对,若实际值较显示值高,且与其他单体电压相同,则以实际值为标准对 LMU 单体电压进行校准;若测量值与显示值相符,则人工对单体电池进行充电均衡。②检查电压采样线是否断裂,虚接;③更换 LMU;④对故障电池包进行更换。

(3)压差:动态压差/静态压差。充电时单体电压迅速至满电截止电压跳枪;踩油门时,单体电压比其它串下降迅速;踩刹车时,单体电压比其它串上升迅速。

★故障原因:①连接电池铜牌紧固螺母松动;②连接面有污物;③电芯自放电率大;④电芯焊接连接铜牌开焊(造成该串单体容量低);⑤个别单体电芯漏液。

★处理方法:①对螺母进行紧固;②清除连接面异物;③对单串电池进行充/放电均衡;④对问题电池包进行更换。

(4)电压跳变:车辆运行或充电时,单体电压跳变。

★故障原因:①电压采集线连接点松动;②LUM 故障。

★处理方法:①对连接点进行紧固;②更换 LMU。

(二)温度类故障

(1)热管理故障。

1)加热故障(加热片):温度低于某一数值时,在充电时,加热不开启。

★故障原因:①加热继电器或BMU故障;②加热片或继电器供电电路异常。

★处理方法:①修复或更换加热继电器或BMU;②检查修复供电电路。

2)散热故障(风扇):温度高于某数值后,风扇未工作。

★故障原因:①风扇继电器或BMU故障;②风扇或继电器供电电路异常。

★处理方法:①修复或更换风扇继电器或BMU故障;②检查修复供电电路异常。

(2)温度高。电池系统中某个或者某几个温度点偏高,运行或充电中达到报警阈值。

★故障原因:①温度传感器故障;②LMU故障;③电连接异常局部发热;④风扇未开启,散热差;⑤靠近电机等热源;⑥过充电。

★处理方法:①测量温度传感器电阻值与显示值进行比对,若实际值较显示值低,且与其他温度值相同,则以实际值为标准对LMU温度值进行校准;②紧固电连接点,清楚连接点异物;③确保风扇开启;④增加隔热材料与热源进行隔离;⑤暂停运营进行散热;⑥立即停止充电;⑦更换LMU。

(3)温度低:电池系统中某个或者某几个温度点偏低,运行或充电中达到报警阈值。

★故障原因:①温度传感器故障;②LMU故障;③局部加热片异常。

★处理方法:①测量温度传感器电阻值与显示值进行比对,若实际值较显示值高,且与其他温度值相同,则以实际值为标准对LMU温度值进行校准;②检查修复加热片;③更换LMU。

(4)温差:参照高低温排查方法,电芯发热差异。

(三)充电故障

(1)直流充电故障:充电无法启动,充电跳枪,充电结束后SOC不复位。

★故障原因:

① 电池故障(电压、温度、绝缘等异常)。

② BMU故障(充电模块或充电CAN异常)。

③ 主负、充电继电器异常。

④ CC1对地电阻、CC2对地电压异常。

⑤ PE地异常。

★处理方法:

① 排除电池故障。

② 修复/更换失效部件。

③ 截存充电报文,分析故障原因。

(2)交流充电故障。

★故障原因:

①电池故障(电压、温度、绝缘等异常)。

②BMU故障(充电模块或充电CAN异常)。

③主负、充电继电器异常。
④CC对地电阻、CP对地电压异常。
⑤PE地异常
★处理方法：
①排除电池故障。
②修复/更换失效部件。
③截存充电报文，分析故障原因。

（四）绝缘故障

★故障原因：电池箱或插件进水，电芯漏液，环境湿度大，绝缘误报，整车其他高压部件（控制器、压缩机等）绝缘不过。

★处理方法：①正极对地，如果有电压或绝缘阻值小于规定值，则判处负极电路漏电；负极对地，如果有电压或绝缘阻值小于规定值，则判处正极电路漏电。根据其漏电电压大小除以此时的单串电压值就可以计算出漏电点位，然后根据不同情况分析处理。

（五）通讯故障

LUM通讯故障，BMU通讯故障；整车却是1个或几个LMU信息，或整车没有BMS信息。

★故障原因：①LMU/BMU故障；②LMU/BMU供电电路或通讯线路接触不良/故障；③信号干扰。

★处理方法：①更换LMU/BMU；②检查修复供电电路/通讯线路；③检屏蔽查线，查找消除干扰源。

（六）SOC异常

(1)不准确。充电电量÷标称容量＝充电的SOC 若"充电的SOC"＋"剩余的SOC"较实际显示值有偏差或者根据SOC与OCV的对应关系估算实际电量与SOC不对应，我们认为SOC不准确。

(2)不变化。
★故障原因：①通讯异常（数据缺失）；②电流异常（霍尔及其输入输出电路）；③BMU故障；④其他电池报警。
★处理方法：①确保数据完整；②修复/更换失效部件；③消除所有电池报警。

(3)下降快。
★故障原因：①通讯周期异常②电流异常（霍尔正向电流大、反馈电流小）；③单体电压偏低，下降快；④BMU故障；⑤低温。
★处理方法：①更新BMU程序；②修复/更换失效部件。

(4)下降慢。
★故障原因：①通讯周期异常②电流异常（霍尔正向电流小、反馈电流大）③BMU故障。
★处理方法：①更新BMU程序；②修复/更换失效部件。

(5)跳动。确认程序版本号是否正确。

(七)电流异常

★故障原因:①霍尔及其输入输出电路;②霍尔反装;③直流充电时如果 BMS 需求电压或电流为 0 时,充电机按最小输出能力输出。
★处理方法:①更新 BMU 程序;②修复/更换失效部件。

十、充电机不充电的原因

(1)充电机熔丝烧坏,此时充电机各指示灯均不亮,须更换熔丝。
(2)电池组线掉落,则把电池连接线接好。
(3)充电机插头和电池插座接插不到位,应重新接插。
(4)充电机坏,此时充电机保险丝正常,用万用表测充电机输出电压应为零。
注:我们使用的是智能充电机。具有欠压、过压保护功能,在电压不稳定或电池充满电的情况下会自动断电停机。这种情况下,先断开电源、停止使用充电机,过十几分钟后重新使用充电机。

十一、整车没电产生的原因

(1)保险丝损坏,用万用表测量电池端电压,如有电压输出则正常,如无电压输出则保险丝坏或电池插头掉落或电池损坏。
(2)电线插头松动,检查电源开关插接件。
(3)电源开关坏,用万用表测量电源开关输入、输出线两端电压输,如有正常电压输出则电压开关正常,如无电压输出则电压开关坏(电池有电压输出情况下),则予以维修或更换。

十二、电动机运行时产生大量火花、局部过热、抖动的原因

(1)电动机进水造成短路把电动机烧坏。
(2)电动机超负载运行使换向器短路烧坏。现象是换向器变黑(电动机超负载运行不能超过 1 分钟)。

十三、电动机异响的原因

(1)电动机和后桥连接同心度达不到标准。
(2)电刷和换向器接合不好,须校正调整。
(3)电动机内部转子轴承损坏,须更换。

十四、电动机不转的原因

(1)电动机和后桥连接同心度达不到标准。
(2)电刷和换向器接合不好,需较正调整。
(3)电动机里面转子上的轴承坏,则更换。
(4)保险丝烧掉,更换。

(5)电源开关坏,更换电源开关。判断方法:打开电源开关,用万用表欧姆挡测量一下电源开关的输入端与输出端之间的电阻,如电阻值为零则正常,如电阻值无穷大,则电源开关坏。

(6)加速器坏,用万用表直流电压挡测量一下加速器输出端电压,如有电压输出则正常,如无电压输出则不正常,如无电压输出则加速器坏,须更换。

(7)控制器坏,须更换电控。用万用表测量电控输出端电压,有输出电压则好,否则则坏。

(8)电动机烧坏,更换电动机。

(9)电动机各连接线线头松动,把电动机各连接线头重新检查一遍。

十五、刹车不灵的原因

(1)检查刹车油杯里制动液是否缺少,若少则补充制动液。

(2)检查制动油杯、制动油管是否漏油,若漏油则应更换。

(3)检查刹车片是否磨损严重,若磨损严重则应更换。

(4)检查制动轮毂刹车片间隙调整(正常是2～4mm)。

十六、电动汽车电机故障

一般可分为机械故障和电气故障两大类,以下就两种故障类型做说明。

(一)机械故障

1. 轴承异响

判定方法:在电机运行时候,一般可以用耳听可以判定,这个声音是轴承声音还是其他异常机械声音。

2. 转子扫膛

(1)判定方法:会有明显的听到金属摩擦声音,并且很快会感知电机温升异常,凭手就可以判断出来。

(2)处理方式:如果出现机械故障,一般需要更换电机或者拆卸维修。

(二)电气故障

(1)电流加大、声音沉闷、运转不平稳,一般判定绕组出现了问题。

判定方法:检查绕组是否内部出现匝间断路。

(2)电机抖动、声音异常、出力不够。

判定方法:转子是否出现断条,或者转子里边存在问题。

(3)电局部温度高、加速绝缘件老化、工作可靠性降低。

判定方法:看接线柱是否松动 手摸一下,是不是烫手,松动。

(3)电机抖动、车辆不能起动。

判定方法:转速传感器是否插接不良。

(4)车辆运行不平稳或控制器报故障。

判定方法:检查转速传感器端部是否有铁屑 这个时候要拆卸检查。

(三)关于传感器使用的几个建议

1. 易损件更换

传感器是电动汽车电机的易损件,也是最易出现故障的元件,以下就传感器安装及拆卸作简单介绍。

(1)用扳手拧开安装传感器螺钉。

(2)将旋转传感器一角度,因为传感器与孔配合较紧,需要反复转动拔出,新装更换传感器也需要转动压入。

2. 传感器进水

传感器进水会引起运行故障,为避免水进入传感器插针位置,引线绕圈固定,且接插件头朝下,可以更好地防水进入端子。如果进水,就不能运行。

3. 拆卸接插件

不会做的就会使劲拔,结果端子拔松!必须掰开插件的卡头后,才能分离接插件,否则会拉松端子或引线,造成高速行驶时 A/B 信号异常。(多个客户在安装或售后维护时,由于没有按此规定操作,出现端子松动或引线松动,从而造成传感器信号异常)。

传感器工作时,传感器的工作电压范围应该为 5~20V 内,否则会击穿传感器的霍尔元件。所以电动汽车厂家在供电系统设计时需要特别注意传感器工作电压范围,同时供电电压是否稳定成为传感器能否避免被击穿的关键。这也是为什么有些电动汽车厂传感器从来不会损坏,而有的电动汽车厂经常出现传感器被击穿的关键原因。所以请特别注意如何保证传感器的工作电压是否能稳定在 5~20V 内。

十七、电动汽车转向系统的故障与排除

(一)转向沉重的判断与排除

故障现象:

(1)电动汽车转弯行驶时,转动转向盘很吃力。

(2)电动汽车转向时,转向盘不能自动回位。

①检查电动汽车是否超载或前部装载过多,前轮胎气压是否过低,若轮胎气压偏低,应充气使之达到规定值。

②支起前桥,用手转动转向盘试验。①若感到转向盘轻便,说明前轴或车架变形,前轮定位失准等,应检查校准;②若转向仍感沉重,说明故障在转向器或转向传动机械,与前桥和车桥无关。

③拆下转向摇臂,转动转向盘试验。

a. 若感觉转向轻便,说明故障在转向传动机构;用手左右扳动前轮试验,检查转向节主销与衬套的配合情况,若扳动车轮比较费力,说明转向节主销润滑不良或配合间隙过小,应加注润滑脂或调整配合间隙。

b. 检查转向节止推轴承,若轴承缺油或损坏,应更换。

c. 检查转向拉杆各球头的润滑和松紧度情况,若拉杆球头过紧,应加注润滑脂或调整拉杆球头的松紧度,若转向仍然沉重,说明故障在转向器;应检查转向器内润滑油量和质量

若润滑油液面过低,说明转向器内缺少润滑油,应添加至规定位置若润滑油变质,应更换润滑油;检查转向器自由行程,若自由行程过小,说明转向器啮合转动副啮合间隙过小,应调整;转动转向盘,查听转向轴与套管有夫碰擦声,若有碰擦声,说明转向轴或套管变形,应校直。

d. 检查转向传动轴万向节,若万向节缺油,应加注润滑脂,若万向节十字轴轴承损坏,应更换。

e. 检查转向器蜗杆上下轴承的预紧度,若预紧度过大,应调整。

f. 经上述检查均正常,应拆检转向器,检查转向器内部的轴承、衬套、啮合副齿有损坏或严重磨损等,根据检视情况,更换相应零部件。

(二)低速摆头的判断与排除

故障现象:电动汽车在低速行驶时,感到方向不稳,产生前轮摆振。

(1)外观检查。检查车辆是否装载货物超长,而引起前轮承载过小,检查后轮胎气压是否过低,应充气使之达到规定值,检查前悬架弹簧是否错位、折断或固定不良,若错位,应拆卸修复;若折断,应更换,若固定不良,应按规定力矩拧紧。

(2)检查转向盘自由行程。由一人握紧转向摇臂,另一个转动转向盘试验,若自由行程过大,说明转向器啮合传动副间隙过大,应调整。放开转向摇臂,仍由一人转动转向盘,另一人在车下观察转向拉杆球头销,若有松旷现象,说明球头销或球碗磨损过甚,弹簧折断或调整过松,应先更换损坏的零件,再进行调整。

(3)调查以上检查均正常,可支起前桥,并用手沿转向节轴轴向推拉前轮,凭感觉判断是否松旷,若有松旷感觉,可由另一人观察前轴与转向节连接部位,若此处松旷,说明转向节主销与衬套的配合间隙过大或前轴主销孔与主销配合间隙过大,应更换主销及衬套。若此处不松旷,说明前轮毂轴承松旷,应重新调整轴承的预紧度。

(4)若非上述原因所致,应对前轴进行检查,检查前轮定位是否正确,若不正确,应调整,检查前轴是否变形,若有变形应进行校正。

(三)高速摆头的判断与排除

故障现象:电动汽车在高速或某一个较高车速行驶时,出现转向盘发抖,行驶不稳定。

(1)外观检查。检查后轮胎气压是否过低,若气压过低,应充气使之达到规定值。检查前桥、转向器及转向传动机构是否松动,若松动,应紧固。检查前减振器是否漏油,若漏油或失效,应更换。检查左右悬架弹簧是不时折断或弹力减弱,若有折断或弹力减弱,应更换。检查悬挂弹簧是否固定可靠,若松动,应紧固。

(2)支起起动桥,用三脚架塞住非驱动轮,起动发动机并逐步使汽车换入高速挡,使驱动轮达到车身摆振的车速,若此时车身和转向盘出现抖动,说明传动轴严重弯曲或松旷,驱动桥齿轮啮合间隙过大,应更换或调整,若此时车身和转向盘不抖动,说明故障在前桥。

(3)检查前轮是不时偏摆。支起前桥,在前轮轮辋过上放一划针,慢慢地转动车轮,查看轮辋是否偏摆过大,若轮辋偏摆过大,应更换。拆下前轮,在车轮动平衡仪上检查,前轮的动平衡情况,若不平衡量不大,应加装平衡块予以平衡。

(4)经上述检查均正常,应检查车架和前轮是否正常,用前轮定位仪检查前轮是否正确,若不正确,应调整,检查车架有无变形,若有变形,应校正。

(四)行驶跑偏的判断与排除

故障现象:电动汽车直线行驶时,必须紧握转向盘。若稍松转向盘,便会自动跑向一边。

(1)外观检查。检查左、右两前轮轮胎气压是否一致,若不一致,应按规定充气,使两前轮轮胎气压保一致,检查左、右两前轮轮胎的磨损程度,若磨损不一致,应更换磨损严重的轮胎。检查左、右两前轮轮胎的花纹是否一致,如花纹不一致,应更换轮胎,使花纹一致。将汽车停放在平坦地面上,查看汽车前部高度是否一致,若高度不一致,车辆左右倾斜,说明悬架弹簧折断或弹力减弱,应更换。

(2)用手触摸跑偏一方的车轮制动毂和轮毂轴承部位,感觉温度情况,若感觉车轮制动毂特别热,说明轮制动器间隙过小或回位不彻底,应检查调整。若感觉轮毂特别热,说明该轮轴承过紧,应重新调整轴承预紧度。

(3)测量前后桥左右两端中心的距离是否相等,若不相等,说明轴距短的一边钢板弹簧错位,车轴或半轴套管弯曲等,应检查维修。用前轮定位仪检查前轮定位是否正确,若不正确,应调整。

(五)转向不灵的判断与排除

(1)如果是转向机固定螺栓松动会使转向机位置变形,须紧固螺栓。
(2)如果转向机间隙过大,须调整转向机调整螺母。
(3)检查转向机轴承是否磨损,若磨损须更换轴承。

十八、电动汽车常见电气故障

(一)常见故障

(1)无法启动。第一类:启动不了的同时,车辆电气元件没有工作,也就是整个电气系统都无法工作。第二类:车辆电气元件工作正常,但是车辆无法启动行驶。

(2)电气设备不工作。电动汽车主要电气设备有各种灯具(前组合灯、测灯、倒车灯、后组合灯等)、收音机、顶部风扇、真空泵、刮水器、组合仪表、电动助力转向器、空调等。现场调试过程中,收音机、真空泵、组合仪表和刮水器经常出现不工作故障。

(3)电气设备工作不正常

电气设备工作不正常主要是指工作状态与设计状态不一致,如真空泵不停地抽气、组合仪表显示不正常、收音机有很大的干扰等。

(二)电气故障的分析与处理

(1)无法启动故障分析与处理。启动不了的直接原因是直流接触器不吸合,导致动力电池电源无法接入电动机控制器高压模块,因此无法控制电动机的运行,车辆无法开动。分析启动问题需要参考电动汽车原理图。

如图5-8所示为动力回路电控系统原理。动力电池接入电动机控制器高压模块,三相异步电动机的3个接线柱也接入电动机控制器的高压模块,同时反馈转速信号,电动机控器通过获得输入信号控制异步电动机的运行。电动机控制器是连接动力电池与三相异步电动机的枢纽，同时也是控制中枢。

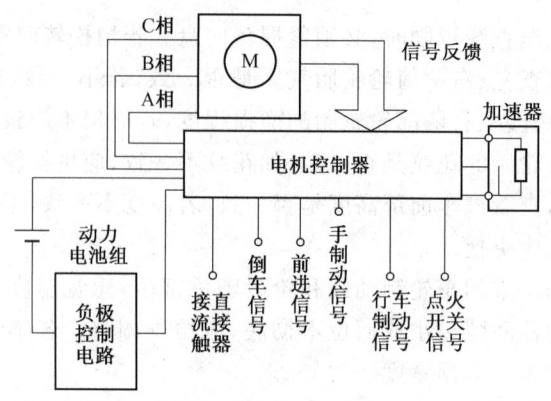

图 5-8　电动汽车动力回路电控系统原理

低压电气系统结构原理如图 5-9 所示。动力电池 96V 电源通过 DC/DC 转换器变换为 12V，给低压电气设备供电。

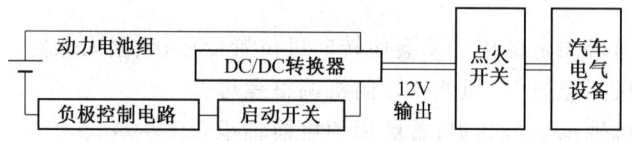

图 5-9　电动汽车低压电气系统结构原理

第一类启动不了表现为整车电气设备不能工作，即整车都没有电源。因为电动汽车没有设计小蓄电池，低压用电设备的电源都是由电源转换器从 96V/72V 转换为 12V 的直流电供电。出现第一类启动不了的问题一般是由于电源转换器没有正常工作输出 12V 电压，导致整个汽车的电气设备都没有得电。负极控制模块无法得到主接触器吸合所需的输入信号，因此无法启动。更换 DC/DC 转换器就可以排除故障。

第二类启动不了是车辆电气设备都工作正常，但是无法开动车辆。这种情况一般是负极控制模块的电路出现故障。

动力电池负极与电动机控制器之间有个负极控制模块，如图 5-10 所示为负极控制电路模块原理。负极控制模块是为了启动开关控制车辆运行所设，核心为主接触器，外围控制信号的输入主要目的就是为了主接触器的吸合。

正常的过程是，将点火开关打到 ON 挡后，按住绿色的启动按钮 3～4s，预充电继电器一端通过 1 号熔丝得到 12V，并且电源主接触器控制线圈一端通过 12 号熔丝得到 12V 电源，过 0.2s 后整车控制器检查到 12V 信号，然后将向预充电继电器控制线圈输出低电平（10s 后断开），这时预充电继电器吸合，动力电池通过预充电电阻向电动机控制器高压模块完成充电过程。完成后，电动机控制器向主接触器控制线圈发出低电平，这时主接触器吸合完成"滴答"一声的吸合动作，车辆便可正常启动。

主接触器的控制端有两个：一端是从点火开关通过熔丝得到 12V 电源（ON 挡）；另一

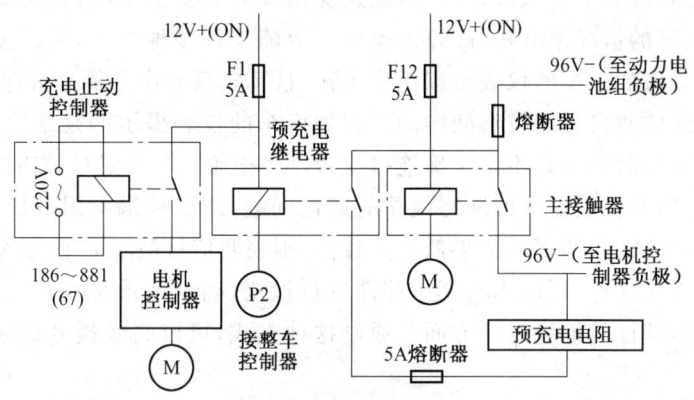

图 5-10　ED150 电动汽车负极控制电路模块原理

端是从电动机控制器输出的低电平。这类启动不了的原因多半是低电平端没有输出低电平，其主要原因有两个：一是点火信号没有输入到电动机控制器；二是预充电电阻没有连接上，导致没有满足电动机控制器输出条件。此类启动故障多为线束接触问题、熔丝烧断、预充电电阻未接入回路等。

(2) 电气设备不工作的故障分析与处理

电气设备工作需要符合一定的条件，普遍的条件是需要有电源供给、搭铁。电气设备不工作多是因为没有电源供给，首先使用万用表确定有无电源供给，确认线束插接口有无松动情况出现，再确认搭铁是否正常。如果均无上述情况，则有可能是此电气设备自身问题，可以换一个同款设备接上尝试。这类故障一般是线束环节导致电源供给中断，可以根据电气原理图往前推确定故障点。

(3) 电气设备工作不正常故障分析与处理

这类故障需分析电气设备的工作原理，依据故障表现推测故障模式。思路是先保证输入条件符合工作条件与否，如果输入条件不符合则从不符合项入手，按电气原理图往前查找不符合的源头。其次，如果输入正常，则排查机械问题，如果没有机械问题就是电气件本身出现了故障，可以通过互换零部件对比确认零部件问题。

十九、电动汽车绝缘故障的诊断

电动汽车是通过电池动力来为汽车提供动力的车辆类型，该类型车辆的动力电池的输出电压通常保持在 DC/72V 与 DC/600V 之间或者超出此范围。通过有关标准的规定可知，一般人的安全电压强度通常指的是不能导致人类直接死亡或者残废的电压强度，而通常环境条件下许可长时间触碰的安全最低电压为 DC/36V。可以说纯电动汽车动力电池产生的电压强度已然大大超出了此安全电压范围，因此对纯电动汽车绝缘故障的诊断是相当重要的工作。同时纯电动汽车发生该故障的概率并不低，经过对诊断过程的归纳，累积了一些经验：首先对于绝缘故障警报来说，通常纯电池汽车的最小警报绝缘电阻额值度设置在 500 千欧左右，通过电池控制系统来负责检查功能，假如检查到的绝缘电阻额度不高于此值时，电池控制系统将把相应的绝缘问题代码发送给上位机设备，整车方面利用综合仪表来实现代码读取与故障提醒。如果综合仪表上出现故障代码或者警报提醒时，就意味着该汽车产生了绝缘问题,需要及时进行故障诊断,以此避免出现人身安全事故;其次要初步判断绝缘警报,按照实际汽车的情况来分析,故障的类型与故障零件多种多样,可以按照一定的步骤来实现初步判断。假如汽车的仪表可以正常工作,且真实反映出车辆是否存在故障,则表明电池控制系统绝缘监测自身是没有问题的。假如汽车的仪表提示的是绝缘没有连接,那么此时需要检测低压控制路线是不是正确连接或者已经松脱。当经过检测得知低压连接路线没有故障,就应该检查控制器局域网络线路的通信问题,测试终端电阻数值是不是合理,一般情况下数值是 60 欧,假如测试结果低于该数值,则表明信号被阻隔了,会致使控制器局域网络通信失常。除此之外,还应当对高压部件进行检测,确定了系统线路连接正常,则可以把注意力放着高压部件的绝缘过低方面。通过这种方式,可以高效提升诊断速度且正确找到故障部位。

二十、电动汽车高压电故障诊断

以往的故障诊断系统是利用一套整车管理控制器局域网络实现通讯的,而整车控制器局域网络中通常会设置很多控制单元,于是就比较容易导致总线荷载过高,系统即时反应速度缓慢,故障分析数据难以得到快速的反应。现在我们针对该问题构思了一种独立的故障分析控制器局域网络,这种网络的特征是能够在整车控制器局域网络中获得数据,但是没有传送数据的能力。通过加工后的故障数据是应用故障诊断结构传送至独立的故障诊断控制器局域网络中的,继而通过故障诊断控制器局域网络传送到每个控制器,这种方式不但能够提升故障反应速率,还能够防止多个控制器局域网的互相扰动。在纯电动汽车的电驱动故障诊断系统中,整车控制器与电动机控制器把电压、电流、热度等数据以文字形式发送到故障诊断系统,故障诊断系统依据诊断规范分辨其是否为故障后,再以文字的形式传送出去。电驱动系统包含了驱动电路与电动机自身。电动机使用的是效率明显的永磁同步电机。驱动系统包括了控制电路、驱动维护系统、电力供给系统和传感系统等。电驱动系统的故障一般出在控制器方面与电机自身方面。对于纯电动汽车电驱动故障诊断分析方法通常有两种,一种是自测试手段,另一种是在线诊断方法。直流母线系统线路中的电容是一种能够在自测时期处在非静态输出的零件,在自测试的结束阶段应当对母线电容进行充电,在充电环节里电容的接入电流和电压都是非静态的参数,应用这个特征能够实现电容故障的检查。在线诊断方法通常包括 IGBT 模块开路故障在线检测、电机绕组匝间短路故障在线诊断与位置传感器偏转误差故障的在线诊断。该方法具备工程实用性高、诊断迅速的优势。

二十一、电动汽车典型故障诊断与处置

1. DC/DC 转换器出现故障

可能的原因有输入与输出欠压,或输入与输出过压,以及过温和短路造成的。需要到指定的维修站维修或进行更换。

2. 动力电池出现了异常断开

(1)绝缘监测电路出现故障,需要更换 BMS 主控盒。

(2)绝缘阻抗过低,检查高压线束绝缘状况或中控盒绝缘状况。

(3)动力电缆母线折断,需要更换动力电缆。

(4)熔电器熔断,需要更换熔断器。

3. 电池温度过高

(1)冷却风扇故障,检查车后部风扇并更换。

(2)温度传感器故障,需要更换温度传感器。

4. 电流显示异常

(1)电流传感器故障,需要更换电流传感器。

(2)显示屏故障,需要更换显示屏。

(3)BMS发送数据故障,需要检查并维修BMS主控盒。

5. 整车蓄电池没电产生的原因

(1)保险丝坏,用万用表测量蓄电池端电压如有电压输出则正常,如无电压输出则保险丝坏或电池接插头掉或电池坏。

(2)接线插头松动,检查电源开关接插件。

(3)电源开关坏,用万用表测量电源开关输入、输出线两端电压,如有正常电压输出则电源开关正常,如无电压输出。则电源开关坏〔蓄电池有电压输出情况下〕则予以维修或更换。

6. 充电机不充电的原因

(1)充电机保险丝烧坏,此时充电机各指示灯均不亮,须更换保险丝。

(2)电池组线掉,则把电池连接线接好。

(3)充电机插头和电池插座接插不到位,应重新接插。

(4)充电机坏,此时充电机保险丝正常,用万用表测充电机输出电压应为零。(注:我们使用的是智能充电机。具有欠压、过压保护功能、在电压不稳定或电池充满电的情况下会自动断电停机。这种情况下,先断开电源,停止使用充电机,过十几分钟后重新使用充电机。)

7. 电动机运行时产生大量火花,局部过热,抖动的原因

(1)电动机进水造成短路把电动机烧坏

(2)电动机超负载运行使换向器短路烧坏。现象是换向器变黑(电动机超负载运行不能超过一分钟)。

8. 电动机异响的原因

(1)电动机和后桥连接同心度达不到标准。

(2)电刷和换向器接合不好,需较正调整。

(3)电动机里面转子上的轴承损坏,则更换。

9. 电动机不转的原因

(1)保险丝烧掉,更换。

(2)电源开关损坏,更换电源开关。判断方法:打开电源开关,用万用表欧姆挡测量一下电源开关的输入端与输出端之间的电阻,如电阻值为零则正常,如电阻值无穷大,则电源开关坏。

(3)加速器损坏,用万用表直流电压挡测量一下加速器输出端电压,如有电压输出则正常,如无电压输出则不正常加速器坏,须更换。

(4)控制器损坏,须更换电控。用万用表测量电控输出端电压,有输出电压则好,否则则坏。

(5)电动机烧坏,更换电动机。

(6)电动机各连接线线头松动,把电动机各连接线头重新检查一遍。

9. 纯电动汽车启动困难故障

EV启动困难的故障主要在电池组、电动机及其管理控制装置。

EV 主要故障一般在驾驶室仪表板显示器上显示,可以直接读取。

如比亚迪 e6 汽车,当启动按钮处于 ON 时,仪表板显示如图 5-11 中 a 所示,指示灯点亮进行动力电池自检,如果正常,几秒钟后就熄灭为正常,如果不亮或亮后不熄灭,说明动力电池有故障,应停机检查。在正常驾驶中,该灯应该熄灭,如果点亮,说明动力电池有故障。

如果仪表板显示如图 5-11 中 b 所示指示灯点亮,表示动力电池温度过高,应停车降温,以免发生电池意外情况发生。在炎热的夏天长途爬坡,或频繁加减速、拖挂、超速、超载等可能会出现动力电池过热,应该注意避免。

如果仪表板显示如图 5-11 中 c 所示指示灯点亮,提示动力电池电量接近用完,应充电。

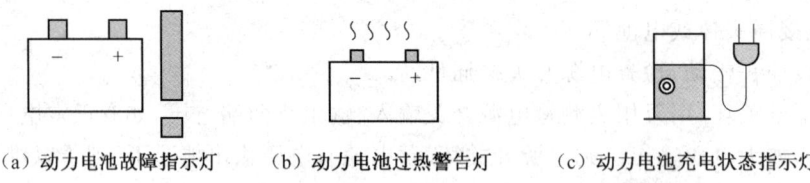

(a) 动力电池故障指示灯　　(b) 动力电池过热警告灯　　(c) 动力电池充电状态指示灯

图 5-11　比亚迪 e6 仪表板故障指示灯点亮情况

由于动力电池组电压高(比亚迪 e6 汽车 307V),检测维修需要戴绝缘手套,使用专用的检测仪器读取故障码和数据流,对照维修手册进行查找故障,没有条件应送专门维修站维修。手套安全要求如下:

①在进行任何有关高压组件或线路的操作时,需要使用橡胶制成的绝缘手套,这些手套通常被认为是电工手套,能够承受 650V 的工作电压。

②抗碱性的合成橡胶手套同样需要,当工作中接触到氢氧化物时,对人的组织有极其严重的伤害。

③绝缘手套使用前检查,确认手套在使用前无破损,无潮湿或无水汽。

对于传统的铅酸电池,可以通过一般仪器进行检查,主要检查内容如下:

(1)外部检查。目视检查蓄电池表面是否外壳或封胶裂纹。是否有渗液,极柱是否松动、氧化、腐蚀。极柱连接线松动、表面氧化是最常见的故障,会造成发动机无法启动。可用砂纸磨去极柱表面氧化物,然后紧固连接线。

(2)蓄电池电解液液面高度的检查。电解液液面高度检查可用玻璃管测量,如图 5-12 所示。电解液液面应比极板上表面高出 10~15mm。当电解液液面过低时,应加注蒸馏水,以恢复正常的液面高度。除非确知电解液溅出,否则不许添加硫酸溶液。

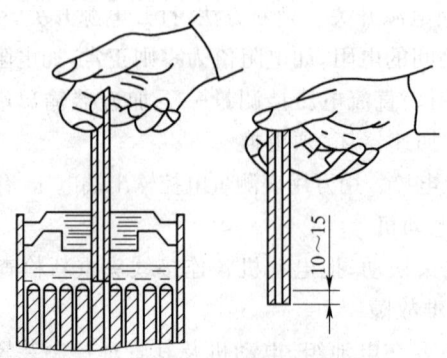

图 5-12　蓄电池电解液液面高度的检查

(3) 蓄电池电解液密度的检查。蓄电池要经常检查电解液的密度,一般汽车蓄电池每行驶 6000～7500km,应检查电解液的密度。检查电解液密度用吸式密度计检测,如图 5-13 所示。

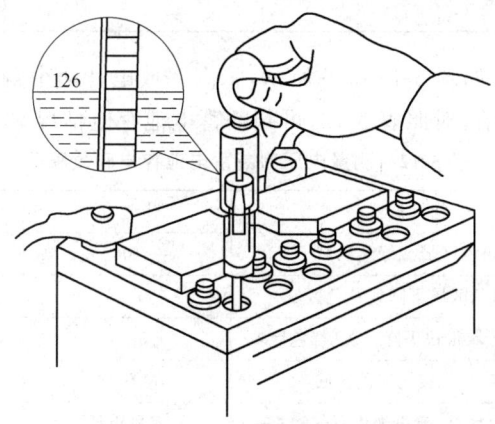

图 5-13　蓄电池电解液密度的检查

由于充放电过程中,电解液密度随之变化,因此通过测量电解液密度可判断蓄电池充放电程度。12V 蓄电池充电程度与电解液密度见表 5-10。也可以通过测量电解液密度来判断蓄电池故障。

表 5-10　12V 蓄电池的充电程度与电解液密度

充电状态/%	100	75	50	25	0
电解液密度/(g/cm^3)	1.27	1.23	1.19	1.15	1.11

不同温度电解液的密度有一定的误差,需要对测得的电解液密度值进行修正。电解液密度以 15℃时为基准。故测量时,若电解液温度高于或低于 15℃ 时,每升高 1℃,应从实际测得的密度数值上加上 0.0007;反之低于 15℃ 时,每降低 1℃,应减去 0.0007。

(4) 蓄电池放电程度的检测。蓄电池的放电程度用高率放电计检测。高率放电计有 3V 和 12V 两种,前者只能测量单格电池电压,后者可测量 6 格 12V 电池电压。单格电池电压检测如图 5-14 所示,将高率放电计两个触脚紧压蓄电池单格两极不超过 5s,读取电压表数值,对照表 5-11,可判断蓄电池存电情况。

(a) 3V高率放电计

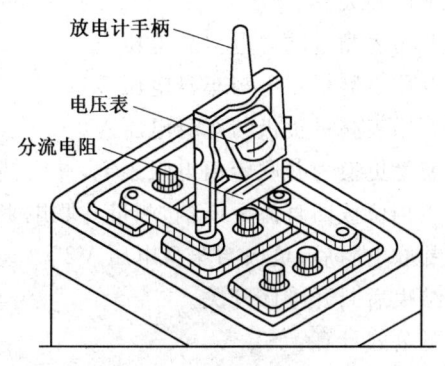
(b) 测量放电程度

图 5-14　蓄电池放电程度的检测

表 5-11　高率放电计测量电压与存电量关系

电压/V	1.7～1.8	1.6～1.7	1.5～1.6	1.4～1.5	1.3～1.4
存电量/%	100	75	50	25	0

12V 蓄电池电压测量如图 5-16 中 b 所示,将高率放电计两个触脚紧压蓄电池单格两极不超过 5s,读取电压表数值,对照表 5-12,可判断蓄电池存电情况。

表 5-12　测量电压判断蓄电池存电和故障

测量电压/V	指针位置	蓄电池存电	蓄电池故障
≥12.5	白色区域或绿色区域	100	正常
11.5～12.5	由绿色区域下降至黄色区域	60～70	容量不足
12 左右	由绿色区域很快下降至黄、红色区域	50≤	电极硫化
11.5 左右	黄色区域或红色区域	30～50	负极板硫化
10.0 左右	黄色区域,蓄电池内冒气泡	容量极低	单格蓄电池内部短路
0	无指示	0	内部短路

将"电流调节旋钮"逆时针旋转至切断放电电路,将电流检测电缆上正(红)负(黑)夹子夹到蓄电池正、负极柱上,再将电压检测线上正(红)负(黑)夹子夹到蓄电池正、负极柱上,顺时针转动电流调节旋钮至规定放电电流,放电 15s,观察电压表指针位置,判断蓄电池技术状况和故障。逆时针转动电流调节旋钮,停止放电。

9. 动力电池包常见故障

(1)温度类。

★故障描述:一般故障表现形式为,车辆上不了 OK 挡,仪表盘提示动力电池温度过高。

★故障排查:出现温度告警后,首先需排除管理器、连接线束等因素(更换管理器、管理器与电池包连接采样线束);更换后若故障仍存在,则判断为动力电池故障。

(2)动力电池包漏电类。

★故障描述:仪表 OK 灯不亮,仪表提示请检查动力系统,高压系统漏电故障。

★故障排查:断开电池包与车身所有连接(正负极引出、采样线接口),闭合维修开关总成,万用表测试电池包各项参数:

①闭合维修开关。

②使用万用表测量动力电池总电压 V。

③使用万用表测量正极与车身电压 V1。

④使用万用表测量负极与车身电压 V2。

⑤万用表笔更换为并联定值电阻表笔,并将挡位拨至电阻挡,测量定值电阻值 R。

⑥万用表挡位拨回直流电压挡,测量并联电阻后,正极与车身电压 V1'。

⑦测量并联电阻后,负极与车身电压 V2'。

⑧测量结束后断开维修开关。

分别以下公式计算:

两者中的最小值为绝缘电阻(计算过程中,V、V1、V1'、V2、V2'的单位为伏特 V,R 的单位为欧姆 Ω)。绝缘电阻值小于 500Ω/V,为漏电。

正、负极对采样线接口 V12-电压,如图 5-15 所示。

正、负极对采样线接口 V12-正常电压＜1V,正、负极任意一侧与 V12-电压大于 20V 即判断温感漏电。

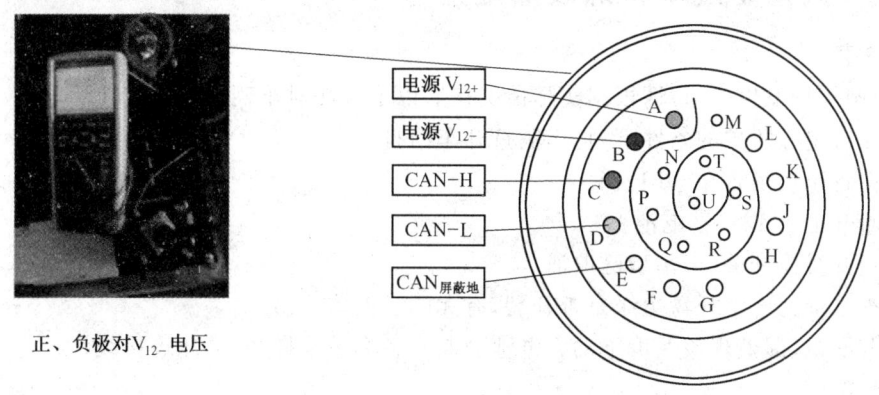

图 5-15 正、负极对采样线接口 V12-电压

(3)采集器通讯超时类。

★故障描述:车辆无法上高压,挂挡不走。用诊断仪检测电机控制器无故障码,检测高压电池管理器均报 0-9 号采集器通讯异常。检测电池包采样线无 12V 输入,CAN-H 与屏蔽地阻值大于 1MΩ;CAN-H CAN-L 123 欧。

★故障排查——动力电池包体采样端子阻值:

①X-V12+对与 X-V12-电压:12V 左右(注:此值为线束端的测量值)。

②CAN-H 与 CAN-L 阻值:122Ω 左右。

③CAN-H 与屏蔽地阻值:正常值＞1MΩ。

④CAN-L 与屏蔽地阻值:正常值＞1MΩ。

⑤电池包正极与 X-V12-电压:正常值＜20V。

⑥电池包负极与 X-V12-电压:正常值＜20V 电池包正极对负极(电池包总电压)。

(4)动力电池严重不均衡类。

★故障描述:e6 充满电后只能行驶 80KM 左右,诊断仪读取故障码为:P1AB800:BIC 均衡硬件严重失效、P1ABA00:电池严重不均衡。

★故障排查:

①对车辆进行全充全放一次。

②倒换 BMS 测试 80%、50%、0% 单节电池电压数据流,观察最低电池电压信号是否一致。

经上述检查,若故障依旧应更换动力电池。

(5)动力电池 SOC 跳变类。

★故障描述:车辆在高速上 SOC 从 68% 迅速跳致 0%,回店用诊断仪,读取最低单节电池电压为 2.10V,最高 3.33V。

★故障排查:

①经检查发现电脑上位机读取数据显示第 37 节电池电压严重过低。

②倒换 BMS 最低单节电池仍为 37,排除 BMS 故障。

③举升车辆发现电池包托盘有被撞击的痕迹。根据撞击部位与37节电池布置吻合,此故障判断为撞击导致,建议尽快报保险处理。

二十二、电动汽车特殊故障处置

1. 碰撞

新能源车辆发生碰撞,请根据实际情况按照以下方法对车辆进行操作:

(1)在有绝缘防护的条件下,将车辆打开车门打开。
(2)检查车辆是否在OFF档。
(3)断开前舱12V蓄电池。
(4)断开维修开关(唐车型已取消)。
(5)查看动力电池托盘边缘是否开裂,有无明显液体流出。
(6)若漏电、漏液现象及拆下动力电池及断开各模组采样线、高压连接线。

2. 水淹

若新能源车辆浸入深水中(深度超过电池托盘),请根据实际情况按照以下方法对车辆进行操作:

(1)在有绝缘防护的条件下,将车辆从水中移出并打开车门。
(2)检查车辆是否在OFF档。
(3)断开前舱12V蓄电池。
(4)断开维修开关(唐车型已取消)。
(5)清除车辆内部水迹,检查车辆动力电池是否漏电。
(6)漏电及时拆下动力电池及断开各模组采样线、高压连接线。

3. 泄漏

如果动力电池发生泄漏(有明显液体流出),请按照以下方法对车辆进行操作:

(1)请将车辆退电至OFF挡,断开前舱12V蓄电池。
(2)断开维修开关。
(3)及时拆下动力电池及断开各模组采样线、高压连接线。
(4)发生少量泄漏时,请远离火源,使用吸液垫吸附后置于密闭容器中,或采用焚烧方式处理。操作前请佩戴防腐蚀手套。
(5)发生大量泄漏时,请统一收集,按照危险化学品处理,可加入葡萄糖酸钙溶液来处理有毒气体HF。
(6)当人体不慎接触泄漏液体时,应立即用大量水冲洗10~15分钟,如果有疼痛感可用2.5%的葡萄糖酸钙软膏涂敷,或用2~2.5%的葡萄糖酸钙溶液浸泡止痛。若无改善或出现不适症状,请立即就医。

4. 冒烟起火

如果车辆起火,请根据实际情况按照以下方法继续对车辆进行操作:

(1)条件允许将车辆退电至OFF挡、断开前舱12V蓄电池、断开维修开关。
(2)使用灭火器(请勿使用水基型灭火器)灭火,并立即拨打119电话救援。
(3)如果火势较大,发展较快,请立即远离车辆。并立即拨打119电话救援。

第六篇　主流电动汽车品牌简介

随着国家倡导绿色环保生态建设的同时,汽车行业也在不断创新改革,挖掘可再生新能源。而电动汽车则被视为其实行环保措施的重要举措,所以自主创新方面取得重大突破,形成了较强产品开发能力,而且在部分城市示范运行持续深入,电动汽车开始进入市场。那么,目前国内的电动汽车哪个牌子好呢?

经过努力,我国电动汽车自主创新取得了重要突破,自主开发的产品开始批量化进入市场,发展环境逐步改善,产业发展具备了较好基础,具有了加快发展的有利条件和比较优势。

一、陆地方舟纯电动汽车

深圳市陆地方舟电动汽车有限公司是全国第一家拥有纯电动乘用车标准和自主品牌企业,也是我国最早专门从事高效变频纯电动汽车研发及生产的国家高新技术企业。从2001年起,该企业就默默地在"十年磨一剑",如今已完全自主拥有"高效变频电驱动系统集成"和"DSP电驱动控制系统集成"2项核心技术。同时,拥有电动汽车动力电池管理系统技术,以及相关的电动汽车整车关键电子辅助系统配套系列专有技术,荣获国家科技成果和发明专利100余项,是目前国内电动汽车领域中研发能力最强、掌握核心技术最多、技术转化成果最广的企业之一。目前,该企业在广东深圳、广西柳州、江苏如皋、佛山高明都已建立了汽车生产基地,越南、老挝各有一个合作股份公司,拥有纯电动汽车专用生产线,电动汽车检测线和电动车专用试车场等,企业的整体实力和发展潜力都不可小觑。

陆地方舟的车型种类繁多,包括电动小轿车、电动SUV、电动MPV、电动巡逻车、电动货车、电动观光车等等,该企业自主产权的高性能变频纯电动汽车更是备受国内国际市场追捧,早在2007年就率先打开了国际市场,产品畅销欧美。陆地方舟三相交流电机自问世以来就一直让国内众多车企头疼不已,装配三相交流电机的普通车型经交流逆变后,功率便可瞬间达到20kW,最大爬坡度可以达到45%,高配置车型的最大功率更是可以达到60kW,澎湃的动力可以让车子瞬间提速到140km/h的时速,完全可以媲美一台燃油汽车。但每100公里的电耗量却仅需10千瓦时,使用费用只有普通燃油汽车的1/10,充电时间一般在6小时左右,快速充电则仅需10分钟,其方便程度可想而知。

1. 参考车型

保留前两代劲玛系列车型各项优质设计的前提下,第三代劲玛采用陆地方舟全球领先的DSP电驱动系统,动力更强劲,加速更迅猛,综合性能卓越,可与传统燃油汽车媲美;三个挡位操作设计,使驾驶更方便、更从容,是陆地方舟自主研发设计与生产的第一款纯电动乘用车,有新式纯电动"悍马"之称,如图6-1所示。之后于最近生产的车型如图6-2所示。

"陆地方舟劲玛"是深圳市陆地方舟新能源电动车集团有限公司结合企业十多年专业生产经验、上百项行业专利技术及多项世界领先核心科技成果,为年轻一族倾心打造的一款集酷炫外形、时尚元素、强劲动力和节能经济于一身的新型纯电动汽车。该车在陆地方舟专业电动汽车生产线上打造,搭载全球领先"高效变频电驱动控制系统"——HIEDS,并完美融合无级调速、助力转向和真空刹车等系列智能系统,更小的尺寸以及更加节能经济的纯电动血统使其在迎合了无数玩家趣味性选择的同时,更成为立足市场长远需求、响应国家政策方向、并顺应汽车社会发展潮流的时代产物。

劲玛采用经典越野造型,时尚个性而不失庄重,优美的弧形线条,精巧别致的前后灯配置,简约彪悍的车头轮廓以及从轮圈到车体的所有部件细节设计,无一不彰显着整车浓重的悍马韵味与其出色的越野能力。得益于越野车型,劲玛的通过性极强,轮胎的配用,离地间隙的设定,使其具有强悍的接近角和离去角。而由于车身整体尺寸要小些,线条也较柔顺些,因此在兼具悍马的彪悍和张扬的同时,较紧凑的车身尺寸也让劲玛整车显得更具灵性、动感和亲切感。

内饰方面,沿用外观简约大气的风格,深色系的内饰配色以及数字化的液晶仪表盘,都给人朴实庄重的感觉,而劲玛的最特别之处则在于它的可定制性——从外观涂鸦、颜色更换、到音响加配、座椅添置、空调选择、智能系统升级等等,给用户更多想象空间、更多可能性选择,让用户亲身参与打造自己的车。

最重要的动力部分,也是陆地方舟劲玛最值得叫好的部分。以陆地方舟自主研发的交流变频电驱动系统支撑下,劲玛的起步完成百米时长仅为7秒,最大爬坡度高达30°,真正达到低速高扭矩的驾控效能,大大提高车辆的动力性,彻底颠覆了消费者对于纯电动汽车动力不足的认知。

与市面上已有的部分电动汽车产品不同,劲玛,作为陆地方舟新一代创新型、领军式产品,其研发、生产涵盖了陆地方舟多项世界领先核心科技成果以及上百项行业专利技术,因而其不但具备平衡出色的动力表现与节能效力,更充分将个性化的驾驶乐趣和节能环保的时代主题完美结合。

图 6-1　陆地方舟劲玛纯电动汽车 1

图 6-2　陆地方舟纯电动汽车 2

2. 参数配置

陆地方舟参数配置见表 6-1。

表 6-1　陆地方舟参数配置

型号	GW12-A07P22-04
额定载客人数	2 人
外形尺寸 mm	3100×1750×1600
轴距 mm	1970
轮距 mm	1410/1400
整车装备质量 kg	1055
控制系统	三相交流变频控制系统
动力蓄电池	铅酸电池 72V 150Ah
电机系统	三相交流同步电机
电机额定功率 kW	7.5
驱动方式	后置后驱
转向系统	EPS
行车制动系统	双回路液压、电动真空助力
驻车制动系统	机械钢索式
充电机	车载充电机
辅助电源 V	12V
前悬架	麦弗逊式独立悬架
后悬架	柔性单纵臂非独立悬架
轮胎	195/60R14
最大爬坡度	30%
续驶里程 km	140(40km/h 匀速)
最高车速 km/h	55

二、比亚迪秦插电式混动轿车

1. 参考车型

2008 年 10 月 6 日，比亚迪以近 2 亿元收购了半导体制造企业宁波中纬，整合了电动汽车上游产业链，加速了比亚迪电动车商业化步伐。通过这笔收购，比亚迪拥有了电动汽车驱动电机的研发能力和生产能力。作为电动车领域的领跑者和全球二次电池产业的领先者，比亚迪将利用独步全球的技术优势，不断制造清洁能源的汽车产品。2008 年 12 月 15 日，全球第一款不依赖专业充电站的双模电动汽车——比亚迪 F3DM 双模电动汽车在深圳正式上市。2009 年，比亚迪推出了纯电动汽车，提前 20 年实现世界汽车工业追逐的梦想。

2008 年 3 月 18 日，比亚迪第一款中高级商务轿车 F6 全国上市，自主品牌冲击中高级轿车市场从 F6 开始。今年比亚迪汽车将有 F6、F3R 自动版、F0、F8、DM 双模电动汽车、比亚迪秦插电式混动轿车(如图 6-3 所示)、比亚迪 e6 纯电动轿车(如图 6-4 所示)等至少 7 款新车投放市场，同时将产能提升到 80 万辆，以满足市场需求。至此比亚迪集团已经形成

700万平方米的庞大产业格局,在集团发展的强大驱动下,比亚迪汽车将以强大的实力驰骋在汽车大潮中。

图 6-3 比亚迪秦插电式混动轿车

图 6-4 比亚迪 e6 纯电动轿车

2. 参数配置

比亚迪秦插电式混动轿车参数配置见表 6-2。

表 6-2 比亚迪秦插电式混动轿车参数配置

基本参数		●标配 ○选配 - 无	
厂商指导价(万)	20.99	21.98	20.98
国家/地方补贴(万)	2.4/-	3.15	3.15
厂商	比亚迪	比亚迪	比亚迪
车型级别	紧凑型车	紧凑型车	紧凑型车
动力类型	插电式混合动力	插电式混合动力	插电式混合动力
发动机	1.5T 154 马力 L4	1.5T 154 马力 L4	1.5T 154 马力 L4
长×宽×高(mm)	4740×1770×1480	4740×1770×1480	4740×1770×1480

续表 6-2

基本参数		●标配 ○选配 - 无	
最高车速(km/h)	185	185	185
官方 0-100 加速(s)	5.9	5.9	5.9
保修政策	六年或 15 万公里	六年或 15 万公里	六年或 15 万公里
车身			
长度(mm)	4740	4740	4740
宽度(mm)	1770	1770	1770
高度(mm)	1480	1480	1480
轴距(mm)	2670	2670	2670
前轮距(mm)	1525	1525	1525
后轮距(mm)	1520	1520	1520
最小离地间隙(mm)	125	125	125
整备质量(kg)	—	—	—
车身结构	三厢车	三厢车	三厢车
车门数	4	4	4
座位数(个)	5	5	5
油箱容积(L)	39	50	50
行李厢容积(L)	450	300	300
电池/电机			
电机类型	永磁/同步	永磁/同步	永磁/同步
电动机总功率(kW)	110	110	110
电动机最大扭矩(N·m)	200	250	250
前电动机最大功率(kW)	110	110	110
前电机最大扭矩(N·m)	200	250	250
后电动机最大功率(kW)	—	—	—
后电机最大扭矩(N·m)	—	—	—
驱动电机个数	1	1	1
电池类型	磷酸铁锂电池	磷酸铁锂电池	磷酸铁锂电池
电池容量(kWh)	—	13	13
电池组质保	6 年或 15 万公里		
续航里程(km)	(纯电动)100	70(纯电动)	70(纯电动)
续航范围	650-800km	650-800km	650-800km
百公里耗电量(kWh)			
快充时间(h)	—	—	—
慢充时间(h)	4-5	5.0	5.0

续表 6-2

基本参数	●标配 ○选配 -无		
变速箱			
变速箱名称	6挡双离合	6挡双离合	6挡双离合
变速箱类型	双离合变速箱(DCT)	双离合变速箱(DCT)	双离合变速箱(DCT)
挡位个数	6	6	6
底盘转向			
驱动方式	前置前驱	前置前驱	前置前驱
前悬架类型	麦弗逊式独立悬架	麦弗逊式独立悬架	麦弗逊式独立悬架
后悬架类型	多连杆独立悬架	扭力梁式非独立悬架	扭力梁式非独立悬架
助力类型	电动助力	电动助力	电动助力
车体结构	承载式	承载式	承载式
车轮制动			
前制动类型	通风盘式	通风盘式	通风盘式
后制动类型	盘式	盘式	盘式
驻车制动器	电子驻车制动	电子驻车制动	电子驻车制动
前轮胎规格	205/55 R16	205/50 R17	205/50 R17
后轮胎规格	205/55 R16	205/50 R17	205/50 R17
备胎规格	非全尺寸	非全尺寸	非全尺寸
安全装备			
主/副驾驶座安全气囊	主● / 副●	主● / 副●	主● / 副●
前/后排侧气囊	前● / 后○	前● / 后●	前● / 后-
前/后排头部气囊(气帘)	前○ / 后○	前● / 后●	前● / 后●
膝部气囊	○	●	—
胎压监测装置	○	●	
零胎压继续行驶			

三、比亚迪新秦 EV450 纯电动轿车

比亚迪发展至今,已建成西安、北京、深圳、上海四大汽车产业基地,在整车制造、模具研发、车型开发等方面都达到了国际领先水平,产业格局日渐完善,并已迅速成长为中国最具创新的新锐品牌。作为以电池起家的比亚迪,以其在电池领域的全球性领先技术和深厚的技术积累,秉承"技术为王"的技术研发理念,成功嫁接于汽车行业,以自身的技术优势构建在汽车行业的竞争优势,从而促进企业发展。比亚迪在可充电电池行业排在全球第二、在铁电池方面的既有成就完全可确保它继续领先。在成本上,比亚迪坚持技术创新来降低产品成本,其生产的铁电池成本仅为锂电池的1/10,相比其他厂家的混合电动力车型成本更低,同时,比亚迪在制造链上固有的成本控制能力也能平移到电动汽车环节。

1. 参考车型

近年来,在汽车市场上,新能源的不断崛起是大家有目共睹的。比亚迪汽车凭借着家族高超的电池技术,很快便成了新能源这一领域的一大巨头。相信大家对比亚迪了解最多的就是近期非常火的新一代唐,然而今天我们要说的并不是唐,而是比亚迪旗下的另外一款纯电动轿车,它有着和唐几乎相同的配置,它就是比亚迪新秦 EV450,如图 6-5 所示。

图 6-5　比亚迪秦 EV450 纯电动轿车正面

首先从外观上看,该车采用了比亚迪家族最新的设计语言。前脸采用大尺寸镀铬中网设计,覆盖面积较大,气势逼人,同时全黑的烤漆设计看上去也很有质感。两侧的 LED 大灯与中网相连,造型犀利。车身侧面造型比较简单,线条设计层次分明,如图 6-6 所示。

图 6-6　比亚迪秦 EV450 纯电动轿车侧面

车尾部分最为亮眼的就是尾灯设计,采用独特的连贯式设计风格,且造型犀利,看起来时尚动感。且尾灯也是采用 LED 作为光源,点亮后效果极佳。另外尾部线条感极强,看上去倒有几分运动元素在其中,如图 6-7 所示。

图 6-7 比亚迪秦 EV450 纯电动轿车尾部

内饰方面,新车的内饰设计走简约风格。三幅式多功能转向盘的采用使操作更加便捷。仪表盘采用全液晶式设计,左侧是电机功率表,右侧是时速表,电池电量和续航里程也都清晰易读。最值得一提的就是中控设计,中控台采用了一块 12.8 英寸的大触控显示屏,功能应有尽有,极具科技感。并且在显示屏下面,按键采用实体按键,且设计风格简单,更加便于操作,如图 6-8 所示。

图 6-8 比亚迪秦 EV450 纯电动轿车内饰

在配置方面,新车将配有 BAS 制动辅助系统、CBA 制动力分配系统、ESP 车身稳定系统、遥控泊车系统、天窗、全景影像以及上坡辅助系统等功能。除此之外,所有车型还配有智能进入和无钥匙启动功能。最后在动力方面,新车搭载的是一台最大功率为 160kW 的电机,最大扭矩可达 310N·m,最大续航里程可达到 480km。传动与之匹配的是一台单速变速箱。

全新的比亚迪秦 EV450 作为一款纯电动轿车,相对比来说还是有很大进步的,并且据了解,该车百公里加速度时间可在 10 秒内完成,对于这样的一辆车,20 万起的售价你会觉得贵吗?

2. 配置参数

比亚迪秦 EV450 参数配置见表 6-3。

表 6-3　比亚迪秦 EV450 参数配置

2018 款秦 EV EV450 智联尊尚型 配置参数	
基本参数：	2018 款秦 EV EV450 智联尊尚型
厂商指导价：	26.06 万
本地最低报价：	16.99 万询底价
品牌：	比亚迪汽车
级别：	紧凑型车
发动机：	160kW(电动机)
动力类型：	纯电动
综合最大功率(kW)：	160
综合最大扭矩(N·m)：	310
变速箱：	1 挡固定齿轮比
长×宽×高(mm)：	4740×1770×1490
车身结构：	4 门 5 座 三厢轿车
上市年份：	2018
最高车速(km/h)：	150
0～100 加速时间(s)：	7.9
保修政策：	6 年或 15 万公里
车身参数：	2018 款秦 EV EV450 智联尊尚型
车长(mm)：	4740
车宽(mm)：	1770
车高(mm)：	1490
轴距(mm)：	2670
车重(kg)：	—
最小离地间隙(mm)：	—
前轮距(mm)：	1525
后轮距(mm)：	1520
车身结构：	三厢轿车
车门数：	4
座位数：	5
行李厢容积(L)：	450
行李厢最大容积(L)：	—
电动机：	2018 款秦 EV EV450 智联尊尚型
电动机类型：	—
电动机最大功率(kW)：	160
电动机最大扭矩(N·m)：	310

续表 6-3

2018 款秦 EV EV450 智联尊尚型 配置参数

基本参数：	2018 款秦 EV EV450 智联尊尚型
前电动机最大功率(kW)：	160
前电动机最大扭矩(N·m)：	310
后电动机最大功率(kW)：	—
后电动机最大扭矩(N·m)：	—
电池：	2018 款秦 EV EV450 智联尊尚型
纯电最大续航里程(km)：	480
电池容量：	60.48kWh
百公里耗电量(kWh/100km)：	—
普通充满电时间：	—
快速充满电时间：	1.5h
快充至 80% 电量时间：	—
换电站：	—
电池保修年限：	8 年或 15 万公里
电池类型：	三元锂电池
变速箱：	2018 款秦 EV EV450 智联尊尚型
挡位个数：	1
变速箱类型：	固定齿轮比
变速箱名称：	电动车单速变速箱
底盘转向：	2018 款秦 EV EV450 智联尊尚型
驱动方式：	前置前驱
四驱形式：	—
中央差速器结构：	—
车体结构：	承载式
助力类型：	电动助力
前悬挂类型：	麦弗逊式独立悬挂
后悬挂类型：	多连杆式独立悬挂
前桥限滑差速器/差速锁：	—
中央差速器锁止功能：	—
后桥限滑差速器/差速锁：	—
车轮制动：	2018 款秦 EV EV450 智联尊尚型
前制动器类型：	通风盘式
后制动器类型：	盘式
驻车制动类型：	电子驻车
前轮胎规格：	205/50 R17
后轮胎规格：	205/50 R17

续表 6-3

2018 款秦 EV EV450 智联尊尚型 配置参数

基本参数：	2018 款秦 EV EV450 智联尊尚型 🔧
备胎：	非全尺寸
安全配置：	2018 款秦 EV EV450 智联尊尚型 🔧
主/副驾驶座安全气囊：	主 ● / 副 ●
头部气囊(气帘)：	前 ● / 后 ●
侧气囊：	前 ● / 后 —
膝部气囊：	—
安全带气囊：	—
行人安全气囊：	—
前排安全气囊关闭装置：	—
儿童座椅接口：	●
胎压监测装置：	●
零胎压继续行驶：	—
安全带未系提示：	●
防盗报警器：	●
发动机防盗锁止：	●
车内中控锁：	●
遥控钥匙：	●
疲劳驾驶提示：	—
夜视系统：	—
操控配置：	2018 款秦 EV EV450 智联尊尚型 🔧
ABS 防抱死：	●
制动力分配(EBD/CBC 等)：	●
刹车辅助(EBA/BAS/BA 等)：	●
牵引力控制(ASR/TCS 等)：	●
车身稳定控制(ESP/DSC 等)：	●
上坡辅助：	●
陡坡缓降：	—
自动驻车：	—
并线辅助：	—
车道偏离预警系统：	—
自动驾驶技术：	—
可变悬挂：	—
空气悬挂：	—
电磁感应悬挂：	—
可变转向比：	—

续表 6-3

2018 款秦 EV EV450 智联尊尚型 配置参数

基本参数：	2018 款秦 EV EV450 智联尊尚型 🔧
整体主动转向系统：	—
主动刹车/主动安全系统：	—
外部配置：	2018 款秦 EV EV450 智联尊尚型 🔧
电动天窗：	●
全景天窗：	—
运动版包围：	
铝合金轮圈：	●
电动吸合门：	—
行李架：	
主动格栅：	
远程启动发动机：	
感应后备厢：	
电动后备厢：	
内部配置：	2018 款秦 EV EV450 智联尊尚型 🔧
皮质转向盘：	●
转向盘调节：	上下 ● / 远近 ●
多功能转向盘：	●
转向盘电动调节：	●
转向盘记忆：	●
转向盘加热：	—
换挡拨片：	—
泊车雷达：	前 ● / 后 ●
倒车视频影像：	●
全景摄像头：	●
自动泊车入位：	—
定速巡航：	●
自适应巡航：	
无钥匙进入系统：	●
无钥匙启动系统：	●
全液晶仪表盘：	●
行车电脑显示屏：	●
HUD 抬头数字显示：	—
220V/230V 电源：	●
行车记录仪：	●
无线充电：	—

续表 6-3

2018 款秦 EV EV450 智联尊尚型 配置参数	
基本参数：	2018 款秦 EV EV450 智联尊尚型 🔧
座椅配置：	2018 款秦 EV EV450 智联尊尚型 🔧
座椅材质：	皮质
运动风格座椅：	—
座椅高低调节：	●
主/副驾驶座电动调节：	主 ● / 副 ●
后排座椅电动调节：	
副驾驶座椅后排调节：	
腰部支撑调节：	
肩部支撑调节：	
腿部支撑调节：	
主/副座椅记忆：	主 ● / 副 —
后排座椅记忆：	
座椅加热：	前 ● / 后 —
座椅通风：	前 ● / 后 —
座椅按摩：	—
第二排独立座椅：	—
第二排背部角度调节：	—
第二排座椅移动：	—
后排座椅放倒方式：	—
第三排座椅：	—
中央扶手：	前 ● / 后 ●
后排杯架：	●
加热/制冷杯架：	
多媒体配置：	2018 款秦 EV EV450 智联尊尚型 🔧
车载 Wi-Fi：	●
GPS 导航系统：	●
蓝牙/车载电话：	●
中控台彩色大屏：	●
中控台彩色大屏尺寸：	12.8 英寸
中控液晶屏分屏显示：	
后排液晶屏：	
语音控制系统：	●
定位互动服务：	●
手机互联/映射：	—
车载电视：	—

续表 6-3

2018 款秦 EV EV450 智联尊尚型 配置参数	
基本参数：	2018 款秦 EV EV450 智联尊尚型 🔧
主动降噪：	—
音响品牌：	—
外接音源接口（AUX/USB 等）：	●
CD/DVD 播放器：	—
扬声器数量：	10 喇叭
灯光配置：	2018 款秦 EV EV450 智联尊尚型 🔧
远光灯：	卤素
近光灯：	卤素
前雾灯：	●
日间行车灯：	●
大灯高度可调：	●
自动头灯：	●
弯道辅助照明灯：	—
随动转向大灯：	—
远近光感应系统：	—
智能远光灯：	—
大灯清洗装置：	—
车内氛围灯：	—
可变色氛围灯：	—
玻璃/后视镜：	2018 款秦 EV EV450 智联尊尚型 🔧
电动车窗：	前 ● / 后 ●
车窗防夹手功能：	●
防紫外线/隔热玻璃：	—
后排隐私玻璃：	—
电动后视镜：	●
后视镜加热：	●
后视镜电动折叠：	●
后视镜自动防眩目：	内 ● / 外 —
后视镜记忆：	●
流媒体车内后视镜：	—
后排侧遮阳帘：	—
后风挡遮阳帘：	—
遮阳板化妆镜：	●
雨量感应雨刷：	—
后雨刷：	—

续表 6-3

2018 款秦 EV EV450 智联尊尚型 配置参数	
基本参数：	2018 款秦 EV EV450 智联尊尚型 🔧
空调/冰箱：	2018 款秦 EV EV450 智联尊尚型 🔧
手动空调：	—
自动空调：	●
后排独立空调：	—
后排出风口：	●
温度分区控制：	两区
车内空气调节/花粉过滤：	●
车载空气净化器：	●
车载冰箱：	
其他：	2018 款秦 EV EV450 智联尊尚型 🔧

提示：以上车型数据仅供参考，实际车型数据以店内销售车辆为准，解释权归生产厂家。

四、荣威 E50 纯电动轿车

1. 参考车型

荣威 E50 纯电动轿车（如图 6-9 所示）是上汽完全自主研发的新能源车型，并采用了全新的平台技术，其搭载了高性能的电驱动力系统，配以电动助力转向系统、整车热管理系统等，能够真正实现零排放。荣威 E50 搭载 16kWh 的磷酸铁锂电池以及 47/28kW 的永磁同步驱动电机，最高时速可达 120 公里/小时，匀速测试工况下续航里程最高为 180 公里，完百公里加速时间约为 15 秒，全可以满足绝大多数城市消费者的用车需求。

图 6-9　荣威 E50 纯电动轿车

对于大家最关心的充电方式，荣威 E50 分为快慢两种，慢充可用家用 220V 插座充电，而快充可在 30 分钟内将电池充满 80%，充分适应市民的出行需求。

从荣威 E50 外观看，它还采用了三门设计，即增加了前排空间，也让整车更加小巧玲珑，如图 6-10 所示。

图 6-10 荣威 E50 外观

此外，荣威 E50 还配备了许多舒适性配置，如：电动助力转向系统，一键式启动，3D 效果多功能数字化仪表、SMART HOLD 电子手刹，智能车内人机交互系统等，既突出了电动汽车的时尚感和科技感，同时也能弥补部分车主从传统汽车过渡到纯电动汽车的不适应感。

作为一款"都市精品纯电小车"，荣威 E50 顺应了"小型、轻量、电动、智能"的市场趋势，不仅设计时尚，也具有超越同级的人性空间，让驾乘体验更加完美。独特的海豚式短吻两厢车身设计传递出上汽的人性设计理念，不仅将潮流元素融于自身，并且能够降低风阻系数，也使车内使用空间利用率更大，空间布置更合理。虽然是一辆 A00 级的紧凑型小车，但由于荣威 E50 采用一体式横向布局内饰设计，颠覆传统，延伸空间感，真正实现了小车大空间的设计理念，如图 6-11、图 6-12 所示。

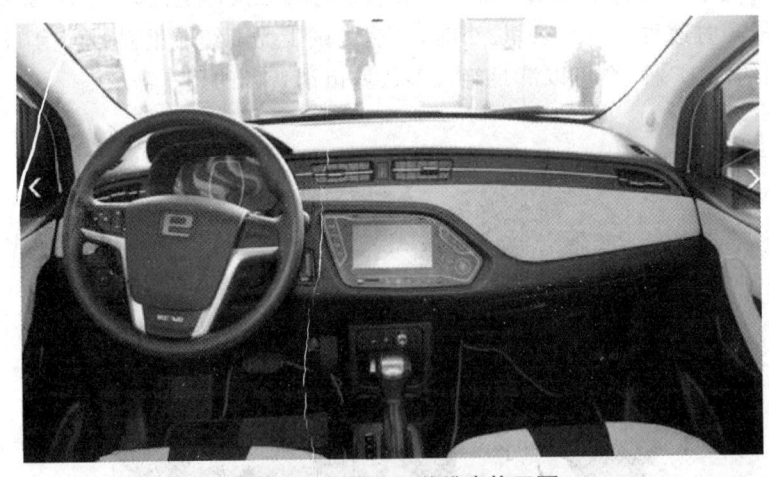

图 6-11 荣威 E50 前排内饰正面

荣威 E50 从设计概念到组装电池包、开发电池管理系统、打造电机和动力总成、高压电子系统和车身结构，以及车载数字化信息系统，都是由上汽完全自主研发。荣威 E50 采用高性能的电驱动力及电控系统，100% 纯电动，各项主要指标均达到或超越了国际品牌同类产品的水平。

荣威 E50 还配备了许多超越该级别的高、新、炫的配置，如：电动助力转向系统，一键式启动，3D 效果多功能数字化仪表、SMART HOLD 电子手刹，智能车内人机交互系统等，既

图 6-12 荣威 E50 前排内饰侧面

突出了电动汽车的时尚感和科技感,同时也能弥补部分车主从传统汽车过渡到纯电动汽车的不适应感,可谓实用性与先进性兼备。

2. 参数配置

荣威 E50 参数配置见表 6-4。

表 6-4 荣威 E50 参数配置

参数配置		荣威—荣威 E—荣威 E50 纯电动轿车				
指导价格	23.49 万元	政府补贴:	5.4 万元	百公里油耗:	升
燃料形式:	纯电动	节油效率:	—	燃油标号:	—
发动机排量(ml):	—	最大功率(kW/rpm):		最大扭矩(N·m/rpm):	
电机型号:		最大功率(kW/rpm):	52	最大扭矩(N·m/rpm):	155
混合类型:	—	综合功率:		综合扭矩:	—
变速箱:	单速自动	最高车速(km/h):	130	0—100 加速(s):	14.6
电池类型:	锂离子电池	电池容量(kWh):	18	纯电行驶公里数(km):	180
充电时间:	8h	百公里耗电量:	18kwh	续航里程(km):	190

五、宝马 i3 增程式混合动力汽车

华晨宝马汽车有限公司世界顶级高档汽车制造商。华晨宝马汽车有限公司是宝马集团和华晨中国汽车控股有限公司共同投资成立的合资企业,从事 BMW 品牌汽车的制造、销售和售后服务。

1. 参考车型

宝马 i3 装配一组 22 千瓦时的锂离子电池和一台电动机,最大功率 170 马力,峰值扭矩 250 牛·米,该车 0~100 公里/小时加速时间为 7.2 秒,最高车速可达 150 公里/小时。

充电方面,使用家庭 220V 电源充电,需要 8 小时充满,而在宝马专用充电装置下充电,只需 1 个小时,充满电后可行驶 130~160 公里。

外观上，宝马 i3 在设计方面充满个性，前脸融入了宝马最新的家族式设计特征（如图 6-13 所示），而略带弧线的前大灯设计也使得该车前脸更加有活力。外观采用了双色设计，黑色喷漆的发动机盖和后备厢带来很是另类的视觉效果。此外，进气格栅、侧面裙边还以蓝色调进行修饰，表达了其新能源车的环保特性。下沉式的后窗是外观设计的一大亮点，它为后排空间带去更多的阳光，让车内环境更加明亮。另外，宝马 i3 还采用了对开门式设计，且车身运用了高强度碳纤维材料，这使 i3 变成了一款注重环保与节油的"休闲旅行车"。

i3 车身也相当紧凑、小巧（如图 6-14 所示），其长宽高分别只有 3999 毫米、1775 毫米和 1578 毫米，轴距为 2570 毫米，但较高的车身仍可以为车内带来不错的空间，车内安排有 4 个座椅。为方便进出，后车门还采用了独特的前开式设计。

图 6-13　宝马 i3 前脸融入了宝马最新的家族式设计特征

图 6-14　宝马 i3 车身也相当紧凑、小巧

i3 标配了大号的 19 英寸轻量化锻造铝合金轮毂（如图 6-15 所示），与之搭配的是 155/70 R19 的低滚动阻力轮胎，胎面宽度只有 155 毫米。尽管这样的配置对于操控性和稳定性肯定有所牺牲，但是对于 i3 来讲，功能性肯定是要放到最重要的位置，窄胎配置可以帮助车辆减少地面阻力，起到节约电能消耗的作用。

图 6-15　宝马 i3 标配了大号的 19 英寸轻量化锻造铝合金轮毂

内饰方面的材质也是 i3 内饰设计的重点（如图 6-16 示），而根据材质搭配的不同，i3 同时提供了 Loft、Lodge 与 Suite 等不同风格的车内氛围。为了呼应电动车节能、环保的诉求，车内运用了实木、皮革、羊毛以及其他天然和可再生材料。其中仪表板座与门内饰板采用亚麻植物纤维编织包覆，而内饰所使用的 25% 的塑料均来自于回收再利用或是可再生资

源制造。除了宽敞的乘坐空间，i3 同样拥有不错的载物空间，行李箱容积为 260 升，后座放倒以后则可以扩容至 1100 升（如图 6-17 所示）。

图 6-16　宝马 i3 内饰方面也颇为讲究

图 6-17　宝马 i3 除了宽敞的乘坐空间，同样拥有不错的载物空间

动力方面，宝马 i3 装配一组 22 千瓦时的锂离子电池和一台电动机，最大功率 170 马力，峰值扭矩 250 牛·米，该车 0~100 公里/小时加速时间为 7.2 秒，最高车速可达 150 公里/小时。

充电方面，该车可使用家庭 220V 电源充电（如图 6-18 所示），需要 8 小时充满，而在宝

图 6-18　宝马 i3 可使用家庭 220V 电源充电

马专用充电装置下充电,只需 1 个小时,便可充满电后行驶 130－160 公里。如果对续航里程有更高的要求,宝马还可会为 i3 增加一台 650cc 的双缸汽油发动机(64 马力)为锂电池供电,也就是说,i3 可变为一辆增程式混合动力车型,车辆的最大续航里可达 300 公里。

2. 参数配置

宝马 i3 参数配置见表 6-5。

表 6-5　宝马 i3 参数配置

参数配置		BMW i3	BMW i3(增程版)
车身			
车门 / 座位		5 / 4	5 / 4
长度	mm	4006	4006
宽度	mm	1775	1775
高度(* 带车顶)	mm	1600	1600
轴距	mm	2570	2570
转弯直径	m	9.86	9.86
行李箱容积	m³	0.260 - 1.100	0.260 - 1.100
油箱容积	L	0	8
符合 DIN/EU 标准的车辆全装备重量	kg	1255	1390
允许的总重量 / 载重	kg / kg	1620 / 365	1730 / 340
驱动装置			
电机形式		BMW eDrive 技术:同步电机及电机管理系统	
功率	kW/PS	125 / 170	125 / 170
扭矩	N·m	250	250
动能回收	kW	最大 50	最大 50
高压蓄电池			
电能容量(总额)	kWh	19	19
电池类型		锂离子	锂离子
内燃式发动机			
发动机结构形式 /气缸 /每缸的阀门			直列式发动机 / 2 / 4
排量	cm³		647
冲程 / 缸径	mm/mm		66 / 79
功率 / 转速	kW/PS/ min⁻¹		28 (38) / 5000
扭矩 / 转速	N·m/ min⁻¹		56 / 4500
排放标准 / 燃油			EU5
动态行驶			

续表 6-5

参数配置		BMW i3	BMW i3(增程版)
驱动概念		后轮驱动	
前轮悬挂		带防俯冲补偿的铝制麦弗逊单铰减震支柱前桥	
后轮悬挂		直接连接到 Drive 模块的多连杆式后悬架	
前部/后部轮胎		155/70 R19 / 155/70 R19	155/70 R19 / 175/60 R19
前部/后部轮辋		5J x 19 / 5J x 19	5J x 19 / 5.5J x 19
变速箱			
变速箱类型		自动变速箱,单级,带固定传动比	
驾驶性能			
加速度 0~100 km/h	s	7.2	7.9
0~60 km/h	s	3.7	3.9
最高车速(电子限速)	km/h	150	150
日常行驶里程 (舒适模式)	km	160	320
		BMW i3	BMW i3(增程版)
充电时间(充电达到 80%)		3.7 kW 墙盒充电,16 安电流强度,5.5 小时	
测试周期中的能耗			
纯电模式	kWh/100 km	12.9	13.5
增程模式	L/100km/g	0	0.7 / 17

六、奇瑞 QQ3 EV 纯电动轿车

奇瑞一直很重视新能源汽车的生产,其电动汽车工程也一直得到了来自国家层面的支持,可以说奇瑞从涉足电动汽车起就占尽了先天优势。目前奇瑞已试制出了相应的成品车,已批量生产。经过多年的自主创新与核心技术攻坚,奇瑞已建立起健全的混合动力、电动汽车、替代能源等新能源技术体系,形成一整套关键零部件研发能力,并完全拥有电动汽车开发的核心技术、标定技术和试验验证技术。

如今,奇瑞已在上海嘉定电动汽车生产基地建成了奇瑞电动汽车技术有限公司。"十一五"期间,奇瑞共承担了 9 项"节能与电动汽车"重大项目课题,并全部通过国家科技部专家组的验收,奇瑞 A5ISG、A5BSG、S11EV 和 S18EV 获得了工信部的产品公告并入选国家节能环保产品推荐目录。"节能与电动汽车"重大项目课题的顺利完成,不仅提升了奇瑞在行业的影响力,还加快了我国电动汽车和节能环保汽车产品的自主研发和产业化步伐,也为奇瑞进一步承担"十二五"课题打下了坚实的基础。

1. 参考车型

纯电动轿车 QQ3EV（如图 6-19 所示）是在奇瑞 S11 整车平台上开发的一款小型纯电动轿车，整车搭载了 60V6kW 电驱动系统，配备了 150Ah 高性能动力电池。在外观上，与传统 QQ3 没有什么差异，尾部的"EV"字样，方可辨别出这是一辆零排放、无污染的绿色交通工具。打开引擎盖，奇瑞 QQ3EV 要比普遍汽车简洁许多，发动机机舱内没有发动机，取而代之的是一组体形较大的电瓶和自动变速箱及电动机。

图 6-19 奇瑞 QQ3 EV 纯电动汽车

奇瑞 QQ3EV 的内部：在内部空间方面，也与传统 QQ3 相似，只是电机转速表替代了传统的发动机转速表，便于对电机的运行转速进行实时监控；电池的电量表替代了传统的汽车油量表，便于提醒驾驶者更好地操控电池的容量，更好地延长电池的使用寿命。

奇瑞 QQ3EV 轻松驾驶：坐上驾驶席后，首先将奇瑞 QQ3EV 配备的无级变速自动挡变速箱的挡位拨到停车挡（N 挡）状态，转动第一挡钥匙，车辆通电进入自检状态，自检完毕各项指示灯熄灭，再次转动钥匙启动，仪表上的绿色 READY 灯亮起表示电机可以正常启动，踩脚刹，将挡位换到前进挡（D 挡）位置，松脚刹、踩电门踏板（即传统汽油车的油门踏板位置）、松手刹，车辆便默默地前进了；倒车与前进的操作过程基本一样，只是将挡位拨到倒车挡（R 挡）的位置就行了。0～40 公里时速的起步过程非常迅速，已超越传统的汽油车。

2. 参数配置

奇瑞 QQ3EV 参数配置见表 6-6。

表 6-6 奇瑞 QQ3EV 参数配置

参数配置		奇瑞—QQ—奇瑞 QQ3 EV 电动汽车			
指导价格	4.98 万元	政府补贴	万元	百公里油耗：	一升
燃料形式	—	节油效率		燃油标号：	—
发动机排量(ml)：		最大功率(kW/rpm)：		最大扭矩(N·m/rpm)：	
电机型号：	永磁同步电机	最大功率(kW/rpm)：	12	最大扭矩(N·m/rpm)：	72
混合类型：		综合功率：		综合扭矩：	
变速箱：	无极电子变速	最高车速(km/h)：	80	0～100 加速(s)：	
电池类型：		电池容量(kWh)：	150	纯电行驶公里数(km)：	
充电时间(h)：	8～10	百公里耗电量(kWh)：	15	续航里程(km)：	120

七、雪佛兰赛欧 SPR 纯电动轿车

1. 参考车型

赛欧 SPRINGO 是上海通用汽车和泛亚汽车技术中心整合优势资源自主研发，国内合资企业首次推出的量产纯电动轿车，(如图 6-20 所示)。

图 6-20　雪佛兰赛欧

赛欧 SPRINGO 的车身：基于雪佛兰赛欧，不过悬挂的是一个全新的"S"车标。赛欧 SPRINGO 的动力来源于由磷酸铁锂电池提供能源的永磁同步电动机，能够输出 85kW 的峰值功率，峰值扭矩高达 510N·m，百公里加速仅为 10.4 秒，最高车速可以达到 130km/h。

赛欧 SPRINGO 外观(如图 6-21 所示)：赛欧 SPRINGO 基于现款雪佛兰赛欧两厢版车型打造。赛欧电动车的车窗造型、车侧棱线、高位刹车灯都直接使用了原型车的设计。不同之处多为细节——车前格栅完全封闭，以降低风阻。

图 6-21　雪佛兰赛欧 SPR 外观

赛欧 SPRINGO 内饰(如图 6-22 所示)：车内的变化展示了赛欧的电动车特征。中控台处原有的空调、音响调节旋钮被整块的液晶屏替代，上面以英文标出了电话、时钟、路线存储器、地图、地址、上一目的地以及音量增减、电源、主页的象形符号，左上角还有电话、蓝牙等

应用程序。

图 6-22 赛欧 SPRINGO 内饰

赛欧 SPRINGO 动力(如图 6-23 所示):赛欧电动版永磁同步电机能够输出 85kW 的峰值功率,峰值扭矩高达 510N·m,百公里加速仅为 10.4 秒。赛欧 SPRINGO 的电池容量 21.4Kwh,在综合工况下,赛欧 SPRINGO 的续航里程超过 130 公里,而 60km/h 等速工况的续航里程则可达到 200 公里。

图 6-23 赛欧 SPRINGO 动力

2. 参数配置

雪佛兰赛欧 SPR 参数配置见表 6-7。

表 6-7 雪佛兰赛欧 SPR 参数配置

参数配置	雪佛兰—雪佛兰赛欧—雪佛兰赛欧 SPRINGO					
指导价格	25.80 万元	政府补贴:	10 万元	百公里油耗:	一升
燃料形式:	纯电动	节油效率:	—	燃油标号:	—
发动机排量(ml):	—	最大功率(kW/rpm):	85	最大扭矩(N·m/rpm):	510
电机型号:	—	最大功率(kW/rpm):	85	最大扭矩(N·m/rpm):	220
混合类型:	—	综合功率	85	综合扭矩	510
变速箱:	电动车单速变速箱	最高车速(km/h):	130	0~100 加速(s):	10.4
电池类型:	锂离子电池	电池容量(kWh):	21.4	纯电行驶公里数(km):	130
充电时间(h):	7.5	百公里耗电量(kWh):	15	续航里程(km):	150

八、奔腾 B30EV 纯电动轿车

奔腾 B30 EV 是一汽奔腾旗下的首款纯电动轿车(如图 6-24 所示)。此前已于上海国际车展期间首发亮相。从一汽奔腾经销商(北京地区)处了解到,奔腾 B30 EV 现已开售,补贴后售价 10.98 万元。新车的综合续航里程为 205km,外观细节处增加了代表新能源的专属标识。

图 6-24 奔腾 B30 纯电动轿车

1. 参考车型

2. 参数配置(图解说明)

奔腾 B30 EV 外观整体与汽油版 B30 基本保持一致,前脸采用家族最新的六边形大嘴进气格栅,内部选用新能源车型惯用的封闭式设计。两侧头灯组为时下流行的开眼角式造型,与进气格栅相连,搭配贯穿式前保险杠,有效拉伸了视觉宽度,前后外观如图 6-25 所示。

图 6-25 奔腾 B30 纯电动轿车前后外观

奔腾 B30 EV 内饰整体为黑/灰配色方案,细节处运用蓝色元素点缀,中控台拥有三辐式多功能转向盘,搭配 8 英寸嵌入式多媒体液晶屏。仪表盘为单炮筒式+液晶屏设计,表盘采用机械式指针,液晶屏可显示车辆相关信息,其内饰如图 6-26 所示。此外,新车还配备 APP 远程控制、电动助力转向、倒车影像、ESP 等配置。

图 6-26　奔腾 B30 纯电动轿车内饰

奔腾 B30 EV 车身长宽高分别为 4625*1790*1500mm,轴距为 2630mm。动力搭载三元锂电池组与一台永磁同步电机组成的纯电力驱动系统,电动机最大输出功率为 80kW,电池容量为 24.8kWh,综合续航里程可达 205km,如图 6-27 所示。

图 6-27　奔腾 B30 纯电动轿车电力驱动系统

奔腾 B30 EV 前后外观侧视如图 6-28 所示。

图 6-28 奔腾 B30EV 前后外观侧视

奔腾 B30 EV 优缺点如图 6-29 所示。

优点		缺点
带透镜的卤素头灯、LED日间行车灯、LED导光带尾灯	外观	与奔腾B30相比没有太大差别,个性不足
8寸触摸屏(蓝牙、视频播放、手机映射、车辆状态)、带PM2.5过滤和负离子发生器的自动空调、定速巡航、多功能真皮方向盘	内饰	内饰样式一般
ESP、低速行车警示系统、电子防盗系统、前排侧气囊、胎压监测、坡道辅助高压故障自动断电、倒车雷达、倒车影像	安全	无
低温预加热系统	动力	续航里程短(NEDC工况205公里)

图 6-29 奔腾 B30EV 优缺点

■外观与奔腾 B30 差异不大

与国内其他新能源车相同,奔腾 B30EV 也是在奔腾 B30 的基础上修改而来。不过奔腾并未对该车的外观进行"新能源化"样式进行装饰。新车与燃油版车型最大的不同在车头格栅和车尾尾标处。因此,它有可能是一款最没新能源特色的电动车,如图 6-30 所示。

图 6-30 奔腾 B30EV 是一款最没新能源特色的电动车

奔腾 B30EV 也是在奔腾 B30 的基础上修改而来,外观与燃油版车型基本一致,如图 6-31 所示。

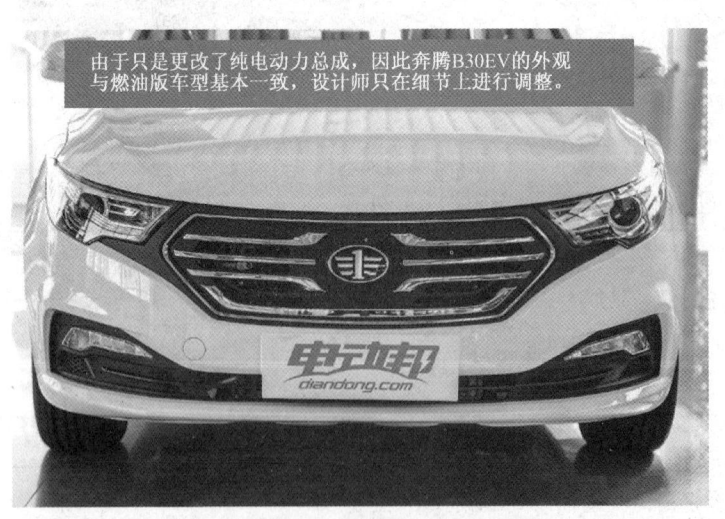

图 6-31 奔腾 B30EV 外形与燃油版车型基本一致

奔腾 B30EV 头灯灯组如图 6-32 所示,车头格栅如图 6-33 所示,前格栅快充接口、后侧方慢充接口,如图 6-34 所示。

第六篇　主流电动汽车品牌简介

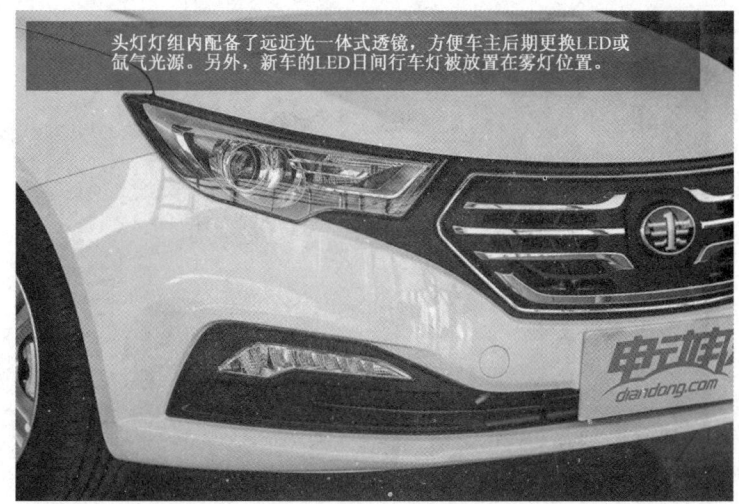

图 6-32　奔腾 B30EV 头灯灯组

图 6-33　奔腾 B30EV 车头格栅

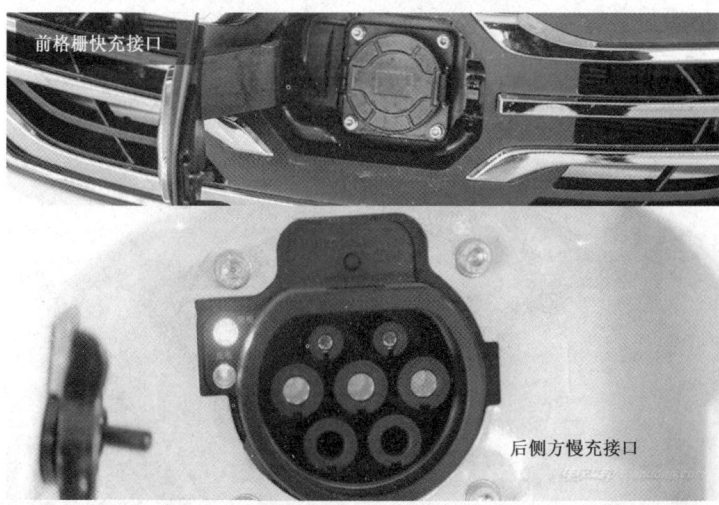

图 6-34　奔腾 B30EV 快充接口、慢充接口

奔腾 B30EV 车身尺寸，如图 6-35 所示。

图 6-35　奔腾 B30EV 车身尺寸

奔腾 B30EV 轮胎规格，如图 6-36 所示。

图 6-36　奔腾 B30EV 轮胎规格

奔腾 B30EV 电动天窗，如图 6-37 所示。

图 6-37　奔腾 B30EV 电动天窗

奔腾 B30EV 尾部标识，如图 5-38 所示。

图 6-38　奔腾 B30EV 尾部标识

奔腾 B30EV 尾灯样式，如图 6-39 所示。

图 6-39　奔腾 B30EV 尾灯样式

奔腾 B30EV 倒车雷达如图 6-40 所示。

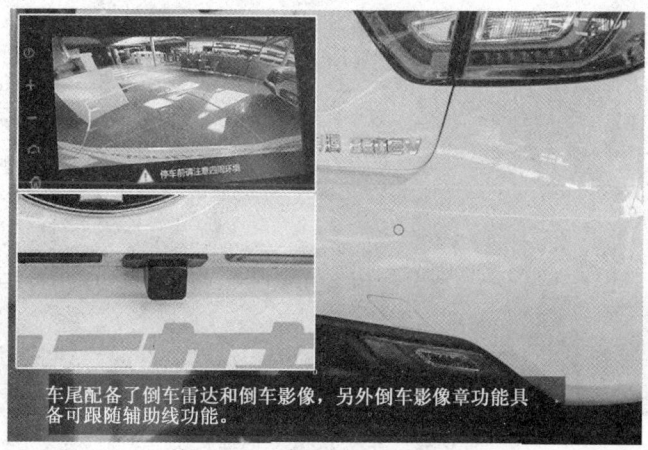

图 6-40　奔腾 B30EV 倒车雷达

新车配备了 LED 日间行车灯、LED 尾灯、电动调节后视镜、电动天窗和 16 寸轮圈等配置。与竞品车型相比,该车的外观配置在同级主流行列,不拔尖也不掉队。

■内饰设计一般,配置较高

内饰上,新车与燃油版车型的主要区别在仪表盘、排挡杆、座椅缝线颜色,如图 6-41 所示。配置上,新车配备了多功能真皮转向盘、8 寸娱乐触摸屏、带有负离子发生器和 PM2.5 过滤的自动空调、定速巡航、倒车雷达和倒车影像等配置。总体来讲,奔腾 B30EV 的配置水平在同级车型中能站在上流的位置。

图 6-41 奔腾 B30EV 内饰与燃油版车型的区别

奔腾 B30EV 内饰材质,如图 6-42 所示。

图 6-42 奔腾 B30EV 内饰材质

奔腾 B30EV 车窗、后视镜一键升/降功能，如图 6-43 所示。

图 6-43　奔腾 B30EV 车窗、后视镜一键升/降功能

奔腾 B30EV 真皮转向盘可上下调节、配有多功能按键，如图 6-44 所示。

图 6-44　奔腾 B30EV 真皮方向盘可上下调节

奔腾 B30EV 真皮转向盘上配有多功能按键，如图 6-45 所示。

奔腾 B30EV 仪表盘，如图 6-46 所示。

奔腾 B30EV 自动空调操作按钮，如图 6-47 所示。如果你生活在雾霾非常严重的北方，你就会明白一款带有 PM2.5 过滤和负离子发生器的自动空调有多么重要了。至少，你不会为挑选空调滤芯而发愁，也不会出现在车内戴口罩的情况发生。

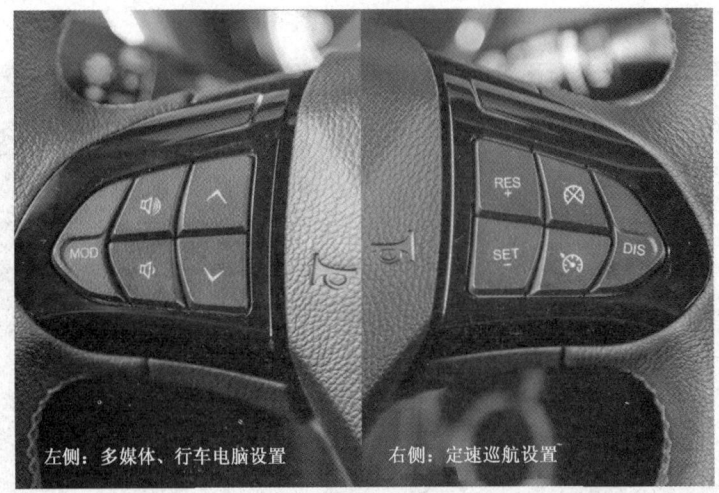

图 6-45 奔腾 B30EV 真皮转向盘上的多功能按键

图 6-46 奔腾 B30EV 仪表盘

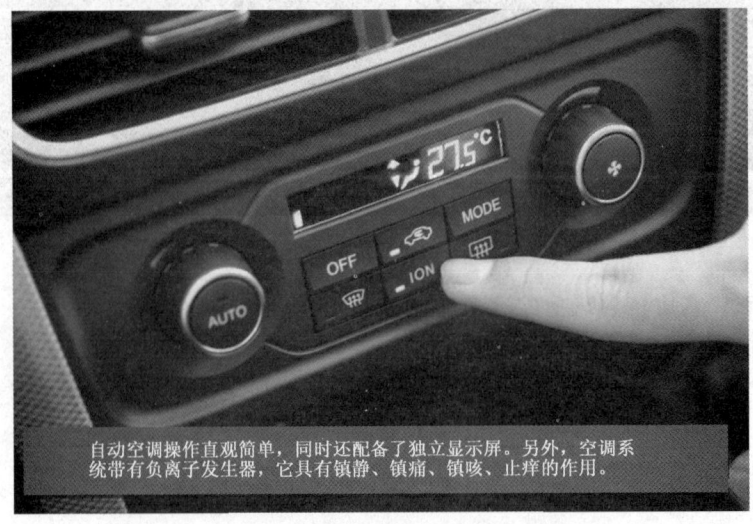

图 6-47 奔腾 B30EV 自动空调操作按钮

第六篇 主流电动汽车品牌简介

奔腾 B30EV 8 寸显示屏，如图 6-48 所示。

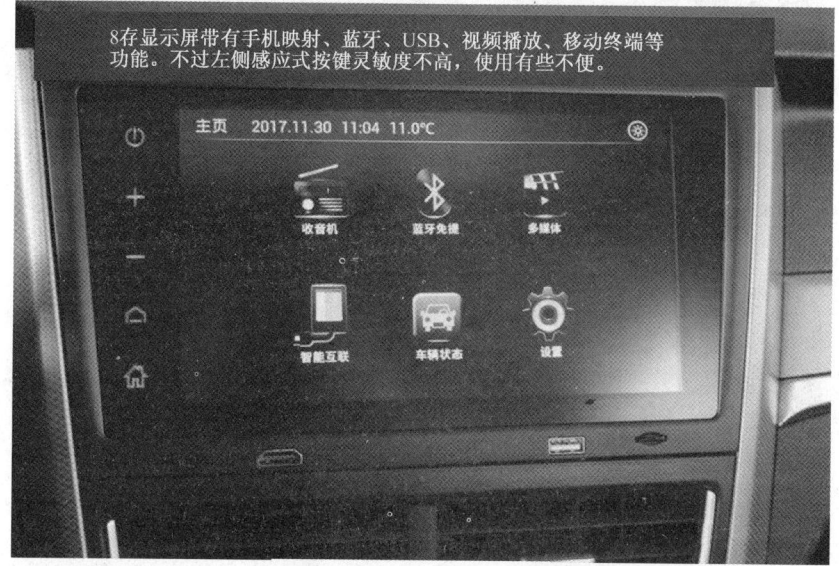

图 6-48 奔腾 B30EV 8 寸显示屏

奔腾 B30EV 娱乐系统，如图 6-49 所示。

图 6-49 奔腾 B30EV 娱乐系统

奔腾 B30EV 安全配置按钮，如图 6-50 所示。安全配置上，新车在同级车型中可被称之为标杆。该车配备了 ESP 电子稳定程序、坡道辅助、前排双安全气囊和前排侧气囊等配置。

奔腾 B30EV 手刹拉杆，如图 6-51 所示。

■车内空间与燃油版车型一致

由于新车源自奔腾 B30 且电池组未侵占车内空间，因此该车的车内空间与燃油版车型一致。该车座椅蒙皮采用皮质＋织布材质打造，坐姿和舒适性与燃油版车型完全一致。该车前排座椅靠背采用了"大众旋钮"式调节，所以很多消费者用起来会不习惯，如图 6-52 所示。

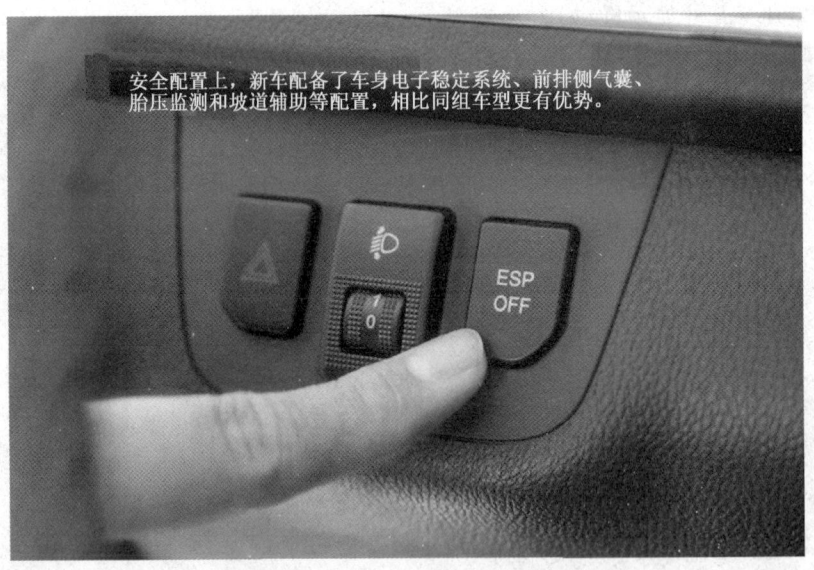

图 6-50　奔腾 B30EV 安全配置按钮

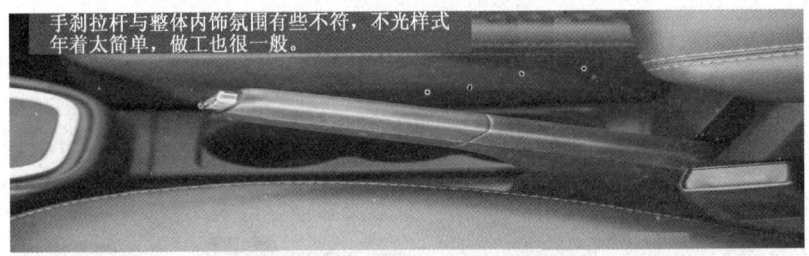

图 6-51　奔腾 B30EV 手刹拉杆

图 6-52　奔腾 B30EV 前排座椅

奔腾 B30EV 前中央扶手箱，如图 6-53 所示。

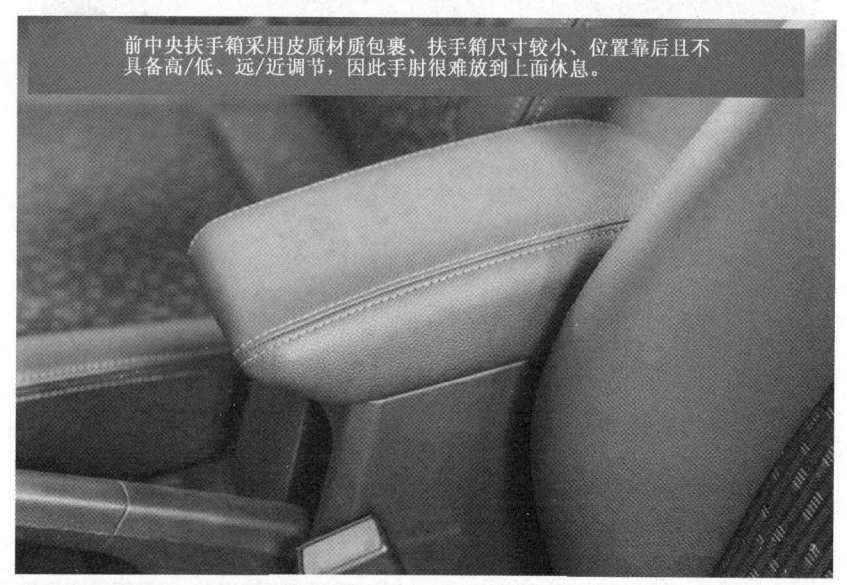

图 6-53　奔腾 B30EV 前中央扶手箱

奔腾 B30EV 后排座椅，如图 6-54 所示。

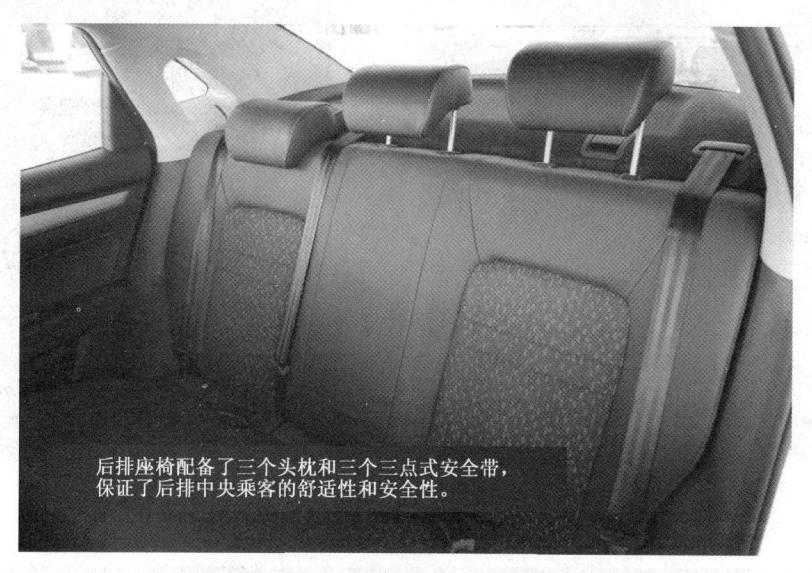

图 6-54　奔腾 B30EV 后排座椅

奔腾 B30EV 由于车型平台较老（大众 PQ34L 平台），所以车内坐姿、车内空间无法与现在的新车相比较。不过奔腾 B30EV 还是能满足一般消费者的需求，给人一种虽然无功、但求无过的感觉，如图 6-55 所示。

奔腾 B30EV 车内后排乘员头部空间，如图 6-56 所示。

奔腾 B30EV 前排储物空间，如图 6-57 所示。

身高168厘米的乘员将座位调至正常驾驶后,空间十分充裕。

图 6-55 奔腾 B30EV 车内驾驶员坐姿

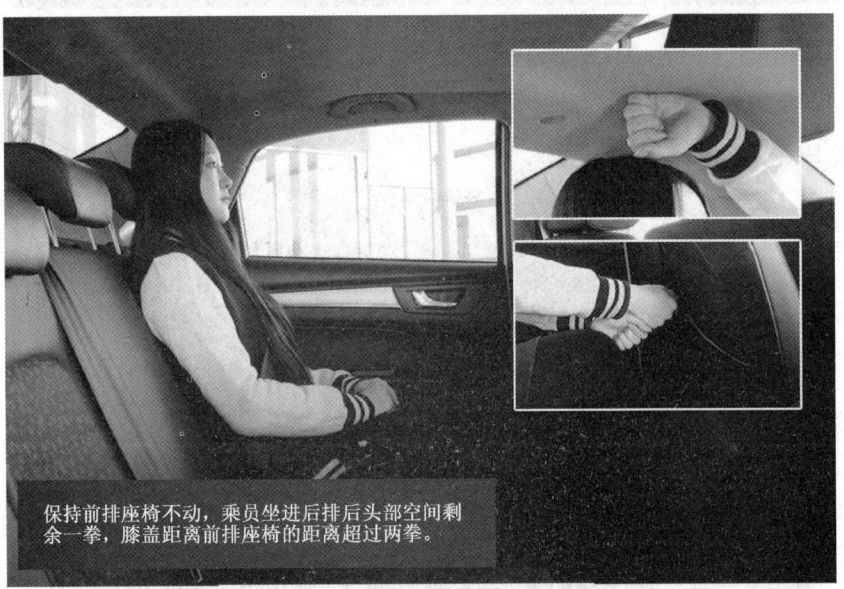

保持前排座椅不动,乘员坐进后排后头部空间剩余一拳,膝盖距离前排座椅的距离超过两拳。

图 6-56 奔腾 B30EV 车内后排乘员头部空间

门板扶手　　　　　　　　　　门板底部储物

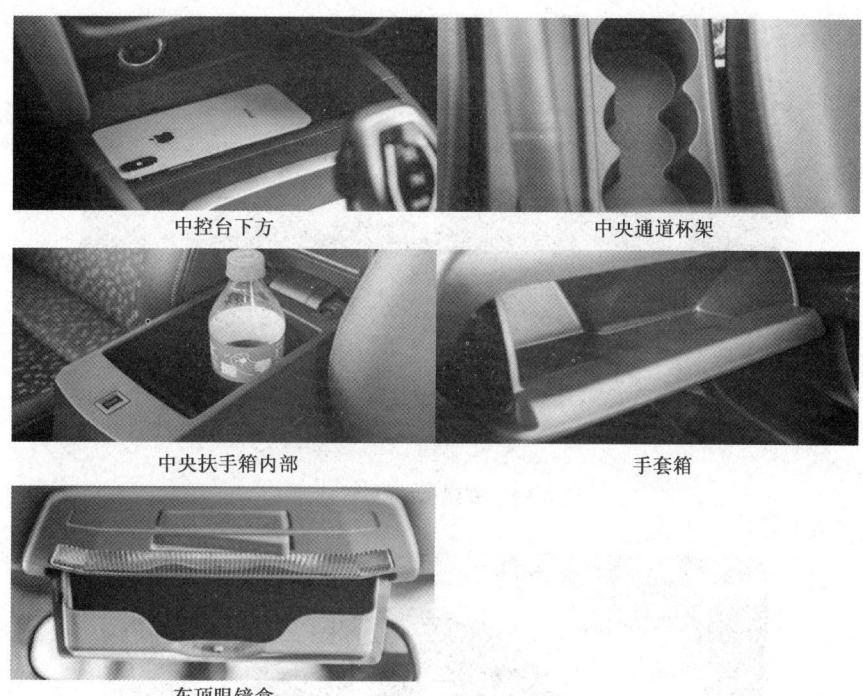

图 6-57 奔腾 B30EV 前排储物空间

奔腾 B30EV 后排储物空间,如图 6-58 所示。

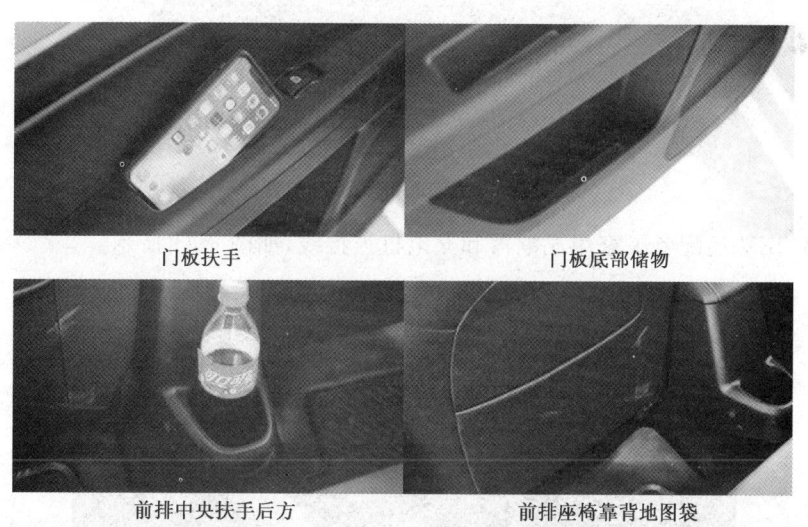

图 6-58 奔腾 B30EV 后排储物空间

奔腾 B30EV 行李厢,如图 6-59 所示。

奔腾 B30EV 配备了备胎,如图 6-60 所示。

图 6-59　奔腾 B30EV 行李厢

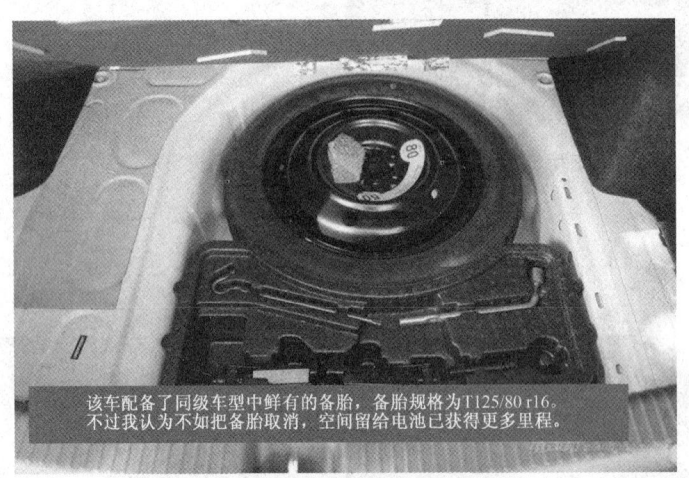

图 6-60　奔腾 B30EV 配备的备胎

奔腾 B30EV 还配备了家用充电器和充电桩连接线，如图 6-61 所示。

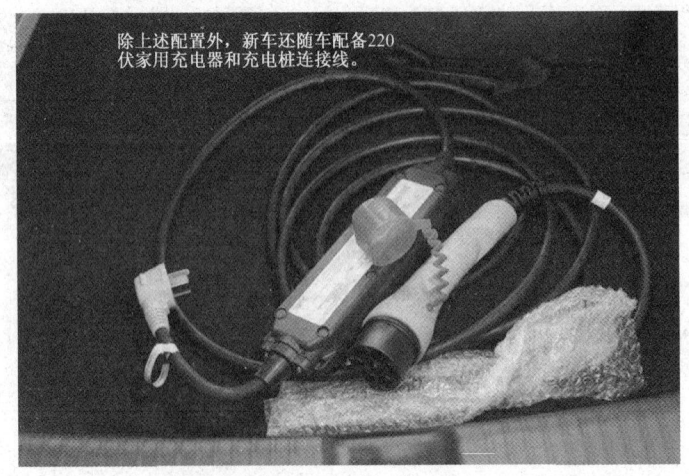

图 6-61　奔腾 B30EV 配备的家用充电器和充电桩连接线

■续航里程短,温控系统是亮点

奔腾 B30EV 的续航里程为 206 公里,有些过短了,要知道现在微型车的续航里程都快追上它了。不过还好它采用永磁同步电机,配备了低温预加热功能,冬天时能让电池性能有保障,如图 6-62 所示。

图 6-62　奔腾 B30EV 采用永磁同步电机

奔腾 B30EV 中控显示屏除娱乐系统外,还可以显示电机状态、电池状态、能耗历史和使用信息这四项功能。能让车主时刻了解电池状态,做到有备无患。如图 6-63 所示。

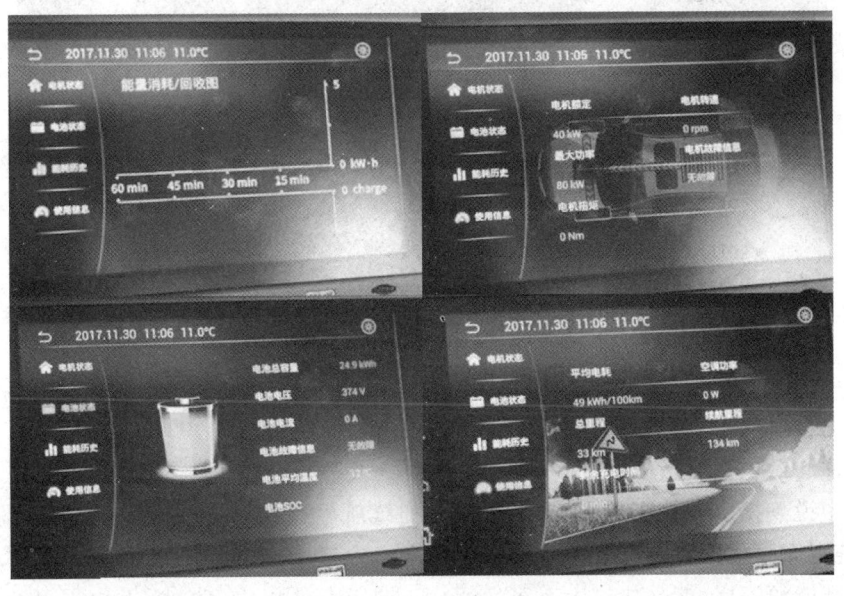

图 6-63　奔腾 B30EV 中控显示屏除娱乐系统外,还能显示历史和使用信息

奔腾 B30EV 配备了电子排挡杆,如图 6-64 所示。

图 6-64 奔腾 B30EV 配备了电子排挡杆

奔腾 B30EV 提供了动能回收和节能模式，如图 6-65 所示。

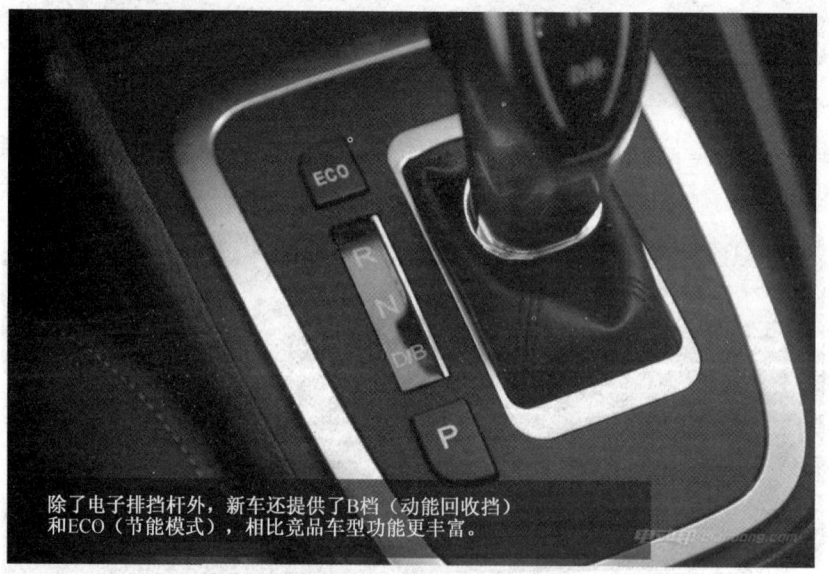

图 6-65 奔腾 B30EV 提供了动能回收和节能模式

奔腾 B30EV 电池组被放置在底盘下方，如图 6-66 所示。

■点评

标题中说到换个方式去看它，再怎么说它的续航里程也只有 205 公里。与奔腾 B30 相比，这款纯电车型的配置与燃油版顶配车型完全一致，售价也贵了 1.5 万元。这 1.5 万元你可以得到新能源指标，能尽快过上有车生活。与同级竞品相比，10.98 万你买不到 300 公里续航的车型，即使能买到配置也不远不如奔腾 B30EV 高。

如果这款车在终端市场能优惠 1 万元（优惠后售价为 9.98 万），那么它的竞争对手将会

奔腾B30EV的三元锂电池组被放置在底盘下方,电池总容量为32.24千瓦时,并且具备低温预加热和绝缘检测功能。

图 6-66 奔腾 B30E 电池组被放置在底盘下方

从帝豪、逸动等车型变成价格相似的江淮 iEV7(补贴后售价 8.95 万)。在售价相差 1 万的情况下,奔腾 B30EV 的配置更高、空间更大、里程更长、动力也更强。并且在平台上,奔腾具有先天性的优势。

九、长城哈弗 M3 纯电动轿车

2008 年 7 月,重庆长安汽车股份公司与重庆市科技风险投资公司共同出资组建了重庆长安电动汽车公司,主要涉及纯电动、混合动力、燃料电池等节能与电动汽车核心技术研发、系统集成设计,电驱动系统零部件制造及纯蓄电池观光车生产、销售等业务。长安在新能源和电动汽车研发上与吉瑞非常相似,都属于政府的宠儿,长安在"十五"、"十一五"期间一直承担国家 863 计划《节能与电动汽车》重大专项,是国家"十千工程"重庆市混合动力汽车大规模示范运行实施单位,"重庆电动汽车节能与电动汽车产业联盟"理事长单位。长安虽然起步较晚,但在政府的政策和资金的拥簇下,其发展潜力与竞争力也依然能够非同凡响。

据中国报告大厅数据统计,新能源乘用车销量继 2014 年 10 月突破 2 万后,11 月创新高,销量持续攀升至 24664 辆,同比增长 2.4 倍,净增长 4289 辆。前 11 月新能源乘用车累计销量已达 13.87 万辆。长城汽车在新能源领域已布局多年。早在 2006 年,长城汽车就成立了新能源工程研究院,倾心打造新能源汽车产业。

长城汽车在电动汽车项目上主要靠纯电动系统平台、混合动力系统平台两条腿走路,目前已成功开发出了多款新能源的产品:纯电动车长城欧拉、精灵 EV、混合动力哈弗、炫丽智能起停、迪尔电动教练车、腾翼 C20EV、腾翼 V80 插电式混合动力等新能源产品。

1. 参考车型

(1)哈弗 M3EV

哈弗 M3EV(如图 6-67 所示)搭载高效率锂离子动力电池和永磁同步电动机,最大功率 56kW,最高扭矩 150N·m;60Ah 大容量动力蓄电池,可直接由家用电源充电,充电 8 小时可提供 160km 续驶里程。

外形设计上哈弗 M3EV 采用紧凑 SUV 造型,5 人座宽敞内部空间设计,最小离地间隙

图 6-67 哈弗 M3EV

135mm。电池动力环保零排放,百公里耗电 10.8 度,享受 5 年或 10 万公里的保修。

安全方面,哈弗 M3EV 设计了智能断电,动力电池平铺在地板下方,碰撞安全配置上,哈弗 M3EV 采用电动空调和驻车加热技术,用户可随时调整车内温度,并提供定时、遥控、手机等多种调控空调的方式。

(2)腾翼 V80 Plug-in HEV

腾翼 V80 Plug-in HEV(如图 6-68 所示)采用了燃油动力与电动机混合的动力提供方式,同样可以使用家用电源对车辆充电。汽油机部分采用了长城自主研发的 GW4HG15 全铝 VVT 发动机,电动机则采用了永磁同步电机,最大输出功率 90kW,最大扭矩 270N·m。同时配备的锂离子电池,充电 6 小时可实现电动续驶里程 60km。

图 6-68 腾翼 V80 Plug-in HEV

腾翼 V80 Plug-in HEV 在市区内日常行驶可以完全使用纯电动行驶,避免燃油消耗,降低车辆运行成本。长距离或高速行车时,发动机自动实现混合动力,按 NEDC 工况运行,百公里油耗不到 5L。

腾翼 V80 Plug-in HEV 燃油动力满足欧 IV 排放标准,电力动力实现零排放运行。机械配置上,采用小齿轮助力式电动转向助力系统,带制动能量回收系统都有装配。同时,电动空调、电动天窗、倒车影像、多功能转向盘等舒适性配置也都具备。

(3)长城欧拉

欧拉(GWKULLA)是长城最新开发的一款两人座纯电动新能源车(如图 6-69 所示),该车完全由电机驱动,小巧玲珑、造型独特。该车采用 48V 直流电机。一次充电可行驶 140 公里,时速 65 公里。续驶里程完全满足大中型城市单日出行的需求。真正实现零污染、零排放,超低运行成本,更体现出节能减排的设计意图。外观时尚、内饰简洁大方。通过长城的设计师之手突出了本车的新能源特点。代表环保的绿色搭配车厢内设多个储物空间,完全能够满足单日出行的需求,并达到节能减排的目标。长城欧拉完全依靠电池电力驱动,该车采用一台 48V 直流电机。此次欧拉作为长城的新能源作品,做到了完全由电机驱动,并且在外形上做到了小巧玲珑、造型独特,满足了当代时尚都市的个性外观要求。

图 6-69　长城欧拉

(4)长城 C30EV

长城将于 2016 年推出首款纯电动轿车长城 C30EV(如图 6-70 所示),新车将开发两个版本,分别面向出租车和个人市场销售。而首款插电式混合动力智能电四驱 SUV 已于 2017 年正式推出,该车采取后轴电驱动,配合前轴发动机实现智能四驱。此外,长城更多新能源车型也将陆续推出。

(5)长城 C20REV

在长城汽车举办的第四届科技节上,一款全新纯电动车型 C20REV 亮相,如图 6-71 所示。据现场工作人员介绍,该车目前还处于试制阶段,不过未来会考虑推出量产版。

首先在外观方面,长城 C20REV 和普通汽油版车型区别不大,保留了 C20R 的设计特点,而未来该车的充电插口会设置在前脸 LOGO 的位置(试制车暂时设置在下进气口位置)。

图 6-70　长城 C30EV

图 6-71　长城 C20REV

动力方面，长城 C20REV 使用了最大功率为 109 马力（80kW），峰值扭矩为 260N·m 的电动机，最高时速可以达到 160km/h，最高续航里程为 160km。另外，该车还具备快充模式，可以用半个小时完成电池 80% 的充电过程。

2. 参数配置

参数配置见表 6-9 所示。

表 6-9　长城哈弗 M3EV 参数配置

参数配置	长城 — 哈弗 — 长城哈弗 M3 电动汽车					
指导价格	暂无	政府补贴	6～8 万万元	百公里油耗：	一升
燃料形式：	—	节油效率：		燃油标号：	—
发动机排量(ml)：	1497ml	最大功率(kW/rpm)：	78kW	最大扭矩(N·m/rpm)：	—
电机型号：		最大功率(kW/rpm)：		最大扭矩(N·m/rpm)：	
混合类型：		综合功率：		综合扭矩：	
变速箱：		最高车速(km/h)：		0～100 加速(s)：	
电池类型：		电池容量(kWh)：		纯电行驶公里数(km)：	
充电时间(h)：		百公里耗电量(kWh)：		续航里程(km)：	160 公里

十、朗逸 EV 纯电动轿车

图 6—72 朗逸 EV 纯电动汽车

1. 参考车型(如图 6-72 所示)

2. 参数配置

参数配置见表 6-10 所示。

表 6-10 朗逸 EV 参数配置

参数配置	大众—朗逸—朗逸 EV 电动汽车					
指导价格	暂无	政府补贴:	万元	百公里油耗:	一升
燃料形式:	—	节油效率:	—	燃油标号:	—
发动机排量(ml):	—	最大功率(kW/rpm):	—	最大扭矩(N·m/rpm):	—
电机型号:	永磁同步电机	最大功率(kW/rpm):	85	最大扭矩(N·m/rpm):	270
混合类型:	—	综合功率:	—	综合扭矩:	—
变速箱:	自动挡	最高车速(km/h):	150	0~100 加速(s):	—
电池类型:	锂离子电池	电池容量(kWh):	26.5	纯电行驶公里数(km):	—
充电时间(h):	3~6	百公里耗电量(kWh):	14	续航里程(km):	180

十一、北汽 EV200 纯电动轿车

1. 参考车型(如图 6-73 所示)

图 6-73 北汽 EV200 纯电动轿车

2. 参数配置

参数配置见表6-11所示。

表6-11 北汽EV200参数配置

参数配置		北汽— 北京EV200 — 北汽EV200纯电动汽车			
指导价格	22.69万元	政府补贴：	9.5万元	百公里油耗：	一升
燃料形式：	纯电动	节油效率：	—	燃油标号：	—
发动机排量(ml)：	—	最大功率(kW/rpm)：	—	最大扭矩(N·m/rpm)：	—
电机型号：	—	最大功率(kW/rpm)：	30	最大扭矩(N·m/rpm)：	180
混合类型：	—	综合功率：	—	综合扭矩：	—
变速箱：	—	最高车速(km/h)：	125	0～100加速(s)：	—
电池类型：	锂离子电池	电池容量(kWh)：	30.4	纯电行驶公里数(km)：	200
充电时间(h)：	—	百公里耗电量(kWh)：	15	续航里程(km)：	200

十二、特斯拉 Model S EV 纯电动轿车

Tesla特斯拉——全球豪华智能电动汽车行业知名品牌,提供尖端技术的空中升级等服务方式和完备的充电解决方案。

全球豪华智能电动汽车行业的领导者特斯拉汽车公司,于2003年在美国硅谷成立,致力于通过最创新的技术加速人类社会向可持续交通迈进。特斯拉纯电动汽车降低了全球交通对不可再生能源的依赖,并真正实现了零排放。与此同时,特斯拉电动轿车在质量、安全和性能方面均达到汽车行业最高标准,并提供融合最尖端技术的"空中升级"等服务方式和完备的充电解决方案,为人们带来了最极致的驾乘感受和最完备的拥有体验。特斯拉公司还为包括丰田和奔驰在内的合作伙伴生产提供电动汽车动力总成部件。特斯拉公司的目标是逐步普及电动汽车,并相信其每一位顾客在感受极致驾乘体验的同时,也为推动世界迈向可持续交通贡献了一份重要力量!此外,特斯拉通过生产储能设备,推动能源行业清洁化,并让更多家庭以更低价格享受电能。

1. 参考车型(如图6-74、图6-75所示)

图6-74 Tesla特斯拉纯电动轿车

图 6-75 特斯拉 Model S EV 纯电动轿车

2. 参数配置

参数配置见表 6-12 所示。

表 6-12 特斯拉 Model S EV 参数配置

参数配置		特斯拉—Model—		特斯拉 Model S EV	
指导价格	64.80 万元	政府补贴:	一万元	百公里油耗:	一升
燃料形式:	纯电动	节油效率:	—	燃油标号:	—
发动机排量(ml):	—	最大功率(kW/rpm):		最大扭矩(N·m/rpm):	
电机型号:		最大功率(kW/rpm):	270	最大扭矩(N·m/rpm):	440
混合类型:	—	综合功率:	—	综合扭矩:	—
变速箱:	自动或拨片	最高车速(km/h):	200	0～100 加速(s):	5.6
电池类型:	锂离子电池	电池容量(kWh):	85	纯电行驶公里数(km):	—502
充电时间(h):	1	百公里耗电量(kWh):	18	续航里程(km):	502

十三、东风 EJ02 纯电动轿车

东风的愿景是打造永续发展的百年东风,面向世界的国际化东风、在开放中自主发展的东风,公司已将自主创新能力的建设和新能源汽车作为支撑公司发展的战略重点,大力发展新能源汽车不仅是整个汽车业的趋势,也是东风实施可持续发展战略的必由之路。

东风面向城市消费者打造的首款两人座纯电动微轿 EJ02,最高时速可达 80 公里,百公里能耗只有 10 千瓦时。按生活用电 0.57 元/千瓦时计算,其能耗仅为 6 元,如果利用夜间谷电充电,则使用成本更低。EJ02 动力完全由电池提供,续航里程可达 110 至 180 公里,采用高温充放电容量稳定、储存性能好、具有长循环寿命和良好安全性的磷酸铁锂电池,其循环寿命可达 1500 次。按单车最低续航里程 110 公里,一年行驶 360 天,每天平均 50 公里计算,EJ02 搭载的电池可耐用 8 年。

1. 参考车型(如图 6-76 所示)

2. 参数配置

参数配置见表 6-13 所示。

图 6-76 东风 EJ02 纯电动轿车

表 6-13 东风 EJ02 参数配置

参数配置		东风— 东风 EJ — 东风 EJ02 电动轿车			
指导价格	4.00 万元	政府补贴	万元	百公里油耗	一升
燃料形式：	—	节油效率：	—	燃油标号：	—
发动机排量(ml)：	—	最大功率(kW/rpm)：	—	最大扭矩(N·m/rpm)：	—
电机型号：	—	最大功率(kW/rpm)：	—	最大扭矩(N·m/rpm)：	—
混合类型：	—	综合功率：	—	综合扭矩：	—
变速箱：	—	最高车速(km/h)：	80	0～100 加速(s)：	—
电池类型：	磷酸铁锂电池	电池容量(kWh)：	—	纯电行驶公里数(km)：	—
充电时间(h)：	—	百公里耗电量(kWh)：	10kwh	续航里程(km)：	110—180

十四、广汽传祺 GE3 纯电动轿车

1. 参考车型(如图 6-77 所示)

广汽传祺 GE3 在 0～100km/h 加速测试环节，它的最快时间是 8.6 秒，如图 6-78 所示。比目前国内销售的绝大部分汽油版小型 SUV 都要快，这个成绩也相对官方公布的 9.3 秒快了不少。而要让它的 0～100km/h 加速跑出最快的时间也是一件十分容易的事情，只需要关闭车内的电器设备，快速地一脚将加速踏板踩到底就可以了，不需要任何的技巧。

图 6-77 广汽传祺 GE3 纯电动轿车

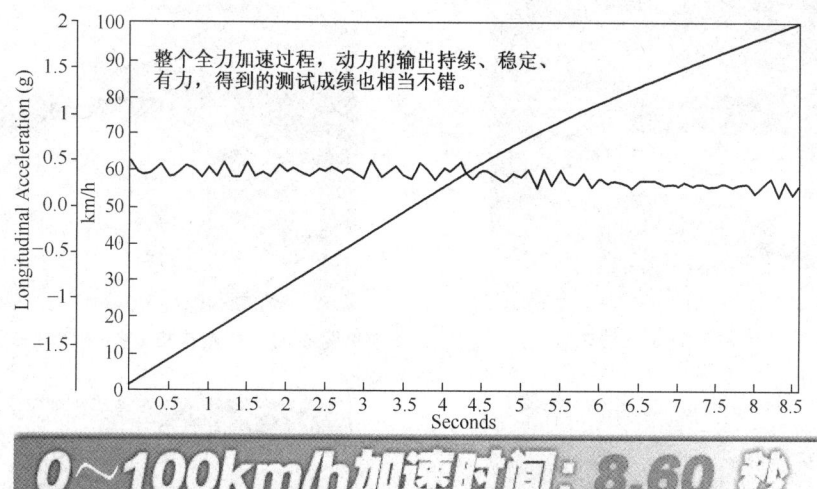

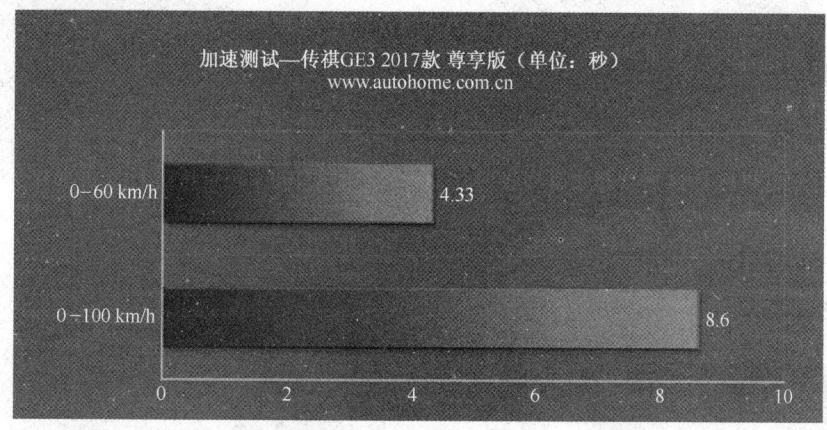

图 6-78 广汽传祺 GE3 纯电动汽车加速时间

值得一提的是,即使连续进行十次这样的加速测试,它的时间都能够保持在 8.8 秒以内,动力输出的稳定性值得认同。有一点需要提醒大家,每做一次这样的 0~100km/h 加速测试,续航里程都会耗掉 3km。

其外观、中控、车厢座椅及其他细节如图 6-79~图 6-100 所示。

图 6-79 广汽传祺 GE3 电动轿车

图 6-80 广汽传祺 GE3 电动轿车正前

图 6-81 广汽传祺 GE3 电动轿车正后

图 6-82 广汽传祺 GE3 电动轿车正侧

图 6-83 广汽传祺 GE3 电动轿车斜后

图 6-84 广汽传祺 GE3 电动轿车前灯

图 6-85 广汽传祺 GE3 电动轿车后灯

图 6-86 广汽传祺 GE3 电动轿车外后视镜

图 6-87 广汽传祺 GE3 电动轿车中控全图

图 6-88 广汽传祺 GE3 电动轿车驾驶位

图 6-89　广汽传祺 GE3 电动轿车中控台

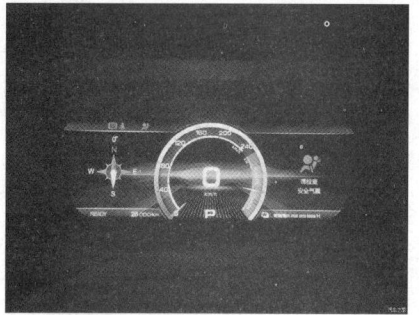

图 6-90　广汽传祺 GE3 电动轿车仪表盘

图 6-91　广汽传祺 GE3 电动轿车挡把

图 6-92　广汽传祺 GE3 电动轿车前排空间

图 6-93　广汽传祺 GE3 电动轿车后排空间

图 6-94　广汽传祺 GE3 电动轿车后备厢

图 6-95　广汽传祺 GE3 电动轿车前门板

图 6-96　广汽传祺 GE3 电动轿车门窗控制

图 6-97　广汽传祺 GE3 电动轿车前轮

图 6-98　广汽传祺 GE3 电动轿车备胎

图 6-99　广汽传祺 GE3 电动轿车发动机舱

图 6-100　广汽传祺 GE3 电动轿车后悬架

2. 参数配置

参数配置见表 6-14 所示。

表 6-14　广汽传祺 GE3 参数配置

22017 款传祺 GE3 尊享版 参数配置	
基本参数：	2017 款传祺 GE3 尊享版
厂商指导价：	24.58 万
本地最低报价：	—
品牌：	广汽新能源
级别：	小型 SUV
发动机：	132kW(电动机)
动力类型：	纯电动
综合最大功率(kW)：	132
综合最大扭矩(N·m)：	290
变速箱：	1 挡固定齿轮比
长×宽×高(mm)：	4346×1825×1637
车身结构：	5 门 5 座 SUV
上市年份：	2017
最高车速(km/h)：	156
0~100 加速时间(s)：	—

续表 6-14

基本参数：	2017 款传祺 GE3 尊享版
保修政策：	3 年或 10 万公里
车身参数：	2017 款传祺 GE3 尊享版
车长(mm)：	4346
车宽(mm)：	1825
车高(mm)：	1637
轴距(mm)：	2560
车重(kg)：	1667
最小离地间隙(mm)：	—
前轮距(mm)：	—
后轮距(mm)：	—
接近角(°)：	—
离去角(°)：	—
车身结构：	SUV
车门数：	5
座位数：	5
行李厢容积(L)：	370
行李厢最大容积(L)：	—
电动机：	2017 款传祺 GE3 尊享版
电动机类型：	永磁同步电机
电动机最大功率(kW)：	132
电动机最大扭矩(N·m)：	290
前电动机最大功率(kW)：	132
前电动机最大扭矩(N·m)：	290
后电动机最大功率(kW)：	—
后电动机最大扭矩(N·m)：	—
电池：	2017 款传祺 GE3 尊享版
纯电最大续航里程(km)：	310
电池容量：	47kWh
百公里耗电量(kWh/100km)：	—
普通充满电时间：	8h
快速充满电时间：	—
快充至 80% 电量时间：	30min
换电站：	—
电池保修年限：	8 年或 15 万公里
电池类型：	三元锂离子电池

续表 6-14

基本参数：	2017 款传祺 GE3 尊享版 🔧
变速箱：	2017 款传祺 GE3 尊享版 🔧
挡位个数：	1
变速箱类型：	固定齿轮比
变速箱名称：	电动车单速变速箱
底盘转向：	2017 款传祺 GE3 尊享版 🔧
驱动方式：	前置前驱
四驱形式：	—
中央差速器结构：	—
车体结构：	承载式
助力类型：	电动助力
前悬挂类型：	麦弗逊式独立悬挂
后悬挂类型：	扭力梁悬挂
前桥限滑差速器/差速锁：	—
中央差速器锁止功能：	—
后桥限滑差速器/差速锁：	—
车轮制动：	2017 款传祺 GE3 尊享版 🔧
前制动器类型：	通风盘式
后制动器类型：	盘式
驻车制动类型：	电子驻车
前轮胎规格：	215/55 R18
后轮胎规格：	215/55 R18
备胎：	非全尺寸
安全配置：	2017 款传祺 GE3 尊享版 🔧
主/副驾驶座安全气囊：	主 ● / 副 ●
头部气囊(气帘)：	前 ● / 后 ●
侧气囊：	前 ● / 后 —
膝部气囊：	—
安全带气囊：	—
行人安全气囊：	—
前排安全气囊关闭装置：	—
儿童座椅接口：	●
胎压监测装置：	●
零胎压继续行驶：	—
安全带未系提示：	●
防盗报警器：	●
发动机防盗锁止：	●

续表 6-14

基本参数：	2017 款传祺 GE3 尊享版 🔧
车内中控锁：	●
遥控钥匙：	●
疲劳驾驶提示：	—
夜视系统：	—
操控配置：	2017 款传祺 GE3 尊享版 🔧
ABS 防抱死：	●
制动力分配（EBD/CBC 等）：	●
刹车辅助（EBA/BAS/BA 等）：	●
牵引力控制（ASR/TCS 等）：	●
车身稳定控制（ESP/DSC 等）：	●
上坡辅助：	●
陡坡缓降：	●
自动驻车：	●
并线辅助：	—
车道偏离预警系统：	—
自动驾驶技术：	—
可变悬挂：	—
空气悬挂：	—
电磁感应悬挂：	—
可变转向比：	—
整体主动转向系统：	—
主动刹车/主动安全系统：	—
外部配置：	2017 款传祺 GE3 尊享版 🔧
电动天窗：	●
全景天窗：	—
运动版包围：	—
铝合金轮圈：	●
电动吸合门：	—
行李架：	—
主动格栅：	—
远程启动发动机：	—
感应后备厢：	—
电动后备厢：	—
内部配置：	2017 款传祺 GE3 尊享版 🔧
皮质转向盘：	●
转向盘调节：	上下 ● / 远近 —

续表 6-14

基本参数：	2017 款传祺 GE3 尊享版 🔧
多功能转向盘：	●
转向盘电动调节：	—
转向盘记忆：	—
转向盘加热：	—
换挡拨片：	—
泊车雷达：	前 — / 后 ●
倒车视频影像：	●
全景摄像头：	●
自动泊车入位：	—
定速巡航：	●
自适应巡航：	—
无钥匙进入系统：	●
无钥匙启动系统：	●
全液晶仪表盘：	●
行车电脑显示屏：	●
HUD 抬头数字显示：	—
220V/230V 电源：	—
行车记录仪：	—
无线充电：	●
座椅配置：	2017 款传祺 GE3 尊享版 🔧
座椅材质：	皮质
运动风格座椅：	—
座椅高低调节：	●
主/副驾驶座电动调节：	主 ● / 副 —
后排座椅电动调节：	—
副驾驶座椅后排调节：	—
腰部支撑调节：	—
肩部支撑调节：	—
腿部支撑调节：	—
主/副座椅记忆：	—
后排座椅记忆：	—
座椅加热：	前 ● / 后 —
座椅通风：	—
座椅按摩：	—
第二排独立座椅：	—
第二排背部角度调节：	—

续表 6-14

基本参数：	2017 款传祺 GE3 尊享版
第二排座椅移动：	—
后排座椅放倒方式：	比例放倒
第三排座椅：	—
中央扶手：	前 ● / 后 ●
后排杯架：	●
加热/制冷杯架：	—
多媒体配置：	2017 款传祺 GE3 尊享版
车载 Wi-Fi：	—
GPS 导航系统：	●
蓝牙/车载电话：	●
中控台彩色大屏：	●
中控台彩色大屏尺寸：	8 英寸
中控液晶屏分屏显示：	—
后排液晶屏：	—
语音控制系统：	●
定位互动服务：	—
手机互联/映射：	●
车载电视：	—
主动降噪：	—
音响品牌：	—
外接音源接口（AUX/USB 等）：	●
CD/DVD 播放器：	—
扬声器数量：	6 喇叭
灯光配置：	2017 款传祺 GE3 尊享版
远光灯：	LED
近光灯：	LED
前雾灯：	●
日间行车灯：	●
大灯高度可调：	●
自动头灯：	●
弯道辅助照明灯：	—
随动转向大灯：	—
远近光感应系统：	—
智能远光灯：	—
大灯清洗装置：	—
车内氛围灯：	—

续表 6-14

基本参数：	2017 款传祺 GE3 尊享版
可变色氛围灯：	—
玻璃/后视镜：	2017 款传祺 GE3 尊享版
电动车窗：	前● / 后●
车窗防夹手功能：	●
防紫外线/隔热玻璃：	—
后排隐私玻璃：	—
电动后视镜：	●
后视镜加热：	●
后视镜电动折叠：	●
后视镜自动防眩目：	内● / 外 —
后视镜记忆：	—
流媒体车内后视镜：	—
后排侧遮阳帘：	—
后风挡遮阳帘：	—
遮阳板化妆镜：	●
雨量感应雨刷：	—
后雨刷：	●
空调/冰箱：	2017 款传祺 GE3 尊享版
手动空调：	—
自动空调：	●
后排独立空调：	—
后排出风口：	●
温度分区控制：	—
车内空气调节/花粉过滤：	●
车载空气净化器：	—
车载冰箱：	—
其他：	

3. 不完全使用手册

2017 年的最后一个月，在北京市新能源小客车指标早已用尽，不少品牌 4S 店都已停止销售的情况下，广汽传祺 GE3 仍在当月拿下了超过 40 余台成交量。能让这么多手攥指标，持观望态度的消费者买单，传祺 GE3 自然是有着独到的一面。

此前我们已经对传祺 GE3 外观、参数和内饰部分做了简单的介绍，下面从使用角度再做一简要说明。

★360 度全景影像/GPS 导航

★真皮转向盘/全液晶仪表

★前排座椅加热/主驾驶电动调节

★胎压监测/自动大灯

★后视镜加热/折叠

除此以外，在外观细节、轮毂造型尺寸以及外部灯光配置上完全一致，所以你也很难通过外观来区别传祺GE3的高低配款。而2.3万的差价对于以上的配置来说个人觉得并不太划算，除非预算充足，且对科技配置有一定要求，否则智享版车型就足以满足日常使用需求了。

在售价及尺寸刚好处于北汽EX/江淮iEV7S系列小型纯电动SUV，与荣威ERX5/车辆定位和尺寸上，广汽将传祺GE3讨巧的放在了小型SUV与紧凑级SUV之间，其比亚迪宋EV等紧凑级纯电动SUV之中的空白区，避免了与这些"老炮儿"直接对话。

同时与竞品多采用依靠传统燃油动力车型"改造"而来的方式相比，传祺GE3的全正向研发，配合出色的设计与装配工艺，使得传祺GE3成了目前纯电动SUV市场上颇为热门的车型之一。

传祺GE3低配的智享版车型依然配备了无钥匙进入/启动功能，这一点可以说非常厚道。在携带遥控钥匙的情况下，轻按车门把手上的黑色按键即可解锁车辆。

智享版车型的座椅面料由皮质+织物组成，在坐垫和靠背的主要接触面积采用织物面料，可以让驾乘人员在冬季不至于感觉那么的冰凉，同时在夏季也有着不错的透气和吸汗能力，对一款没有配备座椅加热和通风功能的车型来说，织物座椅的实际表现绝对好于华而不实的皮质座椅。

内饰方面除了在中控台顶部缺少一个用于人机交互的小屏幕外比较明显外，其他设计和用料方面与尊享版几乎没有区别。而且在看多了目前多数毫无特点、比较平淡无味的内饰造型之后，突然进入传祺GE3的车内，反而会有一种耳目一新的感觉。

向前略微突起的中控台采用了棕色皮质材料包裹，并配以双缝线，与下方的功能区很好的分隔开来，四处可见的"跑道圆"造型让内饰整体看起来风格一致，没有太突兀的设计。

塑料材质的转向盘虽然握感不及真皮来的舒服，好在多功能按键一个不少的得以保留。踩下制动踏板，按下"POWER"启动按键车辆即可进入"READY"状态待命，此时仪表上会有绿色的READY字样显示。

半机械式的仪表虽然视觉效果和科技感不如全液晶来的爽，好在功能依然全面，左侧为能量输出百分比显示，右侧为时速表，中间的彩色液晶屏可以显示多项综合信息和车辆设置，下方为电量指示。

通过转向盘上的多功能键可以对仪表显示信息进行设置，包括车外温度、瞬时电耗、电机转速、里程统计等，如果后期可以再加入如电池温度、电池电流等更全面的信息就更好了。

左侧的功能区按键布局比较规整，按键的质感和阻尼出色，一点不输合资车型的品质。

中控的8寸大屏尺寸上按目前"全民对标特斯拉"来说算不上惊人，分辨率和触控响应速度中规中矩，符合一款15万级SUV该有的水准。

功能上也是比较传统，媒体播放、蓝牙电话等是日常比较常用的功能。

在"能量流"菜单下，您可以对车辆的能量回收强度、充电模式进行修改。不过据曾经体验的用户反映，每次重新启动车辆后，能量回收的强度会回到"低"的默认状态，习惯了利用强能量回收来代替部分车辆制动效果的话，需要注意启动后修改这一选项。

在"车辆设置"菜单内，你可以对车速提醒、转向模式、灯光模式、空调模式等功能进行个性化设置,可玩性还不错。

中控屏幕下方是空调系统控制区域,全部由传统的物理按键操作,操作的结果会直接反映到中控屏幕上,图形化的界面看起来很有档次。需要注意的是,花粉过滤系统需要在中控屏幕上触控开启。

旋钮式换挡结构在纯电动汽车上已经很常见了,传祺 GE3 为了在这上玩点花样,特意在旋钮的顶部设计了一个单色液晶显示屏,可以显示当前挡位和临近的两个挡位,不仅实用还显得颇有新意。

传祺 GE3 配备了电子手刹和 AUTO HOLD 自动驻车系统,同级别上还是比较少见的,算是一项既可以提升驾驶安全性,又能给驾驶员带来方便的实用功能。不过记得要在侧方停车、停车入库等需要反复操作加速、刹车踏板时,关闭 AUTO HOLD,不然反而相当麻烦。

至于前排的储物空间上,传祺 GE3 足够满足日常家用,前排双杯架带有限位器,手机无线充电的区域配有防滑垫,扶手箱深度与 4.7 寸水果机相当,且盖板背面还备有一个证件夹。

除了为前排乘客提供了 USB 接口和点烟器插头外,传祺 GE3 也专门为后排乘客提供了一个 USB 供电接口,并且后排空调出风口也不忘加上了空气/花粉过滤功能。

传祺 GE3 采用了将动力电池平置于底盘上的设计,所以后备厢空间丝毫没有受到影响,地板规整,空间尚可。

随车还附送了家用 220V 交流充电线,插头为 16A 插头,需要配合带地线的空调插座使用。

此外,传祺 GE3 还是为数不多的配备了备胎的纯电动汽车,备胎为钢制轮毂的非全尺寸,并带有简单的换胎工具。两侧的边边角角空间也没有浪费,设计了两个较小的储物格,由于采用塑料材质,可以放些汤汤水水的,不担心遗洒。

充电方面,传祺 GE3 支持直流快充和交流慢充两种充电方式。解锁车辆后,轻按下前格栅上的充电盖板,即可打开直流快充接口。充电防水盖上还特意加了一个拉环,非常人性化。

由于天气比较寒冷,传祺 GE3 在国家电网快充桩上的充电速度一开始并不快,初始电流为 45.8A。不过在经过低温加热系统为电池升温后,冬季电流最高可以达到 80~120A 左右,充电速度还是非常快的。

而在充电过程中,侧翼子板上的 EV 标识为以绿色闪烁,与特斯拉 Model S 的设计非常相像。

交流充电时,需要扳动驾驶员左手下方的开关来打开交流充电口,充电口位于车辆右后方传统加油口位置。

在富电 7kW 交流充电桩的实际电流为 31.7A,从剩余一格电量到充满大约花了 6 个多小时。

注意在使用交流充电完毕后,不要直接去拔链接车辆的充电枪,需要在车内长按解锁充电口按键 3 秒以上,待黄色指示灯亮起后,才可以顺利拔出充电枪。

为了安全考虑,传祺 GE3 对 220V 家用充电要求比较高,随车配备的充电线非常智能,可以检测电源故障、未接地线、电流不符等诸多不安全因素。经过测试,除非在配有地线的

16A空调插座直插可以顺利充电外,任何接线,搭接插线板等方式均充电失败。

传祺GE3搭载了由宁德时代提供电芯,自行PACK组装的三元锂电池,总容量47kWh。满电下,其表显续航里程为310km。

驾驶感受方面,传祺GE3的操控感受与长安CS15EV类似,属于比较有质感的车型,底盘紧绷,没有一点松散的感觉。

此外其动力数据与同级车型相比十分突出,传祺GE3搭载的永磁同步电机的最高功率为132kW(180Ps),最大扭矩290N·m,足以与市面多数2.0T汽油发动机相媲美。体现在加速能力上,传祺GE3的0—50km/h加速时间为4s,0100km/h加速时间为8s。

即使在经济模式下,车辆响应仍极为积极,随着推背感猛增,车速以非常线性的方式,持续飙升。

另一个比较贴心,或者说令人踏实的设计是,传祺GE3在开启暖风后,续航里程并不会一下减少几十公里,而是根据能耗情况减少。也就是说,如果你开启暖风后,车辆出现行驶一公里,但是续航减少了3公里这种情况都是正常的。

实际续航方面,笔者首先进行了冬季间歇开启暖风空调(早、晚各不超过1小时)的测试,传祺GE3的实际续航里程大概在240~260km左右。

而在暖风一直开启(29℃+高风量)的情况下,其续航里程根据实际车速不同,大概在160~190km之间,车速越大实际续航里程越短。同时这也是目前纯电动汽车的通病,冬季续航表现差是特斯拉也暂时无法解决的问题(其OTA已推送了电池主动预热功能,用以缓解冬季消耗电量为电池加热的情况)。

总结:目前,广汽传祺与富电合作,已在北京地区开设了几家广汽新能源专营店,其店面装修和服务方面都将会针对新能源用户,销售、服务人员每周都会针对新能源汽车特性、用户需求点、技术等方面进行培训和考核,可见广汽对于新能源市场的愈发重视。

在经历了传祺GS系列SUV的成功后,广汽想在新能源方面再次证明自己的实力,不仅拿出了传祺GE3这样实力、品质兼具的产品,还在大力着手在经销商层面进行全新的搭建。不久前,广汽还与新能源话题车企蔚来签订了合作意向,未来将在新能源技术研发层面进行合作,我们迫切的期待广汽下一款纯电动产品究竟能带来何种表现。

十五、帝豪EV450

1. 参考车型

2018年帝豪EV迎来了一次重大的产品升级,所以,帝豪EV450诞生了,如图6-101所示。2018年4月20日,吉利新能源全新一代帝豪EV450携近200名专业级媒体及客户举行了深圳地区上市品鉴会。

外观上如图6-102、图6-103、图104、图105、图106、图107所示,前脸和尾部都采用了全新的设计语言,充电位置布局则更为明确,前慢充后快充。

图6-101 帝豪EV450 纯电动轿车

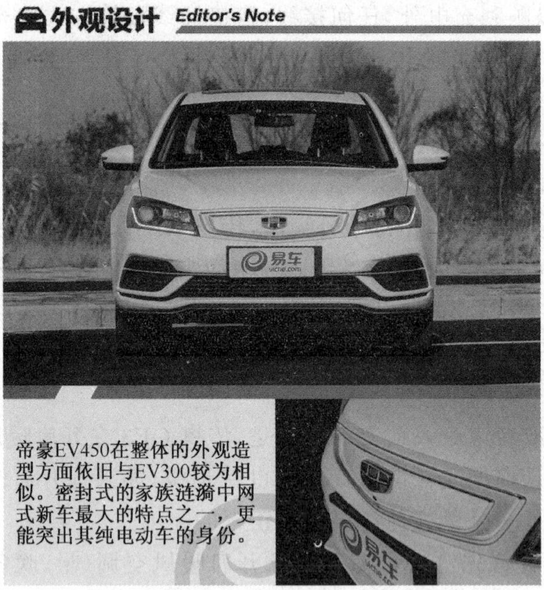
外观设计 Editor's Note
帝豪EV450在整体的外观造型方面依旧与EV300较为相似。密封式的家族涟漪中网式新车最大的特点之一，更能突出其纯电动车的身份。
易车

图 6-102　帝豪 EV450 外观设计

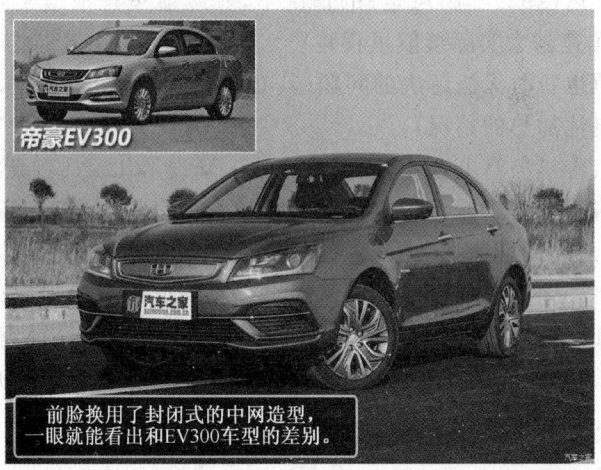

帝豪EV300
汽车之家
前脸换用了封闭式的中网造型，一眼就能看出和EV300车型的差别。

图 6-103　帝豪 EV450 前脸

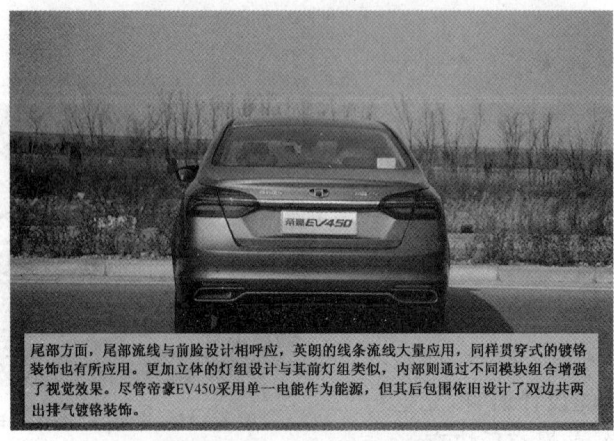

帝豪EV450
尾部方面，尾部流线与前脸设计相呼应，英朗的线条流线大量应用，同样贯穿式的镀铬装饰也有所应用。更加立体的灯组设计与其前灯组类似，内部则通过不同模块组合增强了视觉效果。尽管帝豪EV450采用单一电能作为能源，但其后包围依旧设计了双边共两出排气镀铬装饰。

图 6-104　帝豪 EV450 尾部

第六篇 主流电动汽车品牌简介

新车尾灯造型微调,并在取消下方后雾灯的同时,新车在保险杠底部增加了镀铬饰条,饰条两端还增加了排气口一样的造型。

图 6-105 帝豪 EV450 尾灯

新车的长宽高分别为4631/1789/1495mm,轴距为2650mm,与帝豪EV300相同。车身尺寸定位在紧凑级纯电动家用轿车,在同级别车型之中整体表现的中规中矩。

图 6-106 帝豪 EV450 左侧面

外型尺寸 Appearance

吉利 帝豪 EV450

长(mm)	4631
宽(mm)	1789
高(mm)	1495
轴距(mm)	2650

图 6-107 帝豪 EV450 右侧面

内饰(如图6-108、图109所示)上帝豪EV450也有了"脱胎换骨"的焕新,沿用了新款帝豪汽油版的内饰,但同时也增添了更多新能源应用,电耗降低,智能安全配置一步到位。

图6-108　帝豪EV450仪表

图6-109　帝豪EV450驾驶舱

动力上,功率升级到120kW,电池包能量密度提升到142.07Wh/kg,电池电量提升至52kWh,450公里实力续航,同时加入ITCS 2.0温控系统与优化电机NVH,如图6-110所示。

帝豪EV450采用来自CATL的52kWh三元锂电池组,电池包能量密度高达142.07Wh/kg,这是目前同级纯电动汽车能量密度最高水平。新车综合工况续航里程超过400公里,在60km/h等速状态下,续航里程超过450公里,如图6-111所示,大幅提升了纯电汽车的出行半径,完全拥有与国际顶级品牌车型相媲美的超长续航实力,真正实现充电一次,满足整周通勤、周末远行的使用诉求。

在极速充电方面,帝豪EV450只需30分钟即可实现从30%-80%的高效充电,这个成绩在目前纯电动领域无出其右,图6-112所示。。同时,在充电方式上,帝豪EV450为用户配备了5种充电模式,用户可以根据不同环境而选择最佳充电途径。而且,帝豪EV450还兼具充放电功能以及充电预约功能,车主可以自主设定车辆开始充电的时间,这样既可以

电动机功率进一步提升:电池容量增至52kWh
帝豪EV450搭载最大功率120kW的永磁同步驱动电机,最大扭矩250Nm。在动力数据方面相比EV300车型有明显提升。

图 6-110　帝豪 EV450 电动机

实现合理安排充电时间,也可以实现错峰用电,节省用车成本。

图 6-111　帝豪 EV450 续航超 450 公里

图 6-112　帝豪 EV450 急速充电

2. 参数配置

参数配置见表 6-15 所示。

表6-15 帝豪EV450参数配置

基本参数	帝豪新能源2018款 EV450 尊贵型	帝豪新能源2018款 EV450 进取型	帝豪新能源2018款 EV450 精英型
厂商指导价	23.83万	21.83万	22.83万
参考底价	23.83万起	21.83万起	22.83万起
厂商	吉利汽车	吉利汽车	吉利汽车
级别	紧凑型车	紧凑型车	紧凑型车
能源类型	纯电动	纯电动	纯电动
上市时间	2018.03	2018.03	2018.03
纯电续航里程	400	400	400
快充时间(小时)	0.5	0.5	0.5
慢充时间(小时)	9	9	9
快充电量百分比	80	80	80
最大功率(kW)	120	120	120
最大扭矩(N·m)	250	250	250
长*宽*高(mm)	4631*1789*1495	4631*1789*1495	4631*1789*1495
车身结构	4门5座三厢车	4门5座三厢车	4门5座三厢车
最高车速(km/h)	140	140	140
官方0~100km/h加速(s)	9.3	9.3	9.3
实测0~100km/h加速(s)	8.63	—	—
实测100~0km/h制动(m)	41.84	—	—
实测续航里程(km)	—	—	—
实测快充时间(小时)	—	—	—
实测慢充时间(小时)	—	—	—
整车质保	三年或12万公里	三年或12万公里	三年或12万公里
车身	帝豪新能源2018款 EV450 尊贵型	帝豪新能源2018款 EV450 进取型	帝豪新能源2018款 EV450 精英型
长度(mm)	4631	4631	4631
宽度(mm)	1789	1789	1789
高度(mm)	1495	1495	1495
轴距(mm)	2650	2650	2650
前轮距(mm)	1502	1502	1502
后轮距(mm)	1492	1492	1492
最小离地间隙(mm)	120	120	120

续表 6-15

基本参数	帝豪新能源 2018 款 EV450 尊贵型	帝豪新能源 2018 款 EV450 进取型	帝豪新能源 2018 款 EV450 精英型
车身结构	三厢车	三厢车	三厢车
车门数(个)	4	4	4
座位数(个)	5	5	5
油箱容积(L)	—	—	—
行李厢容积(L)	680	680	680
整备质量(kg)	1595	1595	1595
电动机	帝豪新能源 2018 款 EV450 尊贵型	帝豪新能源 2018 款 EV450 进取型	帝豪新能源 2018 款 EV450 精英型
电机类型	永磁／同步	永磁／同步	永磁／同步
电动机总功率(kW)	120	120	120
电动机总扭矩(N·m)	250	250	250
前电动机最大功率(kW)	120	120	120
前电动机最大扭矩(N·m)	250	250	250
后电动机最大功率(kW)	—	—	—
后电动机最大扭矩(N·m)	—	—	—
系统综合功率(kW)			
系统综合扭矩(N·m)			
驱动电机数	单电机	单电机	单电机
电机布局	前置	前置	前置
电池类型	三元锂电池	三元锂电池	三元锂电池
工信部续航里程(km)	400	400	400
电池容量(kWh)	52	52	52
百公里耗电量(kWh/100km)	—	—	—
电池组质保	8 年或 15 万公里	8 年或 15 万公里	8 年或 15 万公里
快充时间(小时)	0.5	0.5	0.5
慢充时间(小时)	9	9	9
快充电量(%)	80	80	80
变速箱	帝豪新能源 2018 款 EV450 尊贵型	帝豪新能源 2018 款 EV450 进取型	帝豪新能源 2018 款 EV450 精英型
挡位个数	1	1	1
变速箱类型	固定齿比变速箱	固定齿比变速箱	固定齿比变速箱
简称	电动车单速变速箱	电动车单速变速箱	电动车单速变速箱
底盘转向	帝豪新能源 2018 款 EV450 尊贵型	帝豪新能源 2018 款 EV450 进取型	帝豪新能源 2018 款 EV450 精英型
驱动方式	前置前驱	前置前驱	前置前驱

续表 6-15

基本参数	帝豪新能源 2018 款 EV450 尊贵型	帝豪新能源 2018 款 EV450 进取型	帝豪新能源 2018 款 EV450 精英型
前悬架类型	麦弗逊式独立悬架	麦弗逊式独立悬架	麦弗逊式独立悬架
后悬架类型	扭力梁式后悬架	扭力梁式后悬架	扭力梁式后悬架
助力类型	电动助力	电动助力	电动助力
车体结构	承载式	承载式	承载式
车轮制动	帝豪新能源 2018 款 EV450 尊贵型	帝豪新能源 2018 款 EV450 进取型	帝豪新能源 2018 款 EV450 精英型
前制动器类型	通风盘式	通风盘式	通风盘式
后制动器类型	盘式	盘式	盘式
驻车制动类型	电子驻车	电子驻车	电子驻车
前轮胎规格	205/50 R17	205/50 R17	205/50 R17
后轮胎规格	205/50 R17	205/50 R17	205/50 R17
备胎规格	无	无	无

十六、逸动 EV

1. 参考车型（如图 6-113 所示～图 6-124 所示）

图 6-113　2018 款逸动 EV300 尊享型正面

图 6-114　2018 款逸动 EV300 尊享型侧面

图 6-115　2018 款逸动 EV300 尊享型后面

图 6-116　2018 款逸动 EV300 尊享型车标

图 6-117　2018 款逸动 EV300 尊享型油箱盖处充电接口

图 6-118　2018 款逸动 EV300 尊享型行李厢

图 6-119　2018 款逸动 EV300 尊享型内饰

图 6-120　2018 款逸动 EV300 尊享型仪表

图 6-121　2018 款逸动 EV300 尊享型变速旋钮

图 6-122　2018 款逸动 EV300 尊享型中控台显示屏

图 6-123 2018 款逸动 EV300 尊享型中控区　　图 6-124 2018 款逸动 EV300 尊享型动力舱

2. 参数配置

参数配置见表 6-16 所示。

表 6-16 逸动 EV 参数配置

基本信息		●标配 ○选配 — 无		
厂商指导价	—	19.23 万	20.03 万	20.73 万
商家报价	无	12.19～16.15 万 询价	10.99～16.95 万 询价	13.69～17.65 万 询价
上市时间		2017/10/19	2017/10/19	2017/10/19
车型级别	紧凑型车	紧凑型车	紧凑型车	紧凑型车
车身型式	三厢	三厢	三厢	三厢
动力类型	纯电	纯电	纯电	纯电
电动机总功率/总扭矩		90kW/280N·m	90kW/280N·m	90kW/280N·m
变速箱类型		单速变速箱	单速变速箱	单速变速箱
纯电动最大续航里程[km]		300	300	300
电池充电时间		快充 0.8h 慢充 8.0h	快充 0.8h 慢充 8.0h	快充 0.8h 慢充 8.0h
0～100km/h 加速时间[s]		12.0	12.0	12.0
最高车速[km/h]		140	140	140
保修政策		3 年或 10 万公里	3 年或 10 万公里	3 年或 10 万公里
电池保修政策		5 年 10 万公里	5 年 10 万公里	5 年 10 万公里
新能源汽车国家补贴[万]		3.08	3.08	3.08
外观颜色				
车身尺寸				
长×宽×高[mm]		4620x1820x1540	4620x1820x1540	4620x1820x1540
轴距[mm]		2660	2660	2660
整备质量[kg]		1680	1680	1680
座位数[个]		5	5	5
行李厢容积[L]		340	340	340

续表 6-16

前轮胎规格		205/60 R16	205/60 R16	205/60 R16
后轮胎规格		205/60 R16	205/60 R16	205/60 R16
备胎		无备胎	无备胎	无备胎
动力系统				
电动机总功率[kW]		90	90	90
电动机总扭矩[N·m]		280	280	280
变速箱类型		单速变速箱	单速变速箱	单速变速箱
前电动机最大功率[kW]		90	90	90
前电动机最大扭矩[N·m]		280	280	280
电池容量[kWh]		45	45	45
电池充电时间		快充 0.8h 慢充 8.0h	快充 0.8h 慢充 8.0h	快充 0.8h 慢充 8.0h
耗电量[kWh/100km]		15	15	15
最大续航里程[km]		300	300	300
底盘制动				
驱动方式		前轮驱动	前轮驱动	前轮驱动
前悬架类型		麦弗逊式独立悬架	麦弗逊式独立悬架	麦弗逊式独立悬架
后悬架类型		扭力梁式非独立悬架	扭力梁式非独立悬架	扭力梁式非独立悬架
可调悬架		—	—	—
前轮制动器类型		通风盘	通风盘	通风盘
后轮制动器类型		盘式	盘式	盘式
驻车制动类型		手拉式	手拉式	手拉式
车体结构		承载式	承载式	承载式
限滑差速器/差速锁				
安全配置				
防抱死制动(ABS)		●	●	●
制动力分配(EBD/CBC 等)		●	●	●
制动辅助(BA/EBA 等)		●	●	●
牵引力控制(ARS/TCS 等)		●	●	●
车身稳定控制(ESP/DSC 等)		●	●	●
主驾驶安全气囊		●	●	●
副驾驶安全气囊		●	●	●
前侧气囊		—	—	●
后侧气囊		—	—	—
侧安全气帘		—	—	●
膝部气囊		—	—	—
安全带气囊		—	—	—
后排中央气囊				

续表 6-15

	安全配置			
胎压监测	—	—	—	
零胎压续行轮胎	—	—	—	
后排儿童座椅接口	●	●	●	
	驾驶辅助			
定速巡航	—	—	—	
车道保持	—	—	—	
并线辅助	—	—	—	
碰撞报警/主动刹车	—	—	—	
疲劳提醒	—	—	—	
自动泊车	—	—	—	
遥控泊车	—	—	—	
自动驾驶辅助	—	—	—	
自动驻车	—	—	—	
上坡辅助	●	●	●	
陡坡缓降	—	—	—	
夜视系统	—	—	—	
可变齿比转向	—	—	—	
前倒车雷达	—	—	—	
后倒车雷达	—	●	—	
倒车影像	—	后方影像	后方影像	
驾驶模式选择	—	—	—	
	外部配置			
前大灯	卤素	卤素	卤素	
LED 日间行车灯	●	●	●	
自动大灯	—	—	—	
前雾灯	●	●	●	
大灯功能	高度调节	高度调节	高度调节	
天窗类型	—	单天窗	单天窗	
前电动车窗	●	●	●	
后电动车窗	●	●	●	
外后视镜电动调节	●电动调节 ●后视镜加热	●电动调节 ●后视镜加热	●电动调节 ●后视镜加热	
内后视镜自动防眩目	—	—	—	
流媒体后视镜	—	—	—	
外后视镜自动防眩目	—	—	—	
隐私玻璃	—	—	—	

续表 6-15

外部配置				
—	—	—	—	—
后排侧遮阳帘	—	—	—	—
后遮阳帘	—	—	—	—
前雨刷器	●	●	●	
后雨刷器	—	—	—	
电吸门	—	—	—	
电动侧滑门	—	—	—	
电动行李厢	—	—	—	
车顶行李架	—	—	—	
中控锁	遥控中控	遥控中控	遥控中控	
智能钥匙	—	—	●智能进入 ●无钥匙启动	
远程遥控功能	—	—	—	
尾翼/扰流板	—	—	—	
运动外观套件	—	—	—	
内部配置				
内饰材质	塑料	塑料	塑料	
车内氛围灯	—	—	—	
遮阳板化妆镜	●	●	●	
转向盘材质	塑料	皮质	皮质	
多功能转向盘	—	●	●	
转向盘调节	上下调节	上下调节	上下调节	
转向盘加热	—	—	—	
转向盘换挡	—	—	—	
前排空调	手动空调	手动空调	手动空调	
后排空调	—	—	—	
香氛系统	—	—	—	
空气净化	—	—	—	
车载冰箱	—	—	—	
主动降噪	—	—	—	
座椅配置				
座椅材质	织物	皮质	皮质	
运动风格座椅	—	—	—	
主座椅电动调节	—	—	—	
副座椅电动调节	—	—	—	
主座椅调节方式	●靠背调节●高低调节 ●前后调节	●靠背调节●高低调节 ●前后调节	●靠背调节●高低调节 ●前后调节	

续表 6-15

	座椅配置			
副座椅调节方式	● 靠背调节 ● 前后调节	● 靠背调节 ● 前后调节	● 靠背调节 ● 前后调节	
第二排座椅电动调节	—	—	—	
第二排座椅调节方式	—	—	—	
前排座椅功能	—	—	—	
后排座椅功能	—	—	—	
前排中央扶手	●	●	●	
后排中央扶手	●	●	●	
第三排座椅	—	—	—	
座椅放倒方式	—	—	—	
后排杯架	●	●	●	
后排折叠桌板	—	—	—	
中控彩色液晶屏	—	触控式液晶屏	触控式液晶屏	
全液晶仪表盘	—	—	—	
行车电脑显示屏	●	●	●	
HUD 平视显示	—	—	—	
GPS 导航	—	●	●	
智能互联定位	—	—	—	
语音控制	—	—	—	
手机互联 (Carplay&Android)	—	Android	Android	
手机无线充电	—	—	—	
手势控制系统	—	—	—	
CD/DVD	—	单碟 dvd	单碟 dvd	
蓝牙/WIFI 连接	—	蓝牙	蓝牙	
外接接口	USB	USB	USB	
车载行车记录仪	—	—	—	
车载电视	—	—	—	
音响品牌	—	—	—	
扬声器数量[个]	2—4	5—6	5—6	
后排液晶屏/娱乐系统	—	—	—	
车载 220V 电源	—	—	—	

十七、江淮 iEV

1. 参考车型(如图 6-125～图 6-131 所示)

图 6-125　江淮 iEV4 豪华型正面

图 6-126　江淮 iEV4 豪华型侧面

图 6-127　江淮 iEV4 豪华型后面

图 6-128　江淮 iEV4 豪华型内饰

图 6-129　江淮 iEV4 豪华型仪表

图 6-130　江淮 iEV4 豪华型中控

图 6-131　江淮 iEV4 豪华型换挡杆

2. 参数配置

参数配置见表 6-17 所示。

表 6-17　江淮 iEV 参数配置

基本信息	●标配　○选配　—无		
厂商指导价	12.85 万	13.65 万	13.85 万
北京参考价	7.03～8.53 万 询价	7.83～9.33 万 询价	8.03～9.53 万 询价
上市时间	2015/9/9	2015/9/9	2015/9/9
车型级别	小型车	小型车	小型车
车身型式	三厢	三厢	三厢
动力类型	纯电	纯电	纯电
电动机总功率/总扭矩	60kW/200N·m	42kW/165N·m	42kW/165N·m
变速箱类型	单速变速箱	单速变速箱	单速变速箱
纯电动最大续航里程[km]	166	170	170
电池充电时间	快充 0.0h 慢充 10.0h	快充 1.0h 慢充 10.0h	快充 1.0h 慢充 10.0h
最高车速[km/h]	101	101	101
保修政策	3 年或 10 万公里	3 年或 10 万公里	3 年或 10 万公里

续表 6-17

基本信息		●标配　○选配　—无	
电池保修政策	8年15万公里	8年15万公里	8年15万公里
新能源汽车国家补贴[万]	2.52	2.52	2.52
外观颜色			
车身尺寸			
长×宽×高[mm]	4190x1650x1445	4190x1650x1445	4190x1650x1445
轴距[mm]	2400	2400	2400
整备质量[kg]	1260	1260	1260
座位数[个]	5	5	5
前轮胎规格	175/65 R14	175/65 R14	175/65 R14
后轮胎规格	175/65 R14	175/65 R14	175/65 R14
备胎	无备胎	无备胎	无备胎
最小转弯直径[m]	10.0	10.0	10.0
最小离地间隙[mm]	125	125	125
动力系统			
电动机总功率[kW]	60	42	42
电动机总扭矩[N·m]	200	165	165
变速箱类型	单速变速箱	单速变速箱	单速变速箱
前电动机最大功率[kW]	60	42	42
前电动机最大扭矩[N·m]	200	165	165
电池容量[kWh]	22	23	23
电池充电时间	快充0.0h 慢充10.0h	快充1.0h 慢充10.0h	快充1.0h 慢充10.0h
耗电量[kWh/100km]	13.3	13.5	13.5
最大续航里程[km]	166	170	170
底盘制动			
驱动方式	前轮驱动	前轮驱动	前轮驱动
前悬架类型	麦弗逊式独立悬架	麦弗逊式独立悬架	麦弗逊式独立悬架
后悬架类型	多连杆式独立悬架	多连杆式独立悬架	多连杆式独立悬架
可调悬架	—	—	—
前轮制动器类型	盘式	盘式	盘式
后轮制动器类型	鼓式	鼓式	鼓式
驻车制动类型	手拉式	手拉式	手拉式
车体结构	承载式	承载式	承载式
限滑差速器/差速锁	—	—	—

续表 6-17

基本信息	●标配 ○选配 —无		
安全配置			
防抱死制动（ABS）	●	●	●
制动力分配（EBD/CBC 等）	●	●	●
制动辅助（BA/EBA 等）	—	—	—
牵引力控制（ARS/TCS 等）	—	—	—
车身稳定控制（ESP/DSC 等）	—	—	—
主驾驶安全气囊	●	●	●
副驾驶安全气囊	●	●	●
前侧气囊	—	—	—
后侧气囊	—	—	—
侧安全气帘	—	—	—
膝部气囊	—	—	—
安全带气囊	—	—	—
后排中央气囊	—	—	—
胎压监测	—	—	—
零胎压续行轮胎	—	—	—
后排儿童座椅接口	●	●	●
驾驶辅助			
定速巡航	—	—	—
车道保持	—	—	—
并线辅助	—	—	—
碰撞报警/主动刹车	—	—	—
疲劳提醒	—	—	—
自动泊车	—	—	—
遥控泊车	—	—	—
自动驾驶辅助	—	—	—
自动驻车	—	—	—
上坡辅助	●	●	●
陡坡缓降	—	—	—
夜视系统	—	—	—
可变齿比转向			

十八、腾势 500

1. 参考车型（如图 6-132 所示）

图 6-132　腾势 500

售价：¥30.3 指导价：¥36.9 万～39.9 万

补贴总额¥6.6 万：国补 4.4 ＋ 地补 2.2 ＋ 厂商 0 ＋ 公司补 0

续航里程：335 公里

车辆详情：全时全境，实现您的电动梦想。未来，你无须改变自己的驾驶习惯，就可以转换一种出行方式，续航里程高达 335 公里。超大空间，无论日常出行或举家旅行，足以满足各种需求。2880mm 轴距，470L 后备厢容量，腾势拥有可媲美豪华车的宽敞空间。至臻细节，电池组提供全方位安全防护。

2. 参数配置

参数配置见表 6-18。

表 6-18　腾势 500 参数配置

	时尚版		尊贵版
车身颜色	腾势蓝,太空黑,皓月银,冰川白,星辉金	车辆颜色	腾势蓝,太空黑,皓月银,冰川白,星辉金
动力类型	纯电动	动力类型	纯电动
电池类型	磷酸铁锂	电池类型	磷酸铁锂
续航里程	335km	续航里程	335km
百公里耗电量	17.2kW·h	百公里耗电量	17.2kW·h
轴距	2880mm	轴距	2880mm
轮距	1625/1620mm	轮距	1625/1620mm
长	4642mm	长	4642mm
宽	1850mm	宽	1850mm
高	1642mm	高	1642mm

续表 6-18

	时尚版		尊贵版
车型级别	A	车型级别	A
最高时速	150km/h	最高时速	150km/h
额定容量	47.5A·h	额定容量	47.5A·h
额定功率	86kW	峰值功率	86kW
最大扭矩	290N·m	最大扭矩	290N·m
加速时间	4.5s	加速时间	4.5s

十九、比亚迪 E6

1. 参考车型（如图 6-133 所示）

图 6-133　比亚迪 e6

2. 参数配置

参数配置见表 6-19。

表 6-19　比亚迪 E6 参数配置

车身参数		动力总成	
长(mm)	4560	前电机功率/扭矩(kW/N·m)	75/450　60/450
宽(mm)	1822	后电机功率/扭矩(kW/N·m)	40/100
高(mm)	1630	电池容量	57A·h
轴距(mm)	2830	性　能	
轮距(前后/mm)	1556/1558	0～100km/h 加速时间	<10s
最小离地间隙(mm)	138	最高车速(km/h)	140
整备质量(kg)	2020～2175	续航里程(城市工况)	300km
		等速工况	400km

二十、欧蓝德 PHEV

1. 参考车型（如图 6-134 所示）

2. 参数配置

动力方面，欧蓝德 PHEV 将搭载一台 2.4L 阿特金森循环发动机（如图 5-135 所示），发电机和后置电机的输出都增加了 10%。电池容量也会从 12kWh 提升至 13.8kWh，其纯电续航里程将超越原先的 60.8km。此外，新款欧蓝德 PHEV 的驾驶模式在普通和四驱两种模式的基础上，增加了运动和雪地模式。

图 6-134 欧蓝德 PHEV

图 6-135 欧蓝德 PHEV 搭载一台 2.4L 阿特金森循环发动机

欧蓝德 PHEV 前脸依旧是夸张的大嘴，如图 6-136 所示。

图 6-136 欧蓝德 PHEV 外观采用了大嘴前脸

欧蓝德 PHEV 采用三菱全新设计语言,日间行车灯和尾灯更酷更有力量感,如图 6-137 所示。

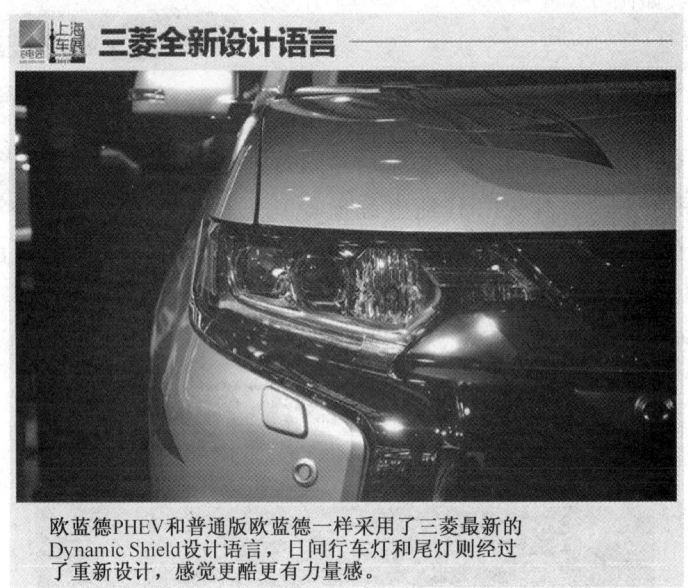

图 6-137　欧蓝德 PHEV 日间行车灯和尾灯更酷更有力量感

欧蓝德 PHEV 采用个性化的轮圈设计,很有个性也很有视觉冲击力,如图 6-138 所示。

图 6-138　欧蓝德 PHEV 轮圈采用个性化设计

欧蓝德 PHEV 外形充满力量感,如图 6-139 所示。

图 6-139　欧蓝德 PHEV 外形充满力量感

欧蓝德 PHEV 提供快充、慢充两种充电方式,如图 6-140 所示。

图 6-140　欧蓝德 PHEV 提供两种充电方式

欧蓝德 PHEV 可逆向输出电源,如图 6-141 所示。

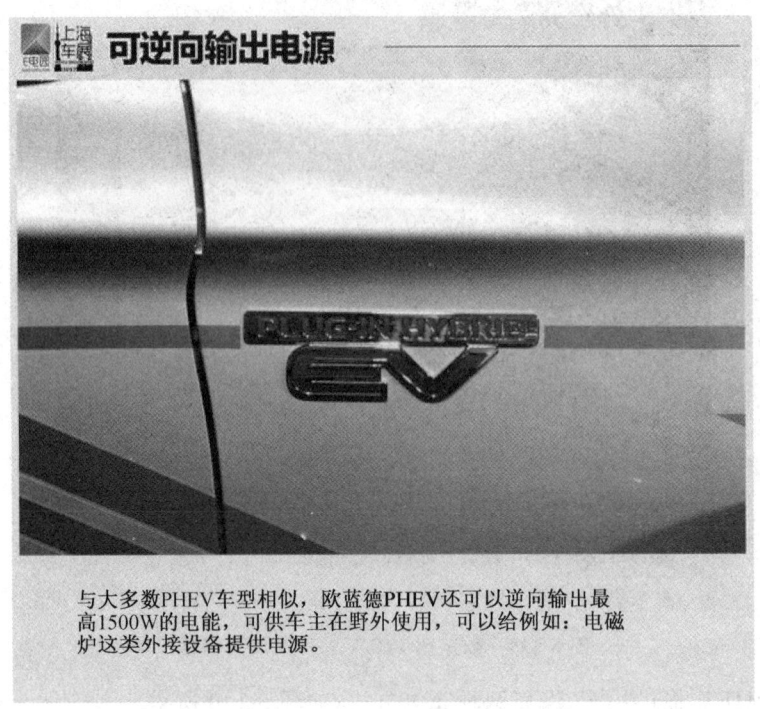

图 6-141 欧蓝德 PHEV

欧蓝德 PHEV 内饰略显老气,如图 6-142 所示。

图 6-142 欧蓝德 PHEV

欧蓝德 PHEV 科技配置全面升级，如图 6-143 所示。

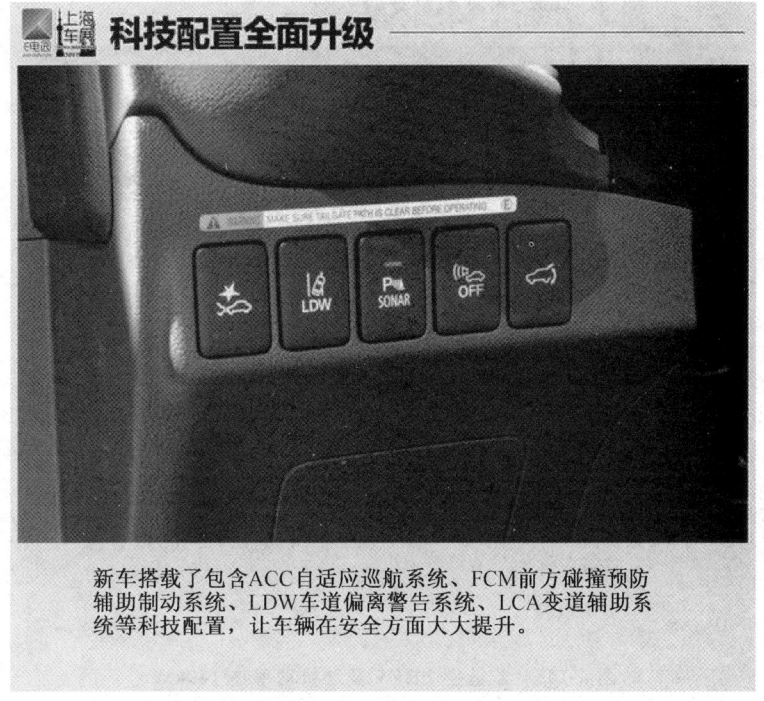

图 6-143 欧蓝德 PHEV

欧蓝德 PHEV 设有金属质感的挡把，如图 6-144 所示。

图 6-144 欧蓝德 PHEV 设有金属质感的挡把

欧蓝德 PHEV 发动机最大功率达 149kW，如图 6-145 所示。

图 6-145　欧蓝德 PHEV 发动机功率达 149kW

欧蓝德 PHEV 发动机油耗更低，续航更远，如图 6-146 所示。

图 6-146　欧蓝德 PHEV 油耗低续航远

二十一、海马@3

1. 参考车型(如图 6-147 所示)

图 6-147 海马@3

2. 参数配置

参数配置见表 6-20 所示。

表 6-20 海马@3 参数配置

上市时间	2016 年 12 月	前/后排侧气囊	前标配/后标配
厂商	海马汽车	前/后排头部气囊	气囊无
产品级别	紧凑型车	膝部气囊	无
动力形式	纯电动 84 马力	胎压监测装置	无
电池容量	26.6kWh	零胎压继续行驶	无
电池组质保	8 年或 12 万公里	安全带未系提示	标配
变速箱	电动车单速变速箱	ISOFIX 儿童座椅接口	标配
车身类型	4 门 5 座三厢车	发动机电子防盗	无
整车质保	8 年或 12 万公里	车内中控锁	标配
车身参数		遥控钥匙	标配
长*宽*高	4545*1737*1495mm	无钥匙启动系统	无
轴距	2600mm	无钥匙进入系统	无
行李箱容积	450L	操控配置	
底盘转向		ABS 防抱死	标配
驱动方式	前置前驱	制动力分配	标配
前悬挂类型	麦弗逊式独立悬架	刹车辅助(EBA/BAS 等)	无
后悬挂类型	扭力梁式非独立悬架	牵引力控制(ASR 等)	无
驱动类型	电动助力	车身稳定控制(ESC 等)	无
车体结构	承载式	上坡辅助	无

续表 6-20

车轮制动		自动驻车	无
前制动器类型	通风盘式	陡坡缓降	无
后制动器类型	盘式	可变悬架	无
驻车制动类型	手刹	空气悬架	无
前轮胎规格	185/65 R15	可变转向比	无
后轮胎规格	185/65 R15	前桥限滑差速器差速锁	无
备胎规格	全尺寸	中央差速器锁止功能	无
安全装备		后桥限滑差速器差速锁	无
主/副驾驶座安全气囊	主标配/副标配		

二十二、骏派 A70E

1. 参考车型（如图 6-148 所示）

图 6-148　骏派 A70E

2. 参数配置（文字说明）

骏派 A70E 是天津一汽首款电动轿车。中国一汽骏派 A70E 的参数配置信息得到了曝光。骏派 A70E 定位于紧凑型纯电动轿车，它基于现款骏派 A70 打造，续航里程达到了 280km。

根据尺寸信息，骏派 A70E 长宽高分别达到 4610×1790×1500 毫米，轴距为 2630 毫米。骏派 A70E 在外观方面增添了一些代表新能源车型特点的装饰，方便和普通版车型区分。外部配置包括了前后盘式制动、日间行车灯、铝合金轮圈以及车载充电机。

外观方面（如图 6-149 所示），骏派 A70E 整体造型延续了骏派 A70 的设计，外形炫酷时尚，飞翼型鹰眼前大灯造型锋利，LED 日间行车灯与保险杠及下进气口融为一体，使得前脸更具整体感。

骏派 A70E 与燃油版在外观上有细微差别。首先，A70E 的车头与尾部都加入了象征新能源身份的蓝色光带，前格栅处还有"BLUE WAY"的铭牌，尾标增加了蓝色的"E"标识（如图 6-150 所示）。车身尺寸方面，A70E 长宽高分别为 4610/1790/1500mm，轴距为 2652mm。

图 6-149　骏派 A70E 外观　　　　　图 6-150　骏派 A70E 尾标增加了蓝色的"E"标识

内饰部分（如图 6-151～图 6-154 所示），骏派 A70E 中控台向驾驶员一侧微微倾斜，并采用深色配色，整体样式简洁、时尚。转向盘采用三辐造型，做工比较优秀。配置方面中控锁、方向盘高度可调、PM2.5 除尘、后风挡加热、自动空调等配置都配备在骏派 A70E 上。骏派 A70E 还配备了多项远程控制技术，例如远程监控、远程充电以及远程空调等。安全配置，骏派 A70E 也比较丰富，配备了前排双安全气囊以及刹车防抱死、车身稳定控制、牵引力控制、液压制动辅助等辅助系统。

骏派 A70E 还将搭载远程控制 T-BOX 系统，该系统配备 GPS 定位功能，用户可通过手机 APP 查询车辆位置，也可以通过手机 APP 进行车辆体检，查询车辆故障状态。整车通过 T-BOX 接入一汽 DP 平台，提供新闻等内容查询。

图 6-151　骏派 A70E 内饰 1

图 6-152　骏派 A70E 内饰 2

图 6-153　骏派 A70E 内饰 3

图 6-154　骏派 A70E 内饰 4

动力方面，骏派 A70E 将搭载永磁同步电动机（如图 6-155 所示），最大输出功率达到 80kW（约 108Ps）。骏派 A70E 工况续航里程为 205km，等速续航里程为 280km。

图 6-155　骏派 A70E 电机

二十三、山东时风

时风集团成立于 1993 年 5 月 18 日，总占地 3200 亩，总资产 60 亿元，员工 30000 人，主导产品为三轮汽车、低速货车、轻卡汽车、电动观光车、拖拉机、发动机、轮胎、联合收割机。母公司山东时风（集团）有限责任公司下设四大产业工业园（即农用汽车工业园、轻卡汽车工业园、时风巨兴轮胎工业园、时风热电工业园），五个合资、全资子公司，六个专业生产厂，设有时风研究院。目前，时风集团的农用拖拉机、收割机、三轮车以及载货汽车等"农"字头的产品全国销量第一，品牌影响力在农村市场影响不小。但时风在城市的品牌影响力，以及在电动汽车研发生产都明显与国内汽车巨头、电动汽车专业公司有着明显的差距，其电动汽车的实际研发能力目前也备受业内专家和消费者的质疑。

图 6-156　时风

1. 参考车型（如图 6-156 所示）

2. 参数配置

参数配置见表 6-21 所示。

表 6-21 时风电动轿车参数配置

型号		时风 D101 经济型		
电池		胶体免维护电池 8 个 6V200 A·h		
充电		6~8(h)		
电机		高效他励 4kW 电机		
充电器		智能充电器、输入电压 220V		
百公里耗电		10(kWh/100km)		
车身配置	前挡/后挡	2+2 夹层玻璃	车架	全钢结构
	座椅	豪华布艺座椅	门窗	手动门窗
	后视镜	手动外后视镜	防盗系统	解码锁系统
	灯光及信号	前照明灯(远光/近光)、转向灯、组合后尾灯、防雾灯、喇叭		
	车身	采用优质钢板全部冲压件焊接全承载式,大型冲压设备一次成型		
	仪表台	豪华的液晶式数字显示仪表,速度、里程、电量、电流		
	制动系统	真空助力油刹系统,前碟后毂+手刹驻车		
	前桥及悬挂	麦弗逊式独立悬挂系统		
	后桥及悬挂	纵向托臂式扭力梁结构减震		
	轮胎	155/65R13		
	额定乘员(人)	5		
技术参数	外形尺度长*宽*高	3500*1530*1500mm		
	电池容量	200 A·h		
	续驶里程 km	120~150(平路)		
	爬坡能力(满载)	最大爬坡:20%		
	最小转弯半径(m)	5m		
	轴距	2345mm		
	轮距	前 1310/后 1310mm		
	系统电压	60V		
	最小离地间隙	120mm		
	制动距离	≤5m		
	整车重量	850kg		
	整车载重	450kg		

第七篇　最值得购买的纯电动汽车

权威部门已经对未来燃油车退出汽车市场时间进行了预测。在2017年的中国汽车产业发展国际论坛上,工信部有关领导透露已经启动了燃油车退出时间表的研究。根据此前欧洲各国制定的时间表,普遍预计中国会在2040年左右实现全面禁售燃油车。

●欧洲各国计划禁售燃油车时间表

国　家　　年　份
英　国　　2040年
法　国　　2040年
德　国　　2030年
瑞　士　　2030年
荷　兰　　2025年
挪　威　　2025年
瑞　典　　2050年
比利时　　2030年

相应地,国内多个城市已经启动了新能源工厂建设计划。仅2017年上半年,就有四十余个新能源造车项目得到确定。奔驰、宝马、大众、福特等国际知名车企也已经进行新能源汽车的规划布局,其中大部分将2020年或2025年定为新能源规划"关键年"。

纯电动汽车(BEV)只是新能源汽车的一种,它完全由车内可充电电池在行驶时给车辆提供动力源。这类汽车可以实现使用过程中的零排放,给环境带来的影响较小,是未来汽车研发的重要方向,也是消费者最值得购买的纯电动轿车。

在地球能源日趋紧张,汽油价格不断飙升的时下,人们在选购车辆时,也越来越倾向于选择环保节能的电动汽车,为顺应全球电动汽车发展潮流和消费者对电动汽车品牌质量的关注,在此推荐目前国内最值得购买的纯电动轿车参考车型有以下几款:

一、长安逸动EV300

如图7-1所示。

图7-1　长安逸动EV300

汽车类型:紧凑型
纯电续航里程:300km
快充功能:支持
指导价:16.1万~25.0万 RMB

二、海马 @3

如图 7-2 所示。

图 7-2　海马 @3

汽车类型:紧凑型
纯电续航里程:200~202km
快充功能:支持
指导价:15.0万~21.0万 RMB

三、吉利帝豪 EV300

如图 7-3 所示。

图 7-3　吉利帝豪 EV300

汽车类型:紧凑型
纯电续航里程:300km

快充功能:支持
指导价:19.6万～21.6万 RMB

四、比亚迪 e5

如图 7-4 所示。

图 7-4　比亚迪 e5

汽车类型:紧凑型
纯电续航里程:305km
快充功能:支持
指导价:19.6万～21.6万 RMB

五、北汽 EV 系列

如图 7-5 所示。

图 7-5　北汽 EV 系列

汽车类型:小型车
纯电续航里程:150km
快充功能:支持
指导价:15.9万～19.0万 RMB

六、骏派 A70E

如图 7-6 所示。

图 7-6　骏派 A70E

汽车类型：紧凑型
纯电续航里程：205km
快充功能：支持
指导价：16.9 万～18.4 万 RMB

七、起亚华骐 300E

如图 7-7 所示。

图 7-7　起亚华骐 300E

汽车类型：紧凑型
纯电续航里程：265km
快充功能：支持
指导价：19.9 万 RMB

八、北汽 EU 系列

如图 7-8 所示。

图 7-8　北汽 EU 系列

汽车类型：紧凑型
纯电续航里程：260～360km
快充功能：支持
指导价：20.6 万～22.5 万 RMB

九、比亚迪 秦 EV300

如图 7-9 所示。

图 7-9　比亚迪秦 EV300

汽车类型：紧凑型
纯电续航里程：300km
快充功能：支持
指导价：23.59 万～25.59 万 RMB

十、东风启辰晨风

如图 7-10 所示。

图 7-10　东风启辰晨风

汽车类型:紧凑型

纯电续航里程:175km

快充功能:支持

指导价:24.3 万～26.2 万 RMB

十一、东风风神 E60

如图 7-11 所示。

图 7-11　东风风神 E60

汽车类型:紧凑型

纯电续航里程:351km

快充功能:支持

指导价:21.3 万～22.3 万 RMB

十二、力帆 620EV

如图 7-12 所示。

图 7-12　力帆 620EV

汽车类型：紧凑型
纯电续航里程：200～252km
快充功能：支持
指导价：22.0 万 RMB

十三、宝骏 E100

如图 7-13 所示。

图 7-13　宝骏 E100

续航里程：155km
快充功能：不支持
指导价：9.4 万～11.0 万 RMB

十四、荣威 e50

如图 7-14 所示。

图 7-14　荣威 e50

续航里程:170km
快充功能:支持
指导价:18.9 万 RMB

十五、东风风神 E30

如图 7-15 所示。

图 7-15　东风风神 E30

续航里程:150km
快充功能:支持
指导价:16.5 万 RMB

十六、众泰 E200

如图 7-16 所示。
续航里程:155 万～165km
快充功能:支持
指导价:18.2 万 RMB

图 7-16　众泰 E200

十七、知豆 D2

如图 7-17 所示。

图 7-17 知豆 D2

续航里程:155km
快充功能:不支持
指导价:15.2 万～18.9 万 RMB

十八、北汽 ARCFOX LITE

如图 7-18 所示。

图 7-18 北汽 ARCFOX LITE

续航里程:170km
快充功能:支持
指导价:14.1 万～16.1 万 RMB

第八篇　按续航能力排名的十款主流国产电动汽车

目前纯电动汽车在国内已经逐渐变得火热起来，除了比亚迪，其他竞争车企也相应推出自家的纯电动车。目前市面上纯电动有二十几款，我们对它们进行比较，总结出续航里程排在前十的车型。

一、比亚迪 e6

指导价：30.98 万～36.98 万
补贴后售价：20.98 万～26.98 万
续航里程：400 公里
车型外貌如图 8-1 所示。

图 8-1　比亚迪 e6

二、北汽 EU400

指导价:22.49 万
补贴后售价:15.89 万
续航里程:360 公里
车型外貌如图 8-2 所示。

图 8-2　北汽 EU400

三、腾势

指导价:36.98 万~43.28 万
补贴后售价:25.98 万~31.38 万
续航里程:352 公里
车型外貌如图 8-3 所示。

图 8-3　腾势

四、上汽荣威 ERX5

指导价:27.18万～29.68万

补贴后售价:19.88万～22.38万

续航里程:320公里

车型外貌如图8-4所示。

图8-4　上汽荣威 ERX5

五、比亚迪 e5

指导价:19.59万～21.59万

补贴后售价:12.98万～14.99万

续航里程:305公里

车型外貌如图8-5所示。

图8-5　比亚迪 e5

六、比亚迪秦 EV300

指导价:23.59万~25.59万
补贴后售价:16.99万~18.99万
续航里程:300公里
车型外貌如图8-6所示。

图 8-6　比亚迪秦 EV300

七、比亚迪宋 EV

指导价:26.59万~27.59万
补贴后售价:19.99万~20.99万
续航里程:300公里
车型外貌如图8-7所示。

图 8-7　比亚迪宋 EV

八、吉利帝豪 EV

指导价:19.48 万~21.58 万
补贴后售价:12.88 万~14.98 万
续航里程:300 公里
车型外貌如图 8-8 所示。

图 8-8　吉利帝豪 EV

九、北京现代伊兰特

指导价:36.98 万~43.28 万
补贴后售价:25.98 万~31.38 万
续航里程:270 公里
车型外貌如图 8-9 所示。

图 8-9　北京现代伊兰特

十、北汽 EX260

指导价:19.29 万～20.29 万

补贴后售价:12.19 万～13.19 万

续航里程:250 公里

车型外貌如图 8-10 所示。

图 8-10　北汽 EX260

作为新能源汽车的行业领先者,依靠电池起家的比亚迪,在纯电动车续航里程有着很大的优势。北汽这几年在新能源领域的投入,也取得了不错的表现。

第九篇　电动汽车新动向

一、全球最快电动超跑

据英国媒体 2016 年 11 月 21 日报道，蔚来汽车公司日前在伦敦正式发布其首款量产车型——EP9 电动超跑。蔚来汽车新成立的公路车品牌定名 Nio。新超跑功率可达 1360 马力，将限量生产 6 台，一款主流电动车型将于明年问世。

Nio 在德国纽博格林北环赛道进行的测试时，创造了 7 分 05 秒的最快电动汽车圈速，较保时捷 918 Spyder 仅仅慢了 8 秒，如图 9-1、图 9-2 所示。

图 9-1　全球最快电动超跑

图 9-2　Nio EP9 在德国纽博格林北环赛道进行的测试

EP9 为双座四轮驱动超跑，搭载 4 台高性能电机以及 4 个独立变速箱，0 到 100 公里加速 2.7 秒，极速 194 公里。创造了不可思议的 3.3G 重力加速度体验，最高时速 194 英里。

EP9 重量可达 1735 公斤，搭载间接水冷锂离子电池。快充模式下充电仅需 45 分钟，续航里程可达424公里,同时也可以采用换电池的方式。这是中国品牌第一款真正能跑起来的电动超级跑车。知名车评人评价说"终于有一个中国品牌在认真的造车,造优秀的电动超级跑车,很振奋。这不仅仅是一台在效果图上看着美丽的超跑,而是一台可以在赛道上创造佳绩的真真实实的超级跑车,比我近期见过的所有电动概念车、原型车都要成熟、优秀的多。"

EP9采用碳纤维底板,前脸为"X"形设计,两侧的进气口用于刹车系统的冷却,目前该车上配备的碳陶瓷刹车盘以及刹车碟,可实现4倍重力的刹车制动力,即使在300公里的时速下,也能轻易刹停。车身两侧是弹匣式换电装置,可以迅速实现换电操作。车身没有后视镜,而代之以摄像头。

整个车身将空气动力学元素体现得淋漓尽致,尾翼也经过特别设计,可以自动调节。整个车的造型极具未来感,酷似太空飞船。

蔚来表示,EP9表明了技术的作用,该车2017年在中国量产。蔚来并未公布过多细节,但表示其正在考虑欧洲和美国市场,在不久的将来可能在英国销售。蔚来高层人士同时指出,汽车工业正在经历巨变,未来十年,汽车将成为人类拥有的最智能工具,我们希望汽车能够为人们带来移动互联网体验。该车将给用户带来愉悦的体验,使用户重新定义优质服务和产品。

「展望将来,技术是重要的,但更要展望人性。不能只从效率来看问题。汽车品牌要创造拥有的乐趣。以前汽车解决空间的自由,以后是给你时间的自由。」作为蔚来的创始人,宣称要把西方关注的技术和东方关注的人性结合起来。

你没看错,字也没写错。国人期待的蔚来汽车举办了第一次发布会,【蔚来已来】是发布会的主题,如图9-3所示。

图9-3 蔚来已来

在发布会上,蔚来汽车除了公布了英文品牌「NIO 蔚来」之外,还公布了全新的Logo设计。由半圆环和尖头组成的Logo(如图9-4所示)含义为:天空、大地、目标、行动。两相结合,就是希望用户知道,未来,这辆车不只是一辆车,更是一个极致用户体验和极致性能的综合体。

当然,名字和Logo并不是发布会的主角。真正的主题是蔚来电动超跑发布。官方表

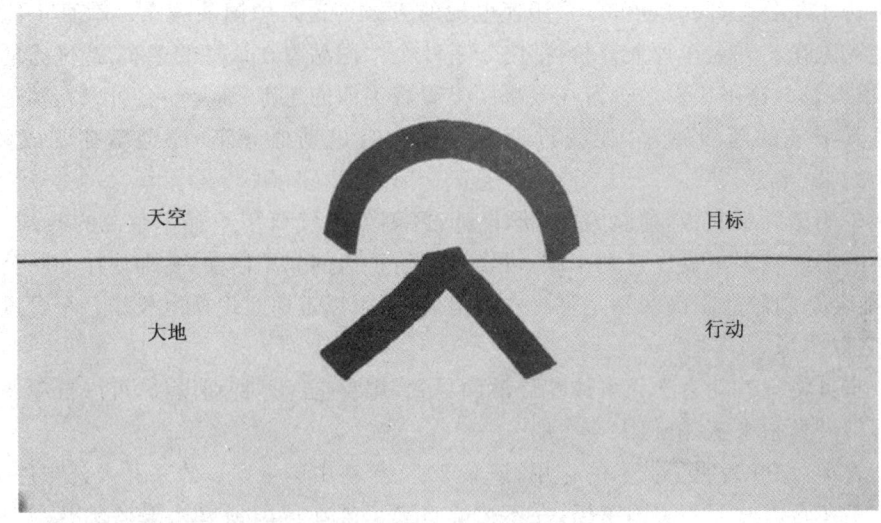

图 9-4　由半圆环和尖头组成的 Logo

示这是一辆脱离了 PPT、非概念、能在赛道上飞驰的实体电动跑车（如图 9-5 所示），性能可与法拉利 LaFerrari、迈凯伦 P1 匹敌，如图 9-6 所示。

图 9-5　实体电动跑车 Nio EP9

心跳设计，是蔚来汽车创始人在发布会上用得最多的形容词，第一眼看上去，会有一种窒息的感觉，是 EP9 的一大亮点，如图 9-7 所示。当 EP9 出现在展台上，蓝色的车身，流线型的设计，EP9 的外观真的让人十分惊艳。虽然脑海中会冒出这是电动版柯尼塞格的念头！

但它的速度可比连尼塞格快多了。最大功率可输出 1360 马力，最高时速超过 300km/h，0～100km/h 加速时间不足 3 秒，0 到 200 公里加速 7.1 秒、极速 313KPH，"连特斯拉

图 9-6　法拉利 LaFerrar、迈凯伦 P1、Porsche918

图 9-7　展台上的 Nio EP9

P100D 都没法比，特斯拉 P100D 的 200 公里加速才 10s，比 EP9 足足慢了 2s 多，并且，不像 EP9 一样能时速达到 300 公里"。其性能概览如图 9-8 所示。

性能	
• 零到一百公里加速用时为	2.7秒
• 零到两百公里加速用时为	7.1秒
• 零到三百公里加速用时为	15.9秒
• 0~400米尾速为	249公里/小时
• 0~400米用时为	10.1秒
• 最高时速为	313公里/小时

图 9-8　Nio EP9 性能概览

"地表最速电动超跑"这个叫法不是白叫的，EP9 在 2017 年 10 月 12 日德国纽博林北环赛道进行的试跑中创造出了 7 分 05 秒的最速电动车圈速，如图 9-9 所示。2017 年 11 月 4 日更是以 1 分 52 秒刷新了法国 Paul Ricard 赛道的最快电动汽车圈速。这一成绩要优于法拉利 Enzo（7 分 25 秒）、日产 GT-R（7 分 29 秒）等车型。

图 9-9　EP9 在德国纽博林北环赛道试跑中创造出了 7 分 05 秒的最速电动车圈速

EP9 在设计上采用了弹匣式可换电池系统，电池可以从侧面抽出。而电池本身也拥有快速充电设计，仅需 45 分钟即可充满。如果使用最省电的模式，可以开 427 公里。但是在纽北赛道上，它的电量只能坚持 12 分钟。另外这么大的电流是否也要效仿特斯拉超级充电桩？

外观方面，EP9 可谓是浓浓的超跑风格，采用了窄 LED 头灯、溜背式设计，如图 9-10 所示。在前脸部分，尽管电动发动机并没有较高的散热需求，EP9 仍然在前保险杠两侧设计有两个大型通风口，以获得更好的空气动力学性能。此外，EP9 前保险杠的设计仍然保持了非常强的赛车元素，视觉效果相当独特。为了达到轻量化的效果，该车车身覆盖件使用了大面积的碳纤维打造，符合超跑身份。

图 9-10　EP9 采用了窄 LED 头灯、溜背式设计

如图 9-11 所示，前保险杠两侧设计有两个大型通风口。不仅如此，EP9 装配了一款花瓣形的双五辐铝合金轮圈（如图 9-12 所示。），其轮圈的固定方式运用了赛车上常见的中央锁止装置。大大的轮毂保证了车子的稳定性。

图 9-11　前保险杠两侧设计有两个大型通风口

图 9-12　EP9 装配了一款花瓣形的双五辐铝合金轮圈

车尾部分，EP9 的车尾完全运用了以性能取向的设计手法，其车身下部为镂空式处理，两条尺寸较大的底部导流槽可以引导底盘气流快速通过，并对乱流进行梳理，提高车身稳定性的同时对减小风阻有很大帮助。使得 EP9 在 240km/h 的速度下能够获得 24000 牛的下压力。是 F1 赛车的两倍，其性能参数如图 9-13 所示。

内饰方面（如图 9-14 所示），EP9 的内饰运用了极简的设计风格，并且同样使用了大面积的碳纤维饰板包覆。EP9 的驾驶舱内置 4 个摄像头以及心跳脉搏等监测装置，在用户驾驶或乘坐之后云端将试试生成用户体验包，让用户纪念或分享。这倒是十分符合互联网思维，就是不知，到时会不会为首发的中国地区专门适配一套适合微信朋友圈发的素材。

车门采用"向前掀起"的崭新结构（如图 9-15、图 9-16 所示），这比特斯拉 Model X 的车门更酷，更有科技感。碳纤维一体化独立座舱设计，整个座舱重量仅为 165KG。另外，EP9 可配备最新的无人驾驶技术以及蔚来汽车"Know-Me"人性化交互系统。

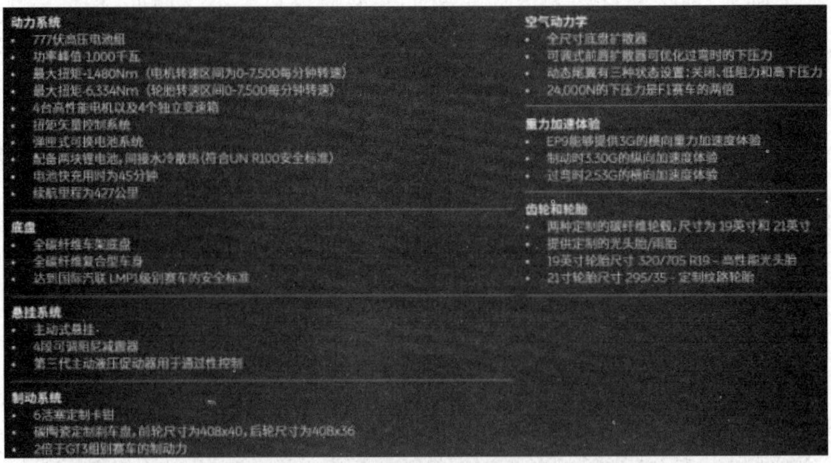

图 9-13　EP9 性能参数

图 9-14　EP9 内饰

图 9-15　EP9 车门采用"向前掀起"的崭新结构 1

图 9-16　EP9 车门采用"向前掀起"的崭新结构 2

　　好吧,这完全就是一辆赛车。实际上,这辆车并不会上市销售,而是几位蔚来汽车创始人的专属车辆。EP9 全球产量仅为 6 辆,几位 IT 大佬都将成为 EP9 车主。新车后轮翼子板上要设计有专属铭牌(如图 9-17 所示)。

图 9-17　新车后轮翼子板上要设计有专属铭牌

　　不过在 2017 年,蔚来将会在中国发布首款量产产品(如图 9-18 所示),产品细节和价格目前还处于保密状态。只是说将与 EP9 会采用统一的家族化的设计元素。甚至在发布会上连 EP9 的实际售价都没有公开,反倒是在会后的介绍中,权威人士说出了首批 6 辆 EP9 的成本价——120 万美元,是一辆车哦,这还不算研发等费用。

图 9-18 蔚来将会在中国发布的首款量产产品

蔚来汽车(如图 9-19 所示)的发展路径,就像特斯拉的第一辆车是跑车 Roadster、雷克萨斯的第一辆车是旗舰 LS 一样,从赛场、赛道入手,然后公路、消费者,先从高端开始,不断往下探索,再配合商业模式的创新。蔚来的来自上海、慕尼黑、圣何塞和伦敦的 2000 多名员工,正加班加点地赶工量产车。究竟未来量产车的定价会是多少,结合上面 120 万美元的单价,你就猜猜吧!

图 9-19 蔚来汽车

根据目前已经曝出的消息,2018 年将有多款新能源车型上市,其中进口 e-Golf 与新款帝豪 EV 将于 3 月上市,蔚来 ES6 与纳智捷 U5 EV 也将于年内上市。

二、未来超百款新车供你选——2017 年全球十大车企新能源计划

2017 年汽车领域中最热门的词,当属"新能源"莫属,如图 9-20 所示。数据显示,2017 年前 11 月国内新能源乘用车销售近 46 万辆,2017 年年底新能源乘用车年度销量超过 50 万台。而作为全球新能源汽车最大的市场,全球各大车企当然不会放过这块蛋糕,纵观

2017年全年,各大车企先后发布自身的新能源计划,使全球汽车工业向新能源电动化迈出了重要的一步。

图 9-20　2017 年汽车领域中最热门的词,当属"新能源"莫属

继"2017 新能源年终盘点"第一期,我们对 2017 年国内 11 家造车新势力进行详细解读后,今天,我们再来针对 2017 年合资及进口品牌发布的新能源战略进行解读。此次,我们则是通过 2017 年度全球汽车销量排行的顺序来解读十大热门汽车集团及品牌的全球和在华新能源计划,如图 9-21 所示。

图 9-21　2017 年度全球十大车企新能源计划

(1)2017年度全球十大车企新能源计划——大众集团,如图9-22所示。

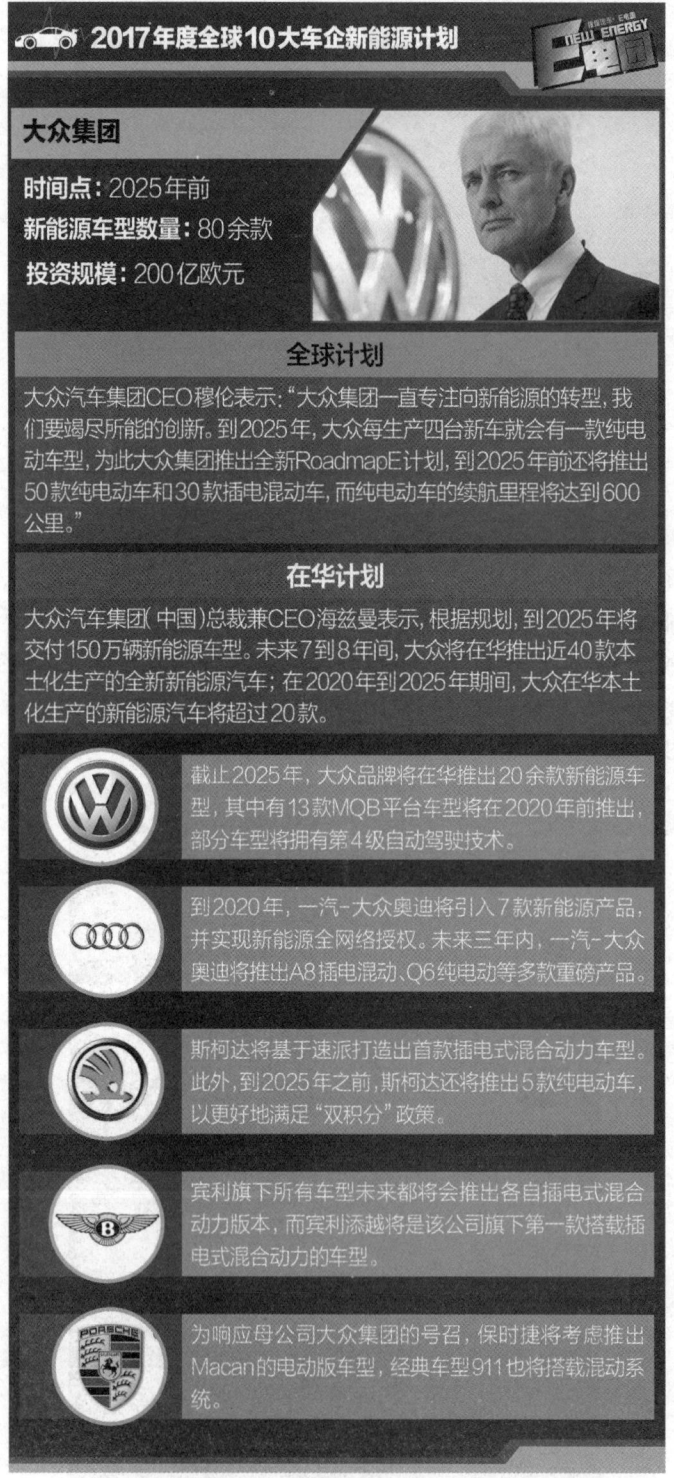

图9-22　2017年度全球十大车企新能源计划——大众集团

(2)2017年度全球十大车企新能源计划——丰田,如图 9-23 所示。

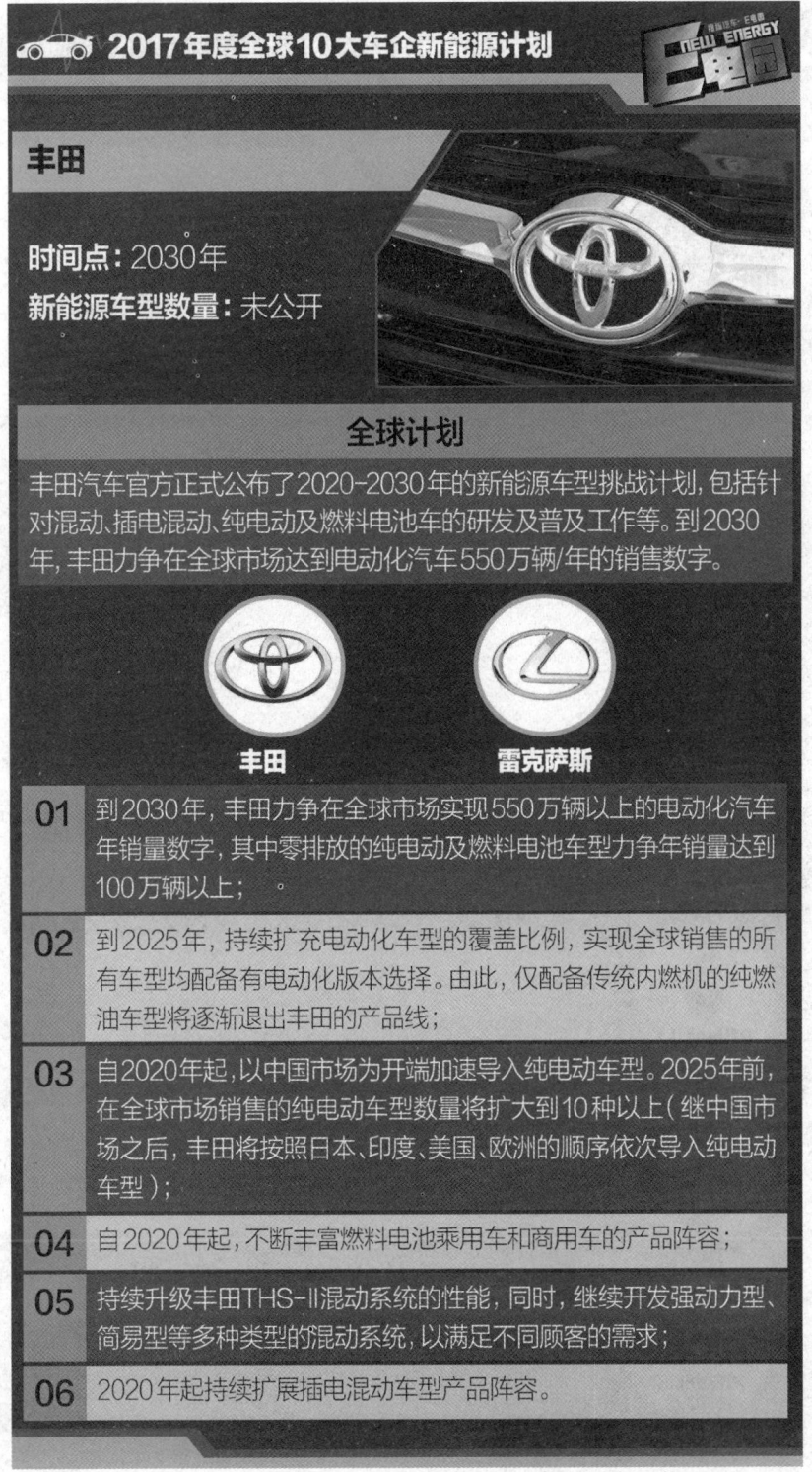

图 9-23　2017 年度全球十大车企新能源计划——丰田

(3)2017 年度全球十大车企新能源计划——雷诺-日产联盟,如图 9-24 所示。

图 9-24　2017 年度全球十大车企新能源计划——雷诺-日产联盟

(4)2017年度全球十大车企新能源计划——通用,如图 9-25 所示。

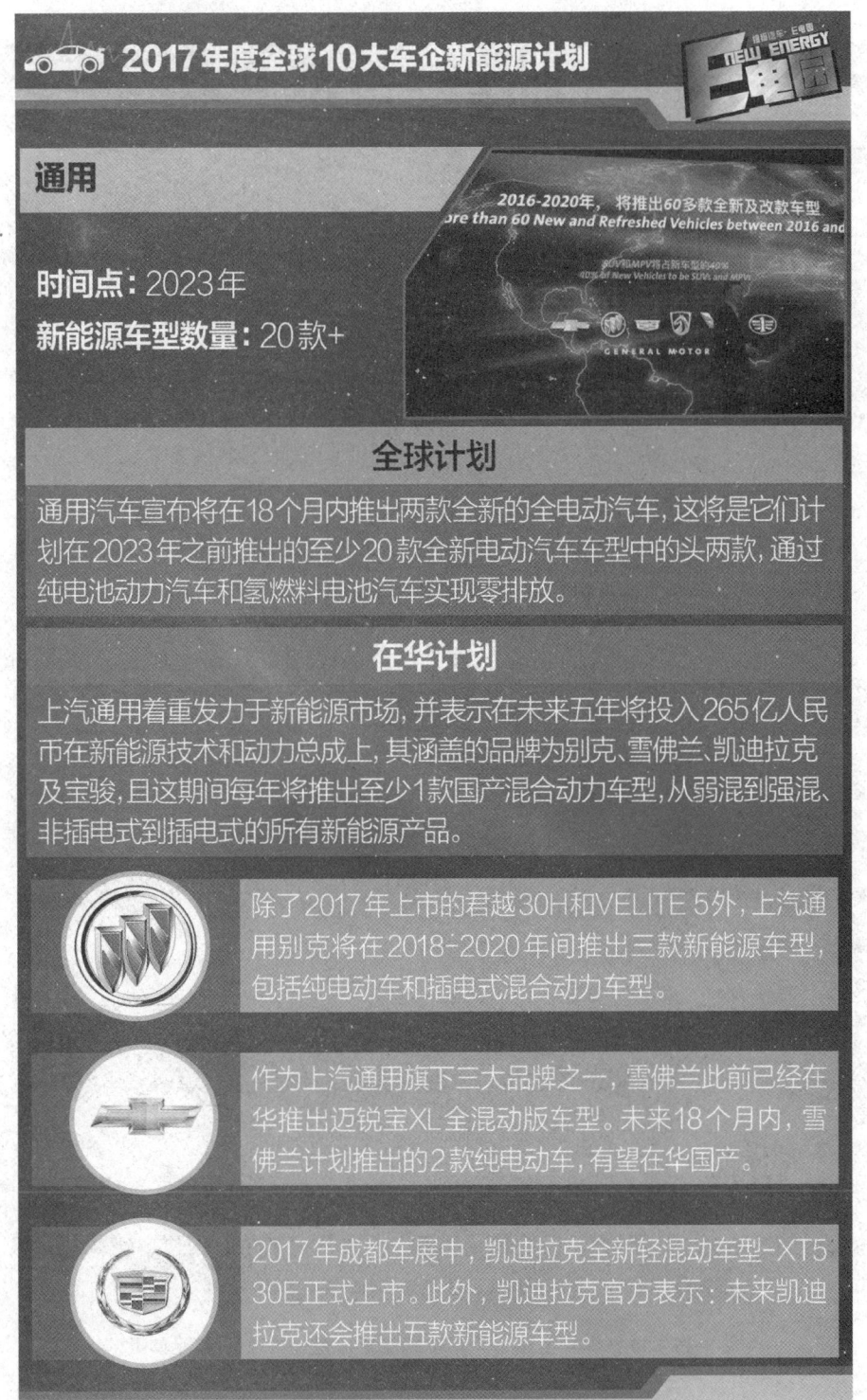

图 9-25　2017 年度全球十大车企新能源计划——通用

(5) 2017 年度全球十大车企新能源计划——现代-起亚集团，如图 9-26 所示。

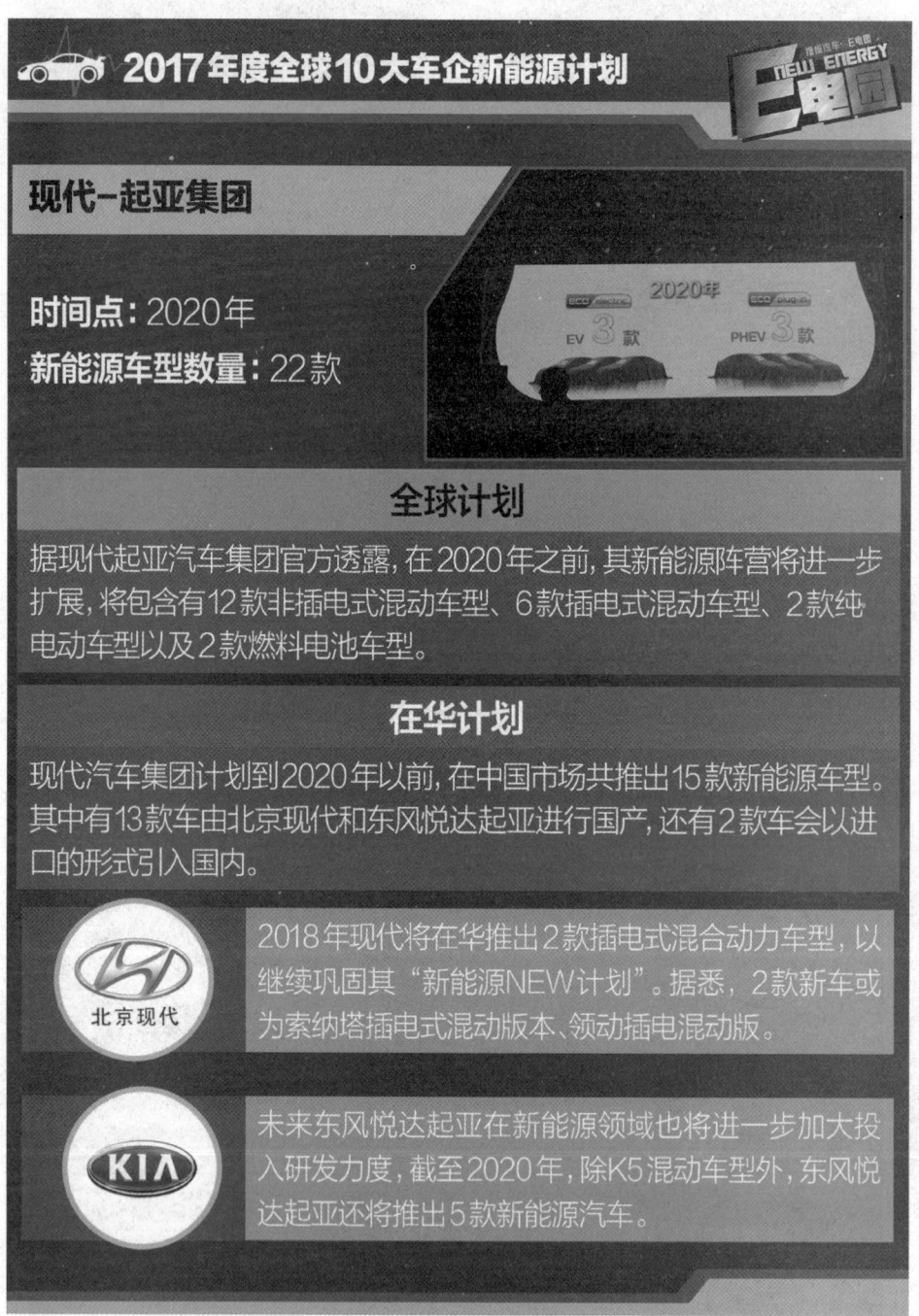

图 9-26　2017 年度全球十大车企新能源计划——现代-起亚集团

(6)2017年度全球十大车企新能源计划——福特,如图 9-27 所示。

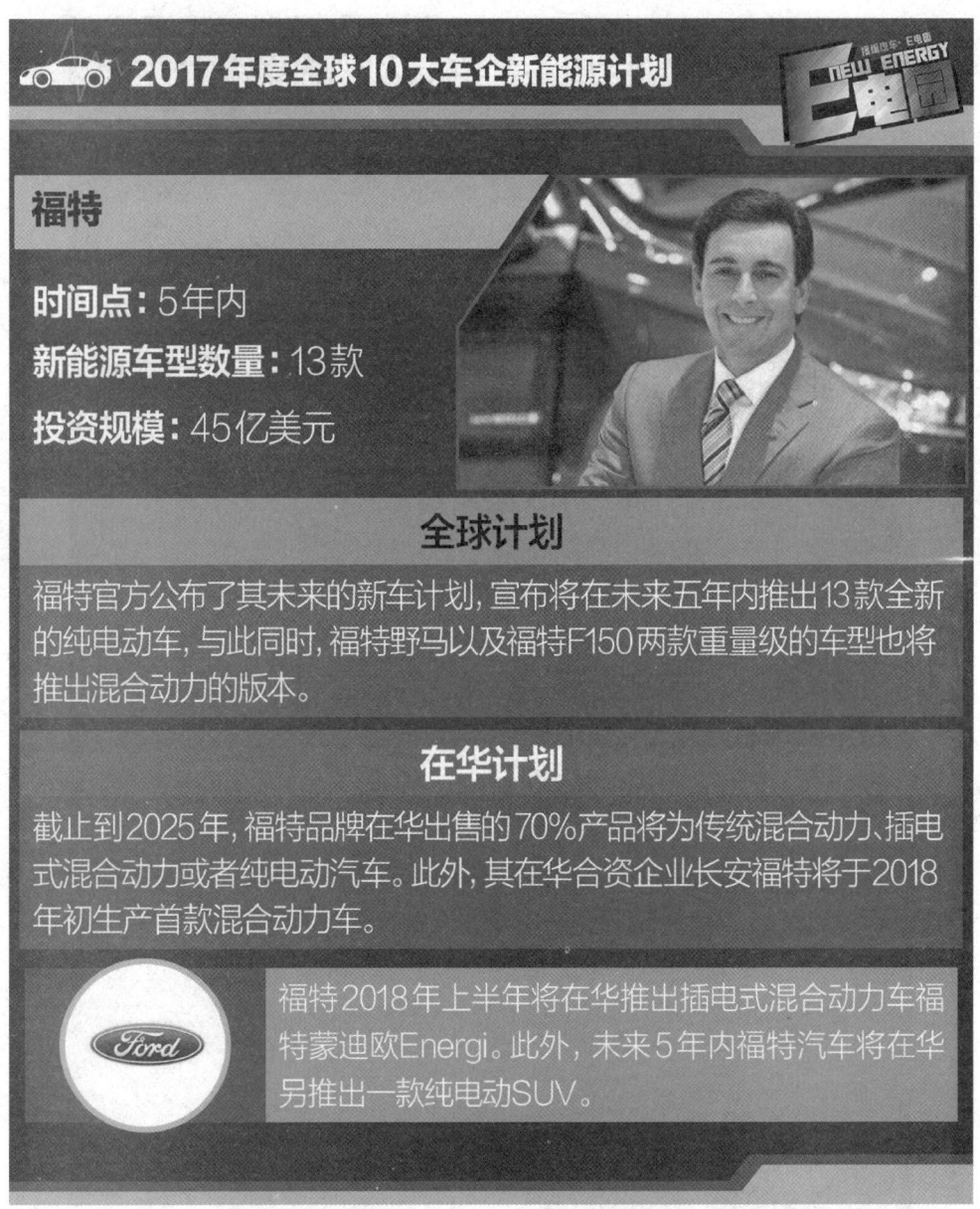

图 9-27　2017 年度全球十大车企新能源计划——福特

(7) 2017年度全球十大车企新能源计划——菲亚特-克莱斯勒集团,如图9-28所示。

图9-28 2017年度全球十大车企新能源计划——菲亚特-克莱斯勒集团

(8)2017年度全球十大车企新能源计划——标致雪铁龙集团,如图9-29所示。

图9-29　2017年度全球十大车企新能源计划——标致雪铁龙集团

(9)2017 年度全球十大车企新能源计划——奔驰,如图 9-30 所示。

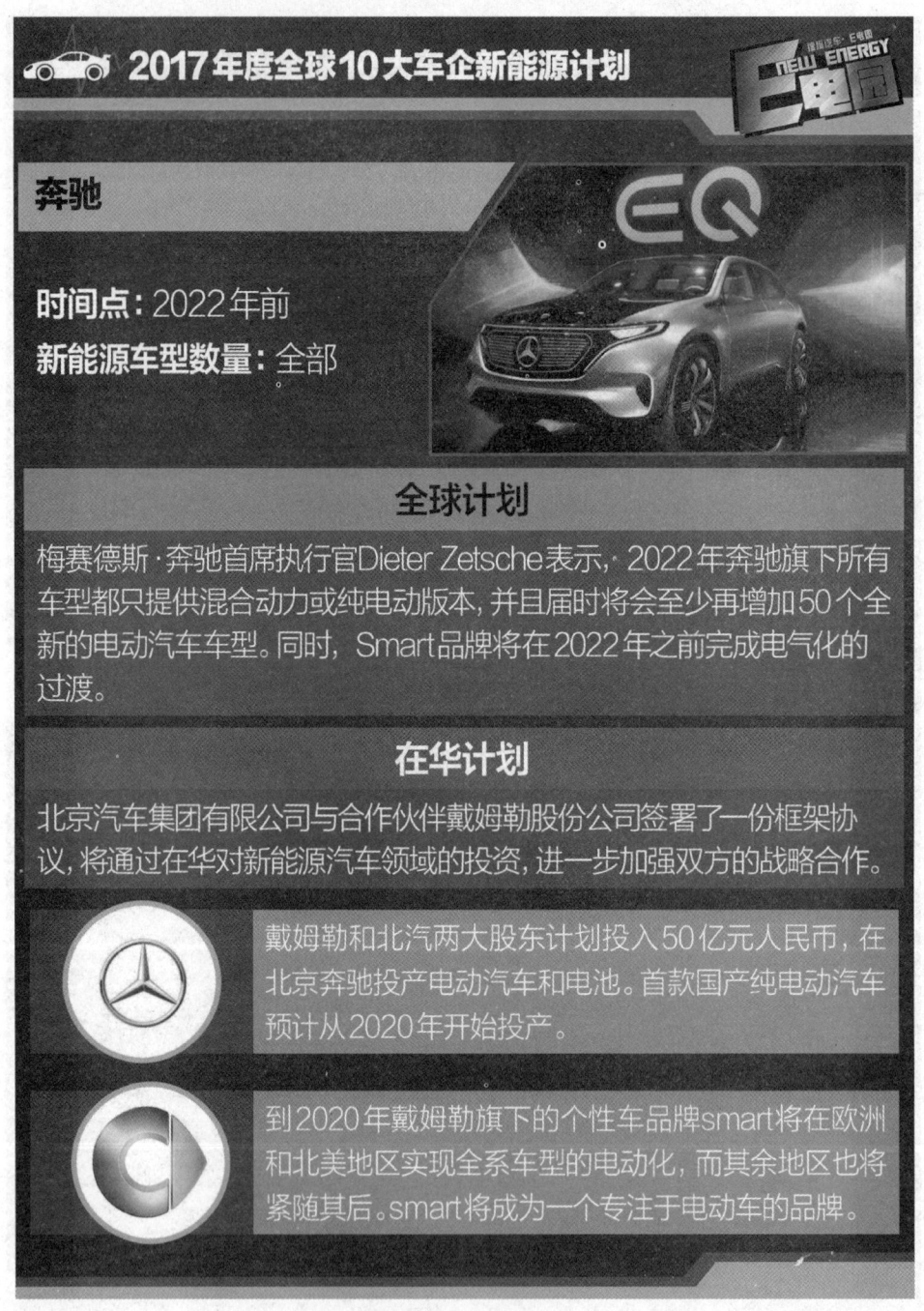

图 9-30 2017 年度全球十大车企新能源计划——奔驰

(10)2017年度全球十大车企新能源计划——宝马集团,如图9-31所示。

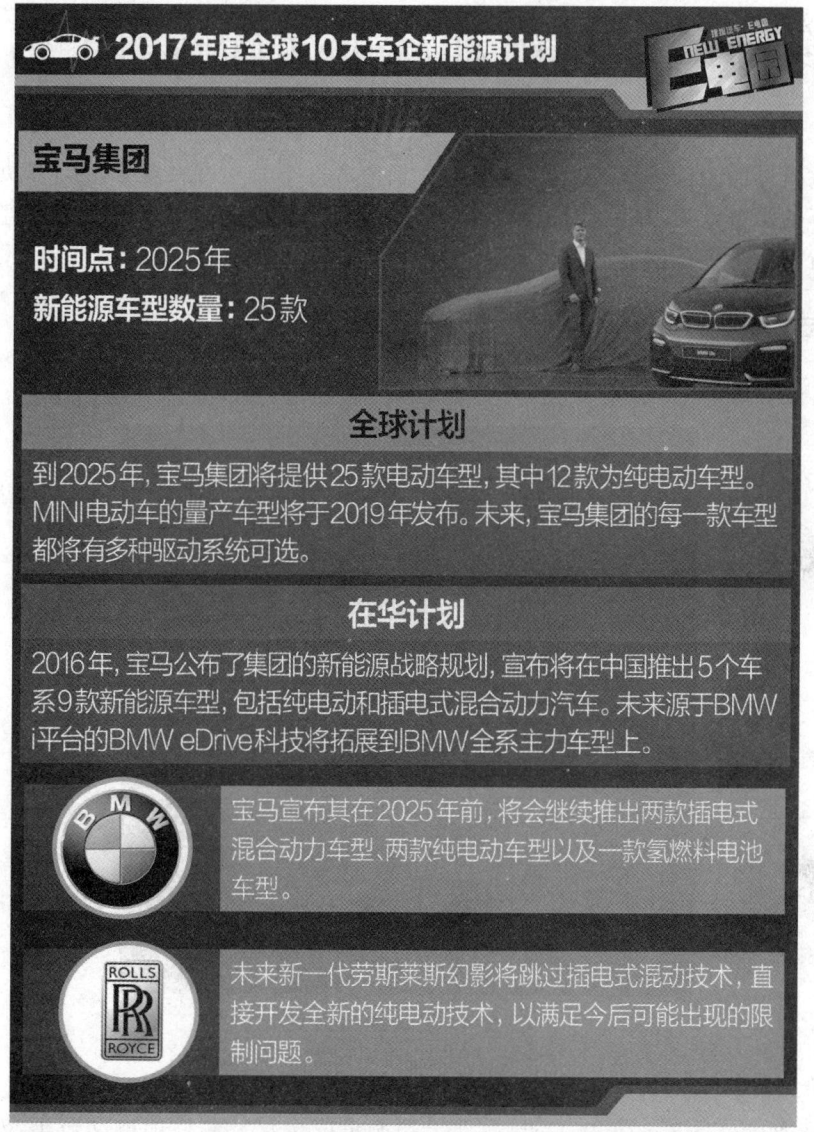

图9-31　2017年度全球十大车企新能源计划——宝马集团

以上只是2017年全球大车企发布的新能源计划,而这十个品牌在未来的计划也相当惊人,未来,它们将由超过百款的新能源车型发布,同时会引入国内。而对于目前的国内新能源市场自主品牌一家独大的情况,也许在未来会受到不小的冲击。

第十篇　纯电动汽车排行榜前十名

有的读者可能会问,新能源汽车有哪些?新能源汽车其实有太多了,为了满足大家对热门电动汽车的了解欲望,在此权且按照综合续航里程、颜值、消费者关注热度等整理出纯电动汽车排行榜前十名供读者参考。

一、特斯拉 Model S

如图 10-1 所示。

图 10-1　特斯拉 Model S

指导价:64.11 万～97.93 万元(目前暂未享受到国家政策补贴)。

特斯拉 Model S 是一款由 Tesla 汽车公司制造的全尺寸高性能电动轿车,外观造型方面,该车定位一款四门 Coupe 车型,动感的车身线条使人过目不忘。

Model S 自诞生之日起就是为了成为一款安全、高性能的轿车而设计。得益于特斯拉独特的纯电动动力总成,Model S 的性能表现十分出色,0～100 公里/小时加速最快仅需 3.0 秒。通过 Autopilot 自动辅助驾驶(选装),Model S 还可以使高速公路驾驶更为安全且轻松,让你更好地享受驾驶乐趣。

安全——Model S 自诞生之日起就是为了成为最安全的汽车而设计。其安全性能主要得益于独特的电子传动系统。该系统位于车辆铝制乘员舱底部,并封装于单独壳体内。这一独特的布置,用可以吸收冲击力的硼钢轨取代了笨重的发动机缸体,降低了汽车重心,从而提高操控性能,最大程度的降低翻车风险。

当遭遇侧面碰撞时,经钢轨加固的铝柱可有效减少侵入,从而保护乘员舱和电池组,同时提高车顶强度。发生事故时,六个安全气囊会保护前排和后排乘员,电池系统会自动切断主电源。

电池——所有 Model S 都可以免费使用特斯拉超级充电网络,享受 8 年不限里程的电池及驱动单元保修。

续航——特斯拉 Model S 车型续航里程分别为:Model S 60 400km、Model S 60D 408km、Model S 75 480km、Model S 75D 490km、Model S 90D 557km、Model S P90D 509km,特斯拉还将推出超过 600km 续航里程的 P100D。

二、特斯拉 Model X

如图 10-2 所示。

图 10-2　特斯拉 Model X

指导价:75.11 万~147.95 万元(目前暂未享受到国家政策补贴)

Model X 是一款高性能、安全、智能的全尺寸 SUV。标配全轮驱动,以及可提供 489 公里续航里程的 90 kWh 电池。Model X 拥有宽敞的驾乘空间和储物空间,足以容纳 7 位成人及其随行装备。启动 Ludicrous 狂暴模式后,百公里加速仅需 3.4 秒。无论是实用性还是高性能,Model X 从不妥协。

安全——Model X 的设计以安全为首要考虑。电池组位于车辆底部,这使 Model X 的重心比同类 SUV 更低,可减少 50% 的侧翻风险。独特的电池结构有助于 Model X 抵御侧面碰撞时的变形侵入。由于没有燃油发动机,前备厢可在正面碰撞时充当缓冲区,有效吸收撞击能量。

主动安全防护:Model X 通过摄像头、雷达和声呐系统持续监视周围路面情况,为驾驶者提供实时路况反馈,最大限度避免事故的发生。即使在高速行驶时,Model X 亦会于紧急情况下自动制动。

HEPA 空气过滤系统:HEPA 高效过滤网,有效阻隔空气中的花粉、细菌、病毒及污染物颗粒进入车厢内部。Model X 的空调系统提供 3 种模式供选择:外循环、内循环,以及"生物武器防御"模式。后者在车厢内增加气压以保护乘客安全。

电池——所有 Model X 都可以免费使用特斯拉超级充电网络,享受 8 年不限里程的电池及驱动单元保修。

续航——特斯拉 Model X 车型续航里程分别为:Model X 60D 355km、Model X 75D 417km、Model X 90D 489km、Model X P90D 467km。

三、DENZA 腾势

如图 10-3 所示。

图 10-3　DENZA 腾势 S

指导价:36.90 万～39.90 万元　补贴后售价:25.90 万～28.90 万元

DENZA 腾势是深圳比亚迪戴姆勒新技术有限公司(以下简称合资公司)推出首个致力于新能源的汽车品牌。合资公司是由中国新能源汽车领军企业比亚迪与世界豪华车制造巨头德国戴姆勒共同设立的合资企业,于 2010 年正式成立,总部设在深圳。下面就带大家了解一下腾势电动汽车车型介绍。

腾势车电动汽车搭载的最大功率达 86 千瓦的纯电动机,0～50 公里加速仅需 4.3 秒,车辆最高时速可达 150 公里/小时,最大扭矩可达 290 牛·米。

安全——在传统燃油车的主被动安全配置越来越受到消费者的重视时,电动汽车的安全设计却鲜为人知。新一代腾势的三电系统在提升整车安全性方面更进一步,全面升级全系车型的安全性能。除具备六至八个安全气囊、低速行人警告提醒系统、esc/esp 系统等常规主被动安全配置外,腾势还具备了一系列先进电动安全科技。

电池——腾势,基于德国戴姆勒卓越的工艺标准,结合比亚迪全球领先的电池技术,让动力电池从安全与效率全方位达到欧洲标准,为整车提供稳定持久的动力支持。

续航——腾势分为:时尚版、尊贵版,续航里程长达 300～400 公里的续航里程。

四、比亚迪 e6

如图 10-4 所示。

图 10-4　比亚迪 e6

指导价：30.98 万～36.98 万元　补贴后售价：20.18 万～26.18 万元

比亚迪 e6 是一款纯电动四驱轿车，是比亚迪继 F3DM 之后再次打造的第二款新能源车型。比亚迪相关人士介绍，比亚迪 E6 属于 cross 跨界车型，外观融合了 SUV 和 MPV 的特点，整体时尚大气。

安全——6 安全气囊、通风盘式碟刹；右前轮盲区可视、彩显倒车影像；电磁辐射符合安全标准；8 重防电、碰撞自动断电（动力电）；经严苛的全天候测试，确保各种情况下用车安全。

电池——e6 最大的亮点，即采用电力驱动，其动力电池和启动电池均采用比亚迪自主研发生产的 ET-POWER 铁电池，不会对环境造成任何危害，其含有的所有化学物质均可在自然界中被环境以无害的方式分解吸收，能够很好地解决二次回收等环保问题，是绿色环保的电池。

续航——比亚迪 e6（报价、图片）动力强劲，最大功率为 90kW，最大扭矩为 450N·m，最高车速可达 140km/h 以上。不开空调情况下，综合工况续驶里程最长达 300～400km，产生的费用只相当于燃油车的 1/4。

五、比亚迪秦 EV300

如图 10-5 所示。

指导价：25.98 万～30.98 万元　补贴后售价：14.98 万～19.98 万元　今年购车还可享受国家和地方双重补贴共 11 万元

比亚迪秦 EV300 有一个亲兄弟，就是混动版的秦，新的纯电动版秦 EV300 在外观设计上延续了原有造型。"一字回勾"的前大灯，酷似秦时代兵器的双色轮毂，以及尾部标志性的"秦"字，都在表达着中国的传统文化。前部进气格栅改换成了封闭式，并增加了蓝色装饰和快慢充电插口。

图 10-5 比亚迪秦 EV300

动力——跟之前那个百公里加速 5 秒多的插电混合动力秦不一样，秦 EV300 配备的是一套纯电动系统，电动机的最大功率 160 千瓦，最大扭矩 310 牛·米，官方百公里加速 7.9 秒，动力性能也能秒杀大部分同价位的电动车。

电池——它使用的是比亚迪自主研发的磷酸铁锂电池，电池组质保 6 年或 15 万公里。

续航——秦 EV300（图片、报价）拥有超长纯电续航里程、动力强劲、配置丰富，为消费者打造更优于燃油车的用车体验。对于多数时间在城市中生活的通勤族而言，与其漫长等待传统燃油车指标的中签，不如及早选择纯电动车来代步，它不仅用车成本更低，而且充电也并非很难解决。目前补贴之后售价在 15 万元左右的电动车中，续航里程很少有超过 200 公里的，这就让续航里程超过 300 公里的比亚迪秦 EV300 成为最佳之选。

六、秦 XEV260

如图 10-6 所示。

华泰新能源 XEV260 作为国内首款纯电动 SUV，一直备受市场关注和青睐。XEV260 共推出三款车型，进取型、精英型和尊贵型，在北京地区享受国家和地方政策补贴后售价为 13.98 万～16.28 万元。

性能——华泰 XEV260 纯电动 SUV 采用永磁同步电机，最大功率为 80kW，最大扭矩 220N·m，最高转速可达 9000rpm。最高时速大于 130km/h。

电池——在动力电池安全性能方面，华泰也是经过了严苛的测验。不论是环境温度-10℃下，还是夏天极热和极湿的环境中（包括车辆静止 12 小时情况下），电池都保持较高的稳定性，完全可以消除消费者对严酷环境下电池性能弱化的顾虑。而华泰 XEV260 采用 PTC 加热模块，无论冬天、夏天都具有良好的环境适应性，且充电时间短，1 小时 SOC 从 0%充到 80%。

XEV260 的电池箱体放置在底盘下部，通过底盘及悬架系统的重新设计，使整车的通过

图 10-6　秦 XEV260

性及安全性都得到相应的提高，电池组性能也得到了提升（XEV260 进取型、XEV260 精英型、XEV260 尊贵型）。

续航——配备 49.9kWh 电池蓄电量，综合工况续航可达 266km，等速续航可达 332km。

七、江淮 iEV6S

如图 10-7 所示。

图 10-7　江淮 iEV6S

指导价：21.98万元　补贴后售价：10.98万元

iEV6S是江淮旗下首款纯电动SUV，最大续航里程达到300公里，与iEV5采用相同的第二代平台打造，进一步推动江淮在新能源产品线的布局。

有人说，我是中国最美纯电动汽车，用当下的流行语说，那就是"颜值高"！江汽设计人员给了我白色的主色调，搭配蓝色纹以做装饰，看起来运动又时尚。在前脸设计上，采用了发散式的网状设计，取代传统进气格栅；内饰方面，采用了黑白双色的配色方案，三幅式方向盘与黑白座椅的搭配，更加凸显了运动感。

电池——江淮iEV6S采用了一套纯电动系统，由电动机和18650型锂电池组成，官方称新车可在11小时内完成充电，快充模式下仅需1小时就可充满80%的电量。

动力——在动力性能方面，江淮iEV6S搭载峰值功率为85kW，峰值扭矩270N·m的永磁同步电机，最高时速为130km/h，0~50km加速时间为3.9秒，0~100km加速时间为11秒。

续航——该车综合续航里程253km，而60km/h等速巡航里程达300km（江淮iEV6S智享版）。

八、华泰 iEV230

如图10-8所示。

图10-8　华泰 iEV230

指导价：21.35万~22.55万元　补贴后售价：12.35万~13.55万元

华泰新能源iEV230是基于华泰传统燃油车型路盛E70打造而来，新车外观并未有过多改变，但细节部分增添了诸多象征新能源车型的装饰元素，包括蓝色进气格栅边框、蓝色车顶、蓝色车门下装饰条以及蓝色轮毂盖等方面。据悉，车身尺寸方面，华泰新能源iEV230的长宽高分别为4777/1794/1481mm，轴距2678mm。

外观——外观造型动感时尚。iEV230纯电动汽车前脸采用了德国主流车型的设计元素，采用大面积进气格栅设计，整车气质优雅，彰显尊贵；前保险杠与中网巧妙融为一体，提升内在安全的同时给人以尊贵、沉稳的视觉感受;凸起式导流槽的设计使整车线条更加优美,同时增加引擎罩的刚性,更加安全。

安全——iEV230 纯电动汽车秉承德国车安全理念设计,车身结构、材料,以及各种主被动安全配置,都充分考虑了用户需求,参照德国车安全标准。源自德国的车身设计使风噪更低,空气流态更好,车身更具安全稳定。

性能——洁能动力超凡脱俗。iEV230 纯电动汽车(报价、图片)采用永磁同步电机,最大功率为 80kW,最大扭矩 220N·m,最高转速可达 9000rpm。最高时速大于 130km/h。具有强动力、低能耗的特点。

续航——官方称,新车的综合最大续航里程达到 230km,而等速巡航最大续航里程为 270km 左右。充电方面,一般 220V 民用电源即可满足新车的充电需求。

九、启辰晨风

如图 10-9 所示。

图 10-9　启辰晨风

指导价:24.78 万～26.18 万元　补贴后售价:14.98 万～16.68 万元

作为东风日产第一款纯电动汽车,启辰晨风是全球销量最大的纯电动汽车日产聆风的孪生兄弟。自 2014 年 9 月上市以来,启辰晨风便得到各界人士的关注与喜爱,晨风以日产聆风(Leaf)为蓝本设计而来,是一款造型前卫,科技感十足的纯电动车型。

动力——动力部分,新车采用的是 EM61 电机前轮驱动模式,动力源来自超薄型高性能锂离子电池组,最大输出功率 80kW(109PS),峰值扭矩 254N·m,最高时速能够达到 145km/h,百公里耗电大约为 14.6 度。

续航——晨风在满电情况下,标准续航里程应为 175 公里,作为 80 公里生活圈内的通勤用车,非常适合。充电 5 分钟续航 60 公里,充电半小时回电 80%,充电效率比较不错(晨风 领风版 3.6kW、晨风 领风版 6.6kW、晨风 领航版 6.6kW)。

十、宝马 i3 纯电动

如图 10-10 所示。

图 10-10 宝马 i3 纯电动

官方指导价：44.98 万元（目前暂未享受到国家政策补贴）

重新定义城市移动出行方式意味着超越环保和灵活行车的考虑范围。纯电动 BMW i3 应运而生，以其前瞻性的设计，定义了未来的车辆。在 BMW 高效动力策略（BMW Efficient Dynamics）技术范畴内开发的 BMW eDrive 电力驱动系统，不仅没有排放，而且能提供几乎没有噪声、无与伦比的驾驶体验。凭借智能的互联驾驶服务，让您方便快捷地抵达目的地。

设计——纯电动 BMW i3 是符合可持续发展设计理念的车辆，适合于都市的出行需求：纯电力驱动，专为可持续、无排放的出行要求量身定制，代表一种智能交通方式。该款车采用统一协调的设计方案；针对用途优化了每个细节。功能性和动感十足的外饰，以及清晰简约的内饰均体现了这一要求。

电机——纯电动 BMW i3 的电动机是专为市区交通应用而设计的，功率为 125kW/170PS，扭矩 250N·m。与典型的电动机一样，从静止状态起就有全额扭矩可供使用，并非像内燃发动机那样必须提高发动机转速才能输出最大扭矩。这就使得纯电动 BMW i3 在任何情况下均有特别高的灵活性，加速能力令人印象深刻：纯电动 BMW i3 从 0 加速到 60km/h 不超过四秒，仅仅在 7.2 秒之内就能达到 100km/h（如果配有增程发动机，则加速时间为 7.9 秒）。同样令人印象深刻的还有几乎没有噪声的驾驶体验。

电池——通过专门研发的高压锂离子蓄电池给驱动系统以及所有其他车辆功能供电，这款蓄电池再一次奠定了能源效率的新基准。高压蓄电池的智能加热/冷却系统可保证能量输出（和车辆的续航里程）受温度波动的影响小于通常使用的同类蓄电池，有助于提高电池的性能和使用寿命。高压蓄电池的保用期为 8 年或者 100,000km。

出于安全和电池寿命考虑，建议 BMW i3 用户在通常情况下使用 BMW i3 标准版墙盒进行充电。选购 Wallbox Pure 标准版充电墙盒可在 6 小时内充满电池电量的 80%。

续航——最近几年已有试用客户驾驶 BMW 集团的电动车辆行驶了 2000 万公里以上。这些经验值均被考虑到纯电动 BMW i3 驱动系统的研发工作之中,在日常往返行驶情况下仅需每隔两到三天给高压蓄电池充一次电,纯电动 BMW i3 的最高续航里程为 160km,足以保证日常行驶要求。

若为配有增程器的纯电动 BMW i3,甚至可以达到最高为 285km 的续航里程。动态续航里程显示器以圆周轮廓形式指示可以到达的目的地;续航里程辅助控制系统可根据目的地建议切换到 ECO PRO 或者 ECO PRO+ 节能驾驶模式,从而可以提高约 30% 的续航里程。如需行驶更远的距离,BMW 远途出行方案将为驾驶者提供传动驱动方式的 BMW 汽车。

第十一篇　全球最畅销的 10 款新能源汽车

如果用"天时地利人和"来形容消费者对不同品牌的理解,那么,自主品牌当下无疑是占了"天时地利"两个条件;不过,作为市场中的消费主体,"人和"至少在现阶段看来还将是合资及进口品牌的核心优势。

通过总结,大部分合资进口车企将在 2020 年后开始陆续推出新能源产品,所以,现阶段留给自主品牌发展的时间已经清晰可见。作为一名消费者,更愿意市场持有开放的态度包容所有;但是作为一名中国人,更希望看到的是,在未来 3~5 年合资进口品牌产品落地后,届时的自主品牌可以通过强有力的产品力,换得消费者的主动选择。另外,买新能源车,车辆购置税能省下了!

2018 年 2 月 13 日,工业和信息化部、国家税务总局公布了《免征车辆购置税的新能源汽车车型目录》(第十六批),又有一大批新能源汽车被纳入免征车辆购置税名单。以消费者购买一辆 10 万元的国产车为例,去掉增值税部分后按 10% 纳税。计算公式是 $100000 \div 1.17 \times 0.1 = 8547$ 元。

毫无疑问,得益于国家对新能源汽车的大力支持和推广,近年来我国的新能源汽车行业确实取得了相当大的进步。2017 年,中国的新能源汽车产量达 79.4 万辆,销量为 77.7 万辆,连续三年位居全球之首,相较于 2017 年全球新能源汽车销量总量的 122 万辆,可以说是占据了大半壁江山。

不过,中国市场新能源汽车卖得好并不代表国产新能源汽车就都卖得好。近日,2017 年全球新能源汽车销量排行榜出炉,其中只有 3 款国产新能源车型进入前十。此外,日系进入前十的仅占两款,美系竟然占据三席。

一、TOP 1——北汽 EC 系列

2017 年销量:78079 辆,参考车型如图 11-1 所示。

图 11-1　北汽 EC 系列

北汽 EC 摘得 2017 年全球销量最高的新能源汽车的头衔并不意外,目前其官方指导售价分别为 15.18 万元和 15.78 万元,除了享有国家和地方补贴,北汽新能源还提供了厂家补贴,以保证补贴后价格分别为 4.98 万元和 5.58 万元。不仅如此,北汽 EC 系列尽管便宜,但其续航里程依旧能超过 200 公里,满足了消费者日常上下班的代步,而 36 分钟就可以由 30%充至 80%电量也使其更具灵活性。

二、TOP 2——特斯拉 Model S

2017 年销量:54715 辆,参考车型如图 11-2 所示。

还是特斯拉,的确特斯拉在大众的心目中就是最强的纯电动车,相比于特斯拉 Model X,特斯拉 Model S 的造型就要相对收敛了,不过依旧具有较为科技感的外形。目前,性能最强的特斯拉 Model S 便是 P100D 车型了,它搭载了一套 100kWh 的电池组,NEDC 标准下续航里程高达 613 公里,是目前续航能力最强的纯电动车。

图 11-2 特斯拉 Model S

三、TOP 3——丰田普锐斯插电混动

2017 年销量:50830 辆,参考车型如图 11-3 所示。

图 11-3 丰田普锐斯插电混动

在混动汽车领域,丰田绝对算得上是高手,而旗下的普锐斯就是标杆车型。不过,丰田普锐斯的主要战场在北美,省油、耐用、安静都是它的优势所在。但在国内汽车市场,丰田普锐斯却没能像在北美市场那样受到热捧,或许是因为国产混动车更具性价比的缘故,导致其

销量并不理想。

四、TOP 4——日产 Leaf(聆风)

2017 年销量:47195 辆,参考车型如图 11-4 所示。

图 11-4　日产 Leaf(聆风)

日产 Leaf 是一款在市场上征战多年的纯电动汽车,自上市以来已经 7 年了。因此它在市场上获得了很好的口碑,算得上是目前全球总销量最高的纯电动汽车。而全新的日产 Leaf 或将进行国产,据悉,新车在日本 JC08 标准下续航里程为 400 公里,而在欧洲 NEDC 标准下的续航里程为 378 公里,超长的续航以及相对平民的售价使其具有很高的销量。

五、TOP 5——特斯拉 Model X

2017 年销量:46535 辆,参考车型如图 11-5 所示。

图 11-5　特斯拉 Model X

在很多人看来,特斯拉绝对是目前市面上最牛的纯电动汽车品牌,不过价格不菲,让大多数人望而却步。但不可否认,特斯拉 Model X 鹰翼门的设计绝对能够吸引住众人眼球。在续航能力方面,特斯拉 Model X 最大续航里程高达 406 公里,而通过特斯拉超级充电桩还能快速充电。

六、TOP 6——知豆 D2

2017 年销量:42342 辆,参考车型如图 11-6 所示。

图 11-6 知豆 D2

作为一款三门微型纯电动车,知豆 D2 的长宽高为 2806/1540/1555mm,虽小但却个性,而知豆 D2S 在长度上稍有增加。知豆 D2 与知豆 D2S 均搭载永磁同步电动机,最大功率为 30kW(40PS),峰值扭矩为 95N·m,0~50km/h 加速时间为 7s,最高时速达 100km/h。新车使用 18kWh 三元锂电池组,充满电需要 6~8 小时,60km/h 等速续航里程 180km,上下班很实用。

七、TOP 7——雷诺 ZOE

2017 年销量:31932 辆,参考车型如图 11-7 所示。

图 11-7 雷诺 ZOE

欧洲卖得最好的电动车就是雷诺 ZOE,并且已经连续三年成为欧洲最畅销纯电动车型。雷诺 ZOE 拥有一副标准的紧凑小型车身材,车身大小基本可以参考本田飞度。它的外观圆润且简单,这种可爱的造型应该很讨女生喜爱。五门五座设计能够满足一般日常通勤需求。雷诺 ZOE 由一台 88 马力的电动机驱动,可输出 220N·m 的扭矩,时速可达 135km/h,

百公里加速时间13.5s。这样的动力输出可以满足城市中日常代步通勤需求。

八、TOP 8——BMW i3

2017年销量:31410辆,参考车型如图11-8所示。

图11-8 BMW i3

在BBA中,BMW在新能源车型上是最具个性的,旗下的i3就是一个很好的例子。乖巧个性的外形设计,加之独特的对开门设计,绝对是追求品质与个性的消费者的首选。通过将电池模块进行升级,纯电动BMW i3升级款车型可提供271公里的续航里程。这样一来,驾驶纯电动BMW i3在城市中穿行更有信心,还可将其作为上下班的通勤方式,即使偶尔地绕路行驶也没问题。

九、TOP 9——比亚迪宋PHEV

2017年销量:30920辆,参考车型如图11-9所示。

图11-9 比亚迪宋PHEV

比亚迪作为新能源汽车行业引领者,其在新能源汽车方面的成就是有目共睹的。而比亚迪宋DM(PHEV)更是受到消费者的青睐。不仅拥有超低的电耗,在做工用料及品质上都对得起其售价,而强劲的动力可以使其在7s多即可从静止加速到100km/h。

十、TOP 10——雪佛兰 Bolt

2017 年销量:27982 辆,参考车型如图 11-10 所示。

图 11-10　雪佛兰 Bolt

雪佛兰 Bolt 是一款是倾向于实用性的电动车,一辆家用五门两厢车,它是美国市场上首款续航里程达 200 英里(322 公里)的电动汽车。在动力方面,该车搭载一台最大功率 203 马力、峰值扭矩 360N·m 的电动机,电力源于一块容量为 60kWh 的电池组,不到 7s 即可破百。而在续航里程上,雪佛兰 Bolt 最大续航达到了 383 公里,预计该车不久将进入国内市场。

第十二篇　纯电动汽车发展趋势

一、新能源汽车动力电池技术应用趋势

历届举办的车展不仅是各款新车争奇斗艳的舞台,同时也是新技术趋势的风向标。根据展会主办方统计,2018 年亮相北京车展的新能源汽车有 174 台,阵容相比 2017 年上海车展(159 台)和 2016 年北京车展(147 台)有所扩大。发展新能源已成为车企的主旋律,背后的核心动力尤其不能忽视,我们就来看看新能源汽车动力电池的技术应用趋势,如图 12-1 所示。

图 12-1　从车展看动力电池应用趋势

1. 三元锂电池占主战场

本届北京车展上首发/上市的纯电动车型中,基本清一色采用三元锂电池。早几年前的车展上,磷酸铁锂还能和三元锂平分秋色,现在已经逐渐退出新能源乘用车市场。有两个明显的转变代表是,原来磷酸铁锂阵营的坚守者比亚迪,展出的新车都是采用三元锂电池。聆风在国内的换标产品启辰晨风原采用锰酸锂电池,而另外一款与聆风同平台的最新车型轩逸纯电则换成了三元锂电池,如图 12-2 所示。

图 12-2　轩逸纯电搭载了三元锂电池

对于乘用车来说,续航里程、空间、充电效率等体验都非常重要,因此,相比磷酸铁锂、锰酸锂等,三元锂电池凭借更高的能量密度、更好的低温放电性能以及更高的充电效率等优势,在乘用车应用领域一骑绝尘。

从已公开续航里程信息的 33 款车型来看,90%产品的综合续航都在 300km 以上,这主要得益于动力电池能量密度的提升,以及整车进一步轻量化、低阻化。400~500km 续航的车型也有不少,其中一半是概念车,400~500km 有望成为市场上主流的续航区间,如表 12-1 所示。

表 12-1　**北京车展上续航里程≥400km 的部分首发/上市的纯电动车**

车企	车型	续航里程	电池类型	电池容量
长江	中型 SUV	500km	/	/
	中型轿车	560km	/	/
广汽三菱	E-more	400km	/	/
华泰	圣达菲 7-XEV520	400km(工况)	三元锂	/
一汽	红旗 E-HS3 概念车	500km(等速)	/	/
北汽新能源	EU5	415/450km(工况)	三元锂	/
	EX3 Concept	500km(工况)	三元锂	/
	EX5	415km(工况)	三元锂	54kWh
日产	IMx 概念车	600km	/	/
长城	WEY-X 概念车	530km	/	/

续表 12-1

北京车展上续航里程≥400km 的部分首发/上市纯电动车

车企	车型	续航里程	电池类型	电池容量
云度	云度 π7	400km（工况）	三元锂	/
江淮	iEVA50	330/400km（工况）	三元锂	47/60kWh
宝马	iX3 概念车	400km	/	/
宝马	i Vision Dynamics	600km	/	/
大众	I.D. Vizzion 概念车	665km		111kWh
捷豹	I-PACE	500km（工况）	三元锂	81kWh

注：表格根据公开信息整理，部分车型的续航里程未公布路况条件。

2017 年工信部发布《中国汽车产业中长期发展规划》提出，2020 年电池能量密度要达到 300Wh/kg，系统比能量力争达到 260Wh/kg，鼓励动力电池向高能量密度技术方向发展。从中汽中心发布的信息来看，2018 年至目前的装车数据中，电池系统能量密度较 2017 年有明显提升，纯电动乘用车能量密度从 107.6Wh/kg 升高到 118.8Wh/kg。

车展上的新品，如图 12-3 所示。通常最能反映出新的动力电池技术应用趋势。已有公告信息的车型中，绝大多数产品的电池系统能量密度在 140Wh/kg 以上，这也符合补贴政策的引导，140~160wh/kg 的车型能获 1.1 倍的补贴。海马新推出福美来 E7 的电池系统能量密度相较最高，官方信息显示为 180Wh/kg。但电池的能量密度和安全性是一对矛盾体，能量密度越高，企业在安全性方面就越要注意。整体来看，量产新车应用的电池水平离 260Wh/kg 的目标值还有一定差距，行业内多位电池专家评估技术趋势后，认为达到能量密度的单一目标是有可能的，但均衡安全性、电池寿命及成本等综合指标则有较大难度。

图 12-3 车展上的纯电动汽车新品

从 2013 到 2017 年，动力电池系统成本下降了约三分之二，三元电池组的价格为 1.4~1.5 元/Wh。反映到产品性价比上也有明显变化，三四百公里续航的车型，价格大多数锁定在 10 来万的区间。例如北汽新能源最新上市的 EU5 纯电动车型，工况续航 415km 的 R500 版本补贴后从 12.99 万元起售。随着电芯能量密度提升和系统设计的优化，动力电池制造成本还将不断下降，2020 年纯电动汽车电池系统单价有望降至 1 元/Wh，届时 10 万元以内买到续航四五百公里续航的车型将不是难事。

2. 燃料电池应用进程加速

除了相对成熟的锂电池,燃料电池技术应用也开始落地,北京车展首次亮相的三款氢燃料电池车型包括爱驰 RG、宝马 X7 概念车、现代 Nexo。再算上往年展出过燃料电池车的丰田、本田、上汽等,参与的企业和车型都在增多,起码从产品层面来看,燃料电池车离消费者又近了一步。

在 RG 正式亮相之前,爱驰汽车官方就公布过这款车的续航里程高达 1200km,但这是 60km/h 等速条件下的续航里程,120km/h 等速条件下,RG 续航也能达到 600 公里以上。RG 是通过燃料电池技术来实现如此长的续航里程,和通常氢燃料电池堆不同的是,RG 燃料电池系统是重组式甲醇燃料电池,即加注甲醇后重组转换成氢,氢燃料电池堆系统则是直接加氢。根据 RG 燃料电池供应商 SerEnergy 官方网站的消息,其系统效率为 40%～50%,燃料加注时间只需 3 分钟。在 RG 应用之前,SerEnergy 曾为 Fiat 500 提供了一个燃料电池增程器,使得其里程达到 800 公里,如图 12-4 所示。

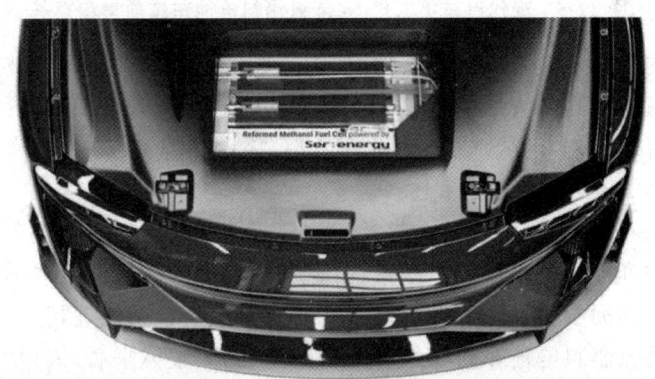

爱驰RG概念车的燃料电池堆布置在前舱,重组式甲醇燃料这种方案相当于给电动车增加了一个增程器。

图 12-4 爱驰 RG 概念车前舱

作为一家新造车势力,爱驰汽车在 RG 这个平台上走了一条与众不同的技术路线,但目前公开的信息有限,具体技术水平有待观察考验。官方表示现在就可以接受预定,采用定制化限量生产,车身纯手工打造,最快今年年底前可以交付。

宝马 X7 概念车采用了氢燃料电池系统,未来这套动力系统有望应用于量产车型上,但目前还没有公布详细的性能参数。宝马研发氢燃料电池技术已有 30 多年时间,最早在 2007 年推出了世界首款氢动力豪华高性能轿车氢能 7 系,续航里程可达 700km。后来在 2015 年,宝马展示了基于宝马 i8 和 5 系 GT 车型的氢燃料电池原型车,并表示相关的量产车型会在 2020 年正式推向市场。

Nexo 是现代汽车第二代氢燃料电池车,对比第一代途胜 Fuel Cell,效率提升,空间更小,重量更轻,低温冷启动范围更广,续航里程更长,如图 12-5 所示。现代官方在今年百人会论坛上介绍这款车提到几项"之最":世界最高系统效率 60%;世界最高续航里程 800km(1 次加注,NEDC 市内运行标准);世界最高水平储氢罐 5.7wt%(存储的氢燃料的重量与储氢材料的重量比为 5.7:94.3)。

图 12-5　现代汽车第二代 Nexo 氢燃料电池车续航里程更长

再来对比国内燃料电池技术的发展情况,在该领域国家同样制定了技术路线图,其中提出了 2020 年要到达"最高效率 60%"、"冷启动温度－30℃"、"寿命 5000h"等多项指标。对比该技术路线图可以发现,现代 Nexo 目前在效率、冷启动温度、耐久性等方面的技术水平,大约就落在中国 2020 年的技术目标上。

从全球范围来看,每个国家和车企都没有放弃氢能源和燃料电池汽车,中国也在大力加快氢燃料电池车的推广。由于燃料电池系统体积较大,国内目前的发展不是以乘用车为主,而是在大巴等公共交通领域,技术起点相对来说低一些,更容易快速切入。乘用车领域唯一入选工信部目录的氢燃料电池车轿车来自上汽荣威品牌,整体看来,国内的燃料电池技术还有待大力发展。

3. 四款概念车官宣续航≥1000km

本届车展还有 4 款新车号称续航里程达到 1000km 及以上,分别是长江 EV 概念车 C10、正道 K50 概念车、正道 HK GT 概念车以及正道 H500 概念车,但上述车型并未公开是何种工况条件以及详细的技术路径。单凭目前的锂电池技术还难以支撑如此高的续航里程,长江此前在客车领域已研发了相关的氢燃料车型,不排除这款展出的轿车概念车未来也是采用燃料电池技术,如图 12-6 所示。

正道集团不是首次展出高续航的车型,从去年开始就在各大国际主流车展上接连亮相,至今已经发布了 6 款续航 1000km 的概念车。正道坚持在乘用车领域 100% 走增程式路线,官方透露,本次展出的三款高续航车的动力总成均为"发电机增程器和石墨烯超级电池"。目前业内很多对石墨烯的研究都停留在实验室阶段,但正道方面宣称其石墨烯经过了实验室综合试验,已经到准备量产的阶段。具体成果如何,也有待最终量产验证。

4. 本土电池供应商配套占多数

从电池供应情况来看,世界范围内,动力电池的产业化主要集中在三个区域:德国、美国、中日韩所在的东亚地区,而锂离子动力电池的生产主要集中在中日韩三个国家。根据中汽中心的研究,从技术与产业的角度综合来看,日本在技术方面依旧领先,包括固态电池方面研究,但中国近两年的技术进步巨大,市场份额已经超越日韩占据第一,动力电池数量最

图 12-6　车展上有 4 款新车号称续航里程达到 1000km 及以上

多、产能最大。本届车展上呈现的配套情况来看,本土化生产的新能源车型也都选择了国内供应商,捷豹路虎、大众等也选择了宁德时代作为其全球供应链体系,如图 12-7 所示。

图 12-7　本土电池供应商共同研发动力电池

从电池企业公开的信息来看,宁德时代配套的车企和车型最多,包括 21 个品牌的 31 款车型。宁德时代现阶段方壳电芯的能量密度已经到达了 240Wh/kg,技术规划是在 2020 年之前将电芯能量密度提升到 300Wh/kg。比克也给 9 个品牌的 12 款产品供应动力电池,其 2.75Ah 动力电池电芯(18650)能量密度已经达到 240Wh/kg,并计划在 2020 年实现 300Wh/kg。孚能、力神等企业也有部分配套。

日韩电池企业方面,松下、LG、三星、SK 均有参展,但仅限受邀客户参观,十分保密。2017 年三星 SDI 株式会社副社长郑世雄曾公开表示,三星 SDI 动力电池单体能量密度目前为 250Wh/kg,并预计在 2023 年达到 350Wh/kg 的目标。松下方面,为特斯拉配套 NCA 18650 圆柱动力电池单体能量密度在 250Wh/kg 左右,而 21700 单体能量密度则已经到达了 300Wh/kg。单从能量密度指标这一项来看,国内优秀电池企业的水平与之相近。

点评:

经过几年的发展,动力电池的应用已经越来越成熟,将逐步退居幕后,不再是车企第一比拼、展示的要素。在上一届北京车展,上汽为了证明向消费者动力电池的安全性,还将电池直接泡在了盛满水的鱼缸里充电。到了这届车展,企业直接从续航里程、能效等一些直观指标来展示其动力系统技术,尤其新造车势力在新技术应用和高性能指标的追求上更为激进。

2018年北京车展与往届最不一样的地方之一,就是参展的新能源汽车品牌及相关的车型都是最多的。无论是传统车企在新能源汽车领域的发力,还是造车新势力在新能源汽车领域的开拓,我国新能源汽车产业已然要迎来一波大井喷了。在这样的大趋势下,让我们再来谈新能源汽车发展的前景?我们当然也认为新能源汽车前景是光明的!不过,我们也依然认为新能源汽车发展的道路还是会有点曲折。

从行业的角度看,车企是全力应对的。从本届北京车展上传统车企和造车新势力带来的一系列产品及未来在新能源汽车领域的战略规划,就可以看出当前车企对于新能源汽车产业的态度,已经完全从以往更多的是应对国家鼓励新能源汽车产业发展相关政策的要求,完全转变到自动自发地要全力去突破新能源汽车产业,以抢占新能源汽车市场先机的方向上来。而态度的转变带来的则是,新能源汽车技术的加快突破,相关配套设施建设的加快完善以及从整个产业链角度包括营销服务及电池回收等各领域的全面加快发展。诸如新能源汽车续航里程、动力电池使用寿命、充电接口的逐步标准化及充电桩的加速建设等方面,实质都有了加速突破的趋势,且也已经相较于以往有了较为明显的各项提升。我们相信,新能源汽车未来从消费者使用环节的体验方面,会很快接近或达到传统燃油汽车的水准,我国新能源汽车的大规模普及已不遥远。

从市场的角度看,消费者是逐步接受的。根据之前业内同行的统计和预计,2017年我国新能源汽车产销分别达到79.4万辆和77.7万辆,2018年预计将达100万辆以上,2020年规划为200万辆。应该来讲,从近几年国内新能源汽车的产销量呈现明显的增长趋势就可以看到我国新能源汽车市场已经开始从最开始的国家引导到消费者自动自发地开始选择新能源汽车的方向上来,而消费者对于新能源汽车自动自发需求一旦全面起来,我国新能源汽车市场的进一步井喷就会更加快,而这显然也是当前为什么车企们都在全力应对新能源汽车市场的关键原因所在。

应该来讲,消费者对于新能源汽车的逐步接受,前期固然是因为有国家的相关鼓励政策,但真正的核心原因是新能源汽车成本的降低、技术的进步及配套设施的完善。而市场需求的持续扩大与上述这些核心因素其实也是相互作用和相互促进,会形成有利的正向循环。

从技术与成本的角度,新能源汽车还是需要进一步突破的。虽然目前新能源汽车在诸如充换电技术及时间、行程里程、动力电池寿命及安全性等方面都相对以往有提升,但与传统燃油车比还是有一定差距,还需要进一步进行技术突破,而这需要一定的时间;虽然目前新能源汽车的成本有一定降低,且仍有国家或政府层面的相应补贴,但相较于传统燃油汽车来讲,消费者购买成本仍偏高,仍需通过技术及市场规模等手段进行降本,而这也是需要一定的时间。

从配套设施的角度,新能源汽车配套设施还是需要进一步完善的。相较于以往,国内新能源汽车配套设施的建设力度还是增大了不少。无论是国家还是地方政府层面,或是企业自身层面,也都在推进新能源汽车配套设施的建设。但从目前来看,仍然存在一些问题。一是配套设施的建设进度还不够,截至2017年底,我国各类充电桩数量为45万个,车桩比约为3.8∶1,距国家规划的1∶1还有很大差距;二是新能源汽车配套设施的标准化建设还有提升空间,至少目前各车企层面的充电接口还没有完全统一。

从车企与市场的角度,新能源汽车市场容不下这么多品牌。众所周知,目前所有的传统汽车企业,无论是海外的、合资的还是自主的,都在大力发展自己的新能源汽车产业,而与此同时,一众造车新势力也蜂拥而上,粗算下来,未来中国新能源汽车市场布局的新能源汽车品牌至少都会在100家以上。在新能源汽车市场发展的初期,这种现象相对正常,但一旦新能源汽车市场发展到一定阶段,我们很难相像这么多品牌能够共生共存的场景,新能源汽车市场绝不可能容得下这么多品牌。新能源汽车市场未来的一波惨烈厮杀不可避免。可以说,中国新能源汽车产业的发展与市场的突破,已经到了天时、地利、人和的阶段;但对于中国新能源汽车产业这块大蛋糕,我们也相信不是谁都能吃得到吃得好,在抢这块蛋糕的道路上,不是谁都能走到终点,行业需要有这样的心理准备,车企需要有这样的压力感。

对于传统汽车大厂来说,插电混合动力汽车已经成为他们新能源车型的主攻方向。福特汽车这次在北京车展上就发布了在中国的第一款新能源汽车福特新蒙迪欧插电混动版,吉利发布了今年会上市的一款插电混合动力轿车博瑞GE。与之前的通过回收能量而为电动发动机充电的混合动力车相比,插电混合动力车型显然在向彻底电动化方向上前进了一大步。

二、插电混合动力汽车发展趋势

1. 福特新蒙迪欧插电混合动力汽车

如图12-8所示。

图12-8 福特新蒙迪欧插电混合动力汽车

2. 吉利插电混合动力新车型博瑞GE

吉利汽车即将推出全新混动车型——博瑞GE,如图12-9所示。日前吉利官方宣布,博瑞GE于2018年5月15日10点10分开启预售。新车先期参与预售共有PHEV插电式混合动力车型—耀悦版和MHEV轻度混合动力车型——耀享版两款车型。与此同时,官方表示预定可享受免费赠充电桩、免费赠液晶智能钥匙等政策。据报道,这款车已于2018年5月底正式上市。

图 12-9　吉利插电混合动力新车型博瑞 GE

3. 博瑞 GE PHEV 耀悦版

如图 12-10 所示。

图 12-10　博瑞 GE PHEV 耀悦版

4. 博瑞 GE PHEV 耀享版

如图 12-11 所示。

博瑞 GE 的外观汲取了博瑞车型的设计语言,整体造型与现款博瑞较为相似,涟漪式的前格栅底部线条与两侧大灯组相连接,这样的设计与家族其他车型形成了鲜明的对比。两款混动车型仅有的区别在于 PHEV 插电混动版本在左前翼子板上增加了一个充电接口(如图 12-12 所示),而 MHEV 车型则没有这个配置(如图 12-13 所示)。

两车尾部均增加了很多时尚元素,和博瑞相比,镀铬装饰条改为横贯左右的形式,尾灯造型也变得更加狭长,这些都让尾部的视觉感受变得更宽。另外,双边共两出的排气形式从现款博瑞上保留下来,符合绝大多数朋友的喜好。博瑞 GE 长宽高分别为 4986mm×1861mm×1513mm,轴距 2870mm,车长和轴距参数均比博瑞稍大。

图 12-11　吉博瑞 GE MHEV 耀享版

图 12-12　博瑞 GE PHEV 耀悦版增加了一个充电接口

图 12-13　博瑞 GE MHEV 耀享版没有增加充电接口

内饰方面,两款车型均采用了吉利家族最新的设计风格,包括环抱式中控台,整体线条以直线为主。三辐式多功能转向盘搭配大面积钢琴烤漆饰板以及镀铬装饰条(如图12-14所示),从而提升了其豪华感。此外,12.3英寸全液晶仪表、中控台及车门饰板上的矩形元素氛围灯(如图12-15所示)、无线充电功能以及中控台顶部的高音单元都是配置和设计上的亮点。

图12-14　三辐式多功能方向盘搭配大面积钢琴烤漆饰板以及镀铬装饰条

图12-15　中控台及车门饰板上的矩形元素氛围灯

根据此前消息,吉利博瑞GE将搭载ICC智能领航系统(TJA交通拥堵辅助系统和ICA集成式高速巡航功能)、LKA车道保持系统、全速ACC自适应巡航系统(能够实现时速0~150km/h区间的跟随前车行驶和车辆启停功能)、APA全自动智能泊车系统、SLIF交通限速标识智能识别、IHBC智能远光灯控制、航机式HUD抬头显示系统、LIM电子限速、城市预碰撞、行人识别与保护等,表现较为丰富。

动力方面,博瑞GE插电式混动版将搭载由1.5T发动机、电动机、电池组和7速DCT混动变速箱组合的插电式混动系统(如图12-16所示)。而MHEV轻度混动版则搭载1.5T+7DCT的基础上配备了一套48V轻混系统,其中发动机的最大功率达180马力,iBSG电机的最大功率为 16 马力、扭矩为 50 牛·米。

图 12-16　搭载由 1.5T 发动机、电动机、电池组和 7 速 DCT 混动变速箱组合的插电式混动系统

与插电混合动力汽车相比,纯电动车的设计更显得科技化和智能化。在外形上,前几年的电动车和燃油车外形类似,甚至有的企业直接将燃油车外形改装为电动车。现在,无论是传统汽车企业还是新兴的新能源车企所推出的纯电动车都是更加有特色,甚至从零开始设计。

纯电动车的外观更加强调简约,充满科技感的流线外观和内饰,纯电动车更突出搭载先进的人机交互、智能互联、无人驾驶等未来的发展技术及配置,为消费者提供更加便捷、定制的服务。

如"造车新势力"中的主要选手之一拜腾 BYTON 所展示的拜腾 CONCEPT 概念车,外形和内饰在北京车展上非常吸引眼球。但其实传统车企在设计"性感"概念车的方面也一点不弱。例如吉利的概念车 ICON。

纯电动车越来越个性化和差异化,不再是单调的一两款车,而是为不同消费群体量身打造不同的车型,例如北汽集团的由零开始设计的两座纯电动车 LITE,适合单身、小两口、接送孩子等,还定制了代表 12 星座的 12 种颜色供用户选择,也即将推出不同梯度的续航里程的车型,满足远距离的出行需求。

三、新能源汽车整体发展趋势

1. 新能源汽车发展潜力大,市场前景广阔

中国新能源汽车产销量和保有量近 3 年连续名列世界第一,产业总体保持较快增长。据相关数据显示,2017 年中国新能源汽车产销表现惊人,生产 79.4 万辆,销售 77.7 万辆,同比增长 53.8% 和 53.3%,分别占燃油汽车产销量的 2.74% 和 2.69%,高于 2016 年同期产销量占比 1.21% 和 1.61%。截至 2017 年年底,新能源汽车保有量 153 万辆,占总汽车保有总量 2.17 亿辆的 0.7%。可以看出,近年中国新能源汽车总体保持较快发展,2017 年成绩更加突出;但与传统汽车行业发展状况相比,市场占有率仍然很低,但增长趋势显著。

乘用车领域成为新能源汽车推广的重要阵地。据汽车工业协会数据,2017年乘用车推广57.9万辆,占当期总销量的74.5%。商用车推广19.8万辆,占当年总销量的25.5%。私人购买新能源汽车33.6万辆,占当年新能源汽车推广量的43.2%,较2015年私人购买占比24.8%有较大幅度的提升。随着社会新能源汽车环保效益认知的不断提升,政府对新能源汽车购置税免征政策的实施,家庭消费者已成为新能源汽车销售的主导力量。

汽车动力电池装机电量不断扩大。数据显示,2017年动力电池装机总电量约为36.4GWh,增长超过20%。从车辆细分类别来看,乘用车电池装机电量约13.7GEh,同比增长50%;客车电池装机电量约14.3GWh,同比下降10%;专用车电池装机电量8.4GEh,同比增长165%。动力电池蓄电和安全保障技术进步为电动汽车培育竞争力提供了重要的支持。

充电设施建设进展顺利,新能源汽车续航更加便利。截至2017年,公共类充电桩约21.4万个,其中交流充电桩8.6万个,直流电充电桩约6.1万个,遍及全国各省市。私人专用充电桩23.1万个,其中北上广深充电设施建设位列前茅。截至2017年,新能源汽车和充电桩比约为3.43:1。新能源汽车产销和充电桩设备建设相互促进,良性发展。

2. 新能源汽车技术研发进展快,技术创新有突破

中国从"十五规划"开始发展新能源汽车,组织实施了"十五期间国家电动汽车重大科技专项",重点开发汽车整车技术和关键零部件技术,期间推出了26项国家标准,累计796项国内外专利,经过多年努力,中国在电动汽车研发方面取得了巨大进展。公共平台技术方面,建立了新能源汽车标准体系和整车、电池、电机测试平台。整车技术方面,实现了纯电动汽车续航、可靠性、安全性等方面的提高。燃料电池轿车采用"电—电混合"动力系统平台技术方案,实现了燃料电池城市客车在燃料电池和蓄电池混合动力、电动化底盘、整车控制等三大系统的应用和在燃料电池耐久性、氢气安全性、整车燃料经济性等三大技术领域均取得重要突破。

3. 新能源汽车政府扶持力度大,市场创新能力强

新能源汽车生产技术水平低、市场空间小、投资风险大、技术研发期长、投资回报慢,在产业发展初期,离不开政府的大力扶持。在整车生产、推广、充电设施建设和动力电池研发和运营方面持续获得政府帮助。2010年国务院发布《关于加快培育发展战略性新兴产业的决定》,将新能源汽车作为战略性新兴产业之一重点培育发展,2014年接连出台一系列配套补贴优惠政策,这些政策以车辆购置补贴为主,包括车辆购置税减免、政府和公共机构采购、扶持性电价、充电基础设施建设支持等,对新能源汽车行业进行全方位扶持。2016年中国政府颁布相关政策共277项。2017年政府又颁发多项政策支持新能源汽车发展,如关于《调整汽车贷款有关政策的通知》。

虽然我国新能源汽车起步晚,但在政府的大力扶持下,经过几年的发展,已经取得了突出的成果,相关政策更加健全,技术研发制度更加成熟,市场发展稳定有序。基于环境保护、能源安全、建设工业强国的考虑,新能源汽车未来仍是我国的战略性新兴产业,是政府重点扶持的对象。而技术发展落后和充电设施欠缺仍是新能源汽车发展的障碍,未来几年,新能源汽车发展仍离不开政府扶持。在建设低碳、节能经济的宏观背景下,发展新能源汽车是大势所趋,在未来必将拉动中国汽车产业技术革新和经济增长。

事情都是一分为二的,新能源汽车也是如此,既有优点也有缺点。

● 电动汽车的优缺点

新能源汽车可以说是近年来国内除了互联网金融之外最持续的热点和亮点了,电动汽车在不管在环保方面还是家用经济都有很多值得推广的方面,购买电动汽车除了享受国家、地方的双重补贴政策外,还享受免购置税政策,越来越多的消费者选择电动汽车。

那么,我们一直在努力推动的新能源汽车到底有哪些优缺点呢?

◆ 优点一:污染小,更环保

纯电动汽车在运行过程中可以做到零污染,完全不排放污染大气的有害气体。即使按所耗电量换算为发电厂的排放,造成的污染也少于传统汽车,因为发电厂的能量转换率更高,而且集中排放可以更方便地假装减排治污设备。

◆ 优点二:有补贴政策,可以省钱

2014 年,国家和地方政府给予电动汽车最高 11.4 万元的补贴,这一举措使电池成本居高不下的电动汽车的售价能够下降到与传统汽车相当的水平。而在油价高企的今天,电动汽车的运行费用是要远小于传统汽车的。

◆ 优点三:噪音小,更舒适

电动机在运行中的噪音和振动水平都要远远小于传统内燃机。在怠速和低速情况下,电动汽车的舒适性要远高于传统汽车,随着速度的提升,胎噪和风噪成为噪音的主要来源,两者才回到同一水平上。电动汽车的这一特点对于提升汽车的 NVH 性能无疑会有很大的帮助。

◆ 优点四:更节能

电动汽车的百公里耗电量为 15～20kWh,算上发电厂和电动机的损耗之后,百公里的能耗约为 7 公斤标准煤。传统汽车按百公里耗油量 10L 计,能耗约为 10 公斤标准煤。并且在城市的拥堵环境里,电动汽车的节能优势会进一步放大。

☆ 缺点一:续航里程短

受限于电池的容量,目前大多数的纯电动汽车续航里程都在 100～200 公里。虽然一再有专家说 90% 的人每日行驶距离不超过 50 公里,但是中国消费者对续航的要求比美国人更高,因为很少有中国家庭拥有超过 1 辆汽车,而美国人可以做到一辆纯电动汽车通勤,一辆传统汽车旅行。纯电动汽车可以满足老百姓平时上下班,但是周末外出,节假日出游的需求,又该如何解决呢?

☆ 缺点二:充电难

在国内充电设施建设滞后的情况下,充电是电动汽车所面临的一大难题。公共场所充电桩的缺乏严重影响了电动汽车的出行。

☆ 缺点三:充电慢

目前大多数充电桩都是慢充桩,一辆车充满需要 5～8 小时。虽然可以利用夜间休息时间充电,但是如果遇到什么突发情况,纯电动汽车的充电慢的缺点就会凸显无疑。

☆ 缺点四:售后服务有待加强

电动汽车结构虽然简单,但是由于动力部分和传统汽车相去甚远,在维修起来还是会遇到一些麻烦。第一个问题就是维修技师的缺乏,现在绝大部分的技师能够修传统汽车,但是缺少电器方面的知识,贸然维修电动汽车不但可能造成车辆的损坏,还有一定的危险性。第二个问题是零部件的稀缺,电动汽车生产量和保有量都少,因此零部件少,价格还高。

编　后　语

　　如今,全球汽车制造业正处于十字路口:世界经济发展放缓,对于昂贵和无保障的石化燃料依旧过度依赖,人们越来越关注全球变暖问题,这些情况既带来了诸多的不确定因素,同时又开启了新的机遇。中国劳动力丰富、成本低廉;中国的汽车市场增长迅速,可在生产中实现规模经济效应;中国政府决心摆脱对进口石油的依赖、净化生态环境,并已给予了明确支持;所有这些都使中国可以在将电动汽车从一种昂贵的特有技术转变为应用广泛、可被大众接受技术的过程中成为先驱。当然,这也取决于政府的政策如何奏效,行业的动态如何发展,但无论如何,中国正面临着重塑全球汽车行业的独特机遇,承载着消费者的巨大经济和社会效益。

　　爱车一族:油价暴涨不用怕,电动汽车驶进家!